Gefördert durch den
Patrocinada por el

*Zukunfts***Fonds**
der Republik Österreich

Berthold Molden [Hg./ed.]

HISTORIAS CRUZADAS

Experiencias del exilio en México y Austria

GEKREUZTE GESCHICHTEN

Erfahrungen des Exils
in Mexiko und Österreich

Berthold Molden

CONTAR HISTORIAS CRUZADAS
Origen y propósito de una intervención inscrita en el ámbito de la política sobre la historia

GEKREUZTE GESCHICHTEN ERZÄHLEN

Entstehung und Anspruch einer geschichtspolitischen Intervention

Der Mexikoplatz verdankt seinen Namen der Erinnerung an den Protest gegen die Annexion Österreichs durch das Deutsche Reich, den Mexiko am 19. März 1938 als einziges Land vor dem Völkerbund erhob. Dieser Moment ist nicht nur für die österreichische Geschichte bedeutsam, sondern auch für die Globalgeschichte des 20. Jahrhunderts. Das kleine Österreich verschwand von der Landkarte und das ferne, eben aus einer langen Revolution hervorgegangene Mexiko legte einsamen Protest gegen diesen völkerrechtlichen Gewaltakt ein, während es sich selbst gegenüber dem mächtigen Nachbarn USA zu behaupten versuchte.[1] In den folgenden Jahren gewährte Mexiko zudem zahlreichen ÖsterreicherInnen Asyl, die vor dem Terror des Naziregimes fliehen mussten.

Neben dem Schlüsseldatum „1938", in das Diktatur und Exil eingeschrieben sind, haben auch andere Dimensionen des 20. Jahrhunderts auf dem Mexikoplatz Spuren hinterlassen: das Rote Wien der 1920er und 1930er Jahre, die Remigration nach 1945, die Ankunft von GastarbeiterInnen in den 1960er und 1970er Jahren, die Immigration sowjetischer Jüdinnen und Juden in den 1980er Jahren und zuletzt Flüchtende aus Afrika und dem Nahen Osten. Auch diese Geschichten sind in unterschiedlicher Weise mit der Weltgeschichte verknüpft, sei es – wie das Rote Wien – mit sozialer Befreiung und Antifaschismus, sei es mit den verschiedenen Orten, an die ÖsterreicherInnen vor dem Faschismus fliehen mussten – darunter Mexiko – oder von denen MigrantInnen nach Österreich kamen. All diese Geschichten machen den Mexikoplatz zu einem globalen Erinnerungsort.

Der Mexikoplatz ist aber eben auch ein Wiener – und in seiner kulturellen Vielfalt

La Plaza de México debe su nombre al recuerdo de la protesta contra la anexión de Austria por el *Reich* alemán formulada únicamente por México el 19 de marzo de 1938 ante la Sociedad de Naciones. Ese momento resulta transcendente no sólo para la historia austríaca, sino también para la historia global del siglo XX. La pequeña Austria desaparecía del mapa y el lejano México, que acababa de salir de una larga revolución, interponía una protesta aislada contra ese acto de violencia que suponía una violación del derecho internacional, al tiempo que intentaba hacer frente por su parte a su poderoso país vecino, los Estados Unidos.[1] Durante los años siguientes, México concedió además asilo a un gran número de austríacxs que tuvieron que huir del terror del régimen nazi.

Junto a la fecha clave "1938", marcada por la dictadura y el exilio, también otras dimensiones del siglo XX dejaron huellas en la Plaza de México: la Viena Roja de las décadas de 1920 y 1930, la remigración posterior a 1945, la llegada de trabajadorxs migrantes de Turquía y Yugoslavia en las décadas de 1960 y 1970, la inmigración de judíxs soviéticxs en la década de 1980 y, finalmente, lxs refugiadxs procedentes de África y de Oriente Medio. También estas historias están vinculadas de diversas maneras con la historia mundial, bien sea –como en el caso de la Viena Roja– con la liberación social y el antifascismo, bien sea con los distintos lugares a los que lxs austríacxs tuvieron que huir escapando del fascismo –entre ellos México–, o desde los que llegaron migrantes a Austria. Todas esas historias convierten la Plaza de México en un lugar de memoria de alcance global.

durch und durch wienerischer – Platz, an dem sich die erwähnten globalen Ereignisse mit der lokalen Geschichte verbinden. Bis Mitte des 19. Jahrhunderts war das Gebiet des Platzes Teil der Donauauen. Erst die 1875 abgeschlossene Donauregulierung und die 1876 eröffnete Kronprinz-Rudolf-Brücke schufen die Grundlage für das heutige Stuwerviertel. Das erste Haus stand 1880, 1905 waren es 14 Gebäude, teils Wohnhäuser für ArbeiterInnen, teils Wirtschaftsimmobilien – das neben dem Nordbahnhof und an der Schifffahrtsroute der Donau gelegene Gebiet war lange Zeit von Gewerbe und Industrie dominiert – oder Verwaltungsgebäude.[2] Das Viertel um den damals Erzherzog-Karl-Platz genannten Platz hieß Donaustadt, was heute noch der Name der Pfarre ist, die von der Franz-von-Assisi-Kirche am Mexikoplatz aus betreut wird.

Der Erste Weltkrieg brachte viele Kriegsflüchtlinge in das ArbeiterInnenviertel, darunter auch viele Jüdinnen und Juden aus den östlichen Teilen der Monarchie. Die Gegend war stark sozialdemokratisch dominiert und wurde vom Roten Wien auch mit mehreren Gemeindebauten bestückt. Doch gegen diese Entwicklungen agitierte schon seit der Monarchie eine christlich-antisemitische Bevölkerung, die zum Kampf gegen das Rote Wien ebenso wie gegen die „Judenliberalen" aufrief.[3] Die Wiener Sozialdemokratie hatte den Platz selbst 1919 in Volkswehr-Platz umbenannt, was nach dem Bürgerkrieg 1934 von den austrofaschistischen Behörden rückgängig gemacht wurde. Noch im Februar 1934 begann das Dollfuß-Regime den Bau der neuen Reichsbrücke, bei deren Eröffnung 1937 ein ständestaatlicher Festzug über den Platz und durch das Stuwerviertel zog.

Pero la Plaza de México es además, con todo, una plaza de Viena –y, en su diversidad cultural, vienesa por los cuatro costados–, en la cual los mencionados acontecimientos globales se conectan con la historia local. Hasta mediados del siglo XIX el área de la plaza formaba parte de las Donauauen, las llanuras aluviales del Danubio. Posteriormente, la regulación del río –finalizada en 1875– y el puente con el nombre del Príncipe Heredero Rodolfo (Kronprinz-Rudolf-Brücke), inaugurado en 1876, constituyeron la base del actual barrio llamado Stuwerviertel. La primera casa se terminó de construir en 1880; en 1905 había catorce edificios, en parte viviendas para trabajadorxs, en parte inmuebles de negocios –el área localizada junto a la Estación del Norte y a orillas de la ruta de navegación del Danubio tuvo durante mucho tiempo un carácter eminentemente empresarial e industrial–, o edificios de administración.[2] El barrio situado alrededor de la entonces denominada Plaza del Archiduque Carlos (Erzherzog-Karl-Platz) se llamaba Ciudad del Danubio (Donaustadt), que en la actualidad continúa siendo el nombre de la parroquia administrada desde la iglesia de San Francisco de Asís, ubicada en la Plaza de México.

La Primera Guerra Mundial hizo que llegaran a este barrio obrero muchxs refugiadxs de guerra, entre ellxs también numerosxs judíxs procedentes de las zonas orientales de la Monarquía austrohúngara. Era un área de marcado carácter socialdemócrata, y la Viena Roja construyó allí varios edificios de viviendas municipales. Pero ya desde los tiempos de la Monarquía una población cristiana-antisemita venía

Das Bundesheer beschießt den Goethe-Hof vom Donauufer des heutigen Mexikoplatzes, Februar 1934
El ejército austriaco bombardea viviendas proletarias desde lo que hoy es la Plaza de México, febrero de 1934

Nur ein Jahr später war auch der Austro-faschismus Geschichte und das Stuwerviertel wurde zu einem der Schauplätze des Holocausts. Wie das Projekt MEMENTO WIEN des Dokumentationsarchivs des österreichischen Widerstandes zeigt, lebten 1938 viele jüdische WienerInnen im Viertel, wenn auch vergleichsweise wenige am Mexikoplatz selbst.[4] Eine Ausstellung der Historikerin Brigitte Bailer-Galanda zeigte die Rücksichtslosigkeit vieler nichtjüdischer NachbarInnen gleich nach dem sogenannten „Anschluss".[5] Der Großteil der – meist wenig vermögenden – Leopoldstädter Jüdinnen und Juden wurde in den folgenden Jahren deportiert und ermordet. Doch gab es auch andere Beispiele – darunter der Kaplan der Pfarre Donaustadt, Franz Weigand, der 1944 von der Gestapo verhaftet und wegen Wehrkraftzersetzung zu zwei Jahren Gefängnis verurteilt wurde.[6] Das Pfarrbuch führt dieses Urteil auf Weigands „Erklärungen über die Verfolgung der Juden in Wien und [...] eine Äußerung gegen den totalen Krieg" zurück.[7]

Im April 1945 befreite die Rote Armee Wien, woran am Beginn der Reichsbrücke auf der Leopoldstädter Seite ein Monument erinnerte. Die Brücke selbst wurde in Rote-Armee-Brücke umbenannt. Kaum waren nach dem Staatsvertrag von 1955 die Alliierten abgezogen, bemühte sich die Gemeinde Wien, alle Spuren der sowjetischen Besatzungszeit aus dem Stadtbild zu tilgen. Zahlreiche Straßen und Plätze und auch die Rote-Armee-Brücke wurden umbenannt. Letztere hieß nun wieder Reichsbrücke und das Monument wurde entfernt. Im antikommunistischen Wien des Kalten Krieges wollte man keine Referenz an die Sowjetunion leisten, doch die antifaschistische Dankesgeste er-

haciendo propaganda en contra de esos avances, llamando a luchar tanto contra la Viena Roja como contra los "liberales judíos".[3] La socialdemocracia vienesa había llegado a cambiar el nombre de la plaza ya en 1919, llamándola Plaza de la Defensa Popular (Volkswehr-Platz), denominación que fue revocada por las autoridades austrofascistas en 1934, después de la guerra civil. Todavía durante el mes de febrero de ese año, el régimen de Dollfuß inició la construcción del nuevo Puente Imperial (Reichsbrücke), con motivo de cuya inauguración en 1937 tuvo lugar un desfile del estado estamental que recorrió la plaza y el barrio de Stuwerviertel.

Tan sólo un año más tarde también el austrofascismo era ya historia, y el barrio de Stuwerviertel se convirtió en uno de los escenarios del Holocausto. Según muestra el proyecto MEMENTO WIEN del Centro de Documentación de la Resistencia Austríaca, en 1938 vivían en el barrio muchxs vienesxs judíxs, si bien eran comparativamente pocxs en la propia Plaza de México.[4] Una exposición de la historiadora Brigitte Bailer-Galanda evidenció la negligencia de muchxs vecinxs no judíxs inmediatamente después de la anexión.[5] La mayor parte de lxs judíxs del distrito de Leopoldstadt –por lo general poco adineradxs– fueron deportadxs y asesinadxs durante los años siguientes. Pero también hubo casos distintos, entre ellos el de Franz Weigand, capellán de la parroquia de Donaustadt, quien en 1944 fue detenido por la Gestapo y condenado a dos años de prisión por desmoralización de las tropas.[6] El libro parroquial atribuye esta sentencia a "declaraciones [de Weigand] sobre la per-

satzlos zu streichen, mochte auch nicht korrekt erscheinen. So wählte man ein fernes, nicht kommunistisches Land, dem man danken konnte, und der Kulturausschuss des Gemeinderates beschloss im Juni 1956 den Namen „Mexikoplatz".[8]

In den folgenden Jahrzehnten siedelten sich erneut viele ZuwanderInnen rund um den Mexikoplatz an. GastarbeiterInnen aus Jugoslawien und der Türkei, ab den späten 1960er Jahren auch jüdische EmigrantInnen aus der Sowjetunion, die einen Grundstein für das Wachstum der jüdischen Gemeinde Wiens nach 1945 legten.[9] Der Mexikoplatz erwarb sich den Ruf eines blühenden Zentrums des Schwarzhandels, angetrieben durch die Donauschifffahrt. Doch stets war der Platz auch Begegnungszone für Neuangekommene, so wie es das Stuwerviertel schon seit seiner Entstehung immer gewesen war. Die ungleichzeitige Synchronizität[10] von Erinnerung und Gegenwart gibt dem Mexikoplatz und seiner Umgebung eine widersprüchliche Aufladung. So gibt es jenseits der Reichsbrücke – unweit der UNO City und nicht weit vom Goethe-Hof, dessen proletarische BewohnerInnen 1934 vom Mexikoplatz aus durch Kanonen der faschistischen Regierung beschossen wurden – zwei Promenaden, deren Namen an die mexikanische Diplomaten Isidro Fabela und Gilberto Bosques erinnern. Fabela war hinter der Protestnote gegen den „Anschluss" gestanden und Bosques hatte Tausende Visa an NS-Verfolgte ausgestellt. Als aber in den 2010er Jahren Flüchtende aus dem Nahen Osten, Asien und Afrika in steigender Zahl nach Wien kamen, wurde die Gegend zwischen dem Praterstern, dem Rotlichtrevier im Stuwerviertel und dem Mexikoplatz von Boulevardmedien zum

secución de los judíos en Viena y [...] un comentario en contra de la guerra total".[7]

En abril de 1945 el Ejército Rojo liberó Viena, y así lo conmemoraba un monumento situado al comienzo del puente Reichsbrücke, en el lado perteneciente al distrito de Leopoldstadt. El propio puente fue rebautizado como Puente del Ejército Rojo (Rote-Armee-Brücke). Cuando apenas acababan de retirarse los aliados tras la firma del Tratado de Estado en 1955, el municipio de Viena se esforzó en eliminar del entorno urbano todo rastro del período de ocupación soviética. Numerosas calles y plazas, así como el Puente del Ejército Rojo, cambiaron de nombre. Éste último volvió a llamarse Reichsbrücke y el monumento fue retirado. En la Viena anticomunista de la Guerra Fría no se quería hacer referencia alguna a la Unión Soviética, pero suprimir sin algún tipo de contrapartida el gesto de gratitud antifascista tampoco hubiera parecido correcto. De este modo, se escogió un país lejano y no comunista al que poder dar las gracias, y en junio de 1956 la Comisión de Cultura del Consejo Municipal acordó el nombre de "Plaza de México".[8]

En las décadas siguientes, muchxs inmigrantes volvieron a asentarse en torno a la Plaza de México: trabajadorxs migrantes de Yugoslavia y de Turquía, a partir de finales de la década de 1960 también emigrantes judíxs procedentes de la Unión Soviética, lxs cuales sentaron las bases para el crecimiento de la comunidad judía de Viena después de 1945.[9] La Plaza de México adquirió la reputación de ser un próspero centro del mercado negro, impulsado a través de la navegación por el

„Problemquadrat" erklärt und für xenophobe Hetze instrumentalisiert. Die zeitgeschichtliche Würdigung antifaschistischer Fluchthelfer und die Verteufelung gesellschaftlicher Minderheiten und Randgruppen existieren nebeneinander; ja, heute nehmen sogar fremdenfeindliche PolitikerInnen das Erbe des Antinazismus für sich in Anspruch.

Als das vielfältige Erinnerungsjahr 2018 und damit auch die Eröffnung des neuen Hauses der Geschichte Österreich näher rückten, entstand daher die Idee, den Mexikoplatz zum Mittelpunkt einer geschichtspolitischen Intervention zu machen, die die Untrennbarkeit von Vergangenheit und Gegenwart in all ihrer Widersprüchlichkeit deutlich machen sollte: Österreich als Land, aus dem vor nicht allzu langer Zeit Menschen fliehen mussten, das aber später selbst zum Ziel Flüchtender wurde. Was hieß es 1942 für eine österreichische Emigrantin, von Mexiko aus nach Europa zu blicken? Ihr Land in Krieg und Diktatur gefangen, Familie und Freunde Verfolgung und Vernichtung preisgegeben und die Möglichkeit der eigenen Rückkehr fraglich. Wie lässt sich diese Erfahrung ins Heute übersetzen und vermitteln?

Diese Aktualisierung von Erinnerung wollte ich – als Historiker sowohl mit der österreichischen als auch mit der mexikanischen Geschichte des 20. Jahrhunderts beschäftigt – gemeinsam mit WissenschaftlerInnen, KünstlerInnen und AktivistInnen versuchen. Gemeinsam widmeten wir uns verschiedenen Schichten der Erinnerung an Diktatur und deren Überwindung, an Flucht, Migration und Neuanfang im Lichte aktueller Asyldebatten.[11] Von Anfang an stellten wir uns dabei die Frage: „Wer spricht?"[12] Einerseits war uns wichtig, dass das Projekt mit

Danubio. De todos modos, la plaza siempre fue también una zona de encuentro para lxs recién llegadxs, como siempre lo había sido el barrio de Stuwerviertel, ya desde su origen. La sincronicidad no simultánea[10] del recuerdo y el presente otorga a la Plaza de México y a su entorno una adscripción contradictoria. Así, al otro lado del puente Reichsbrücke –a poca distancia de la UNO City (el complejo que alberga la Oficina de las Naciones Unidas en Viena) y no lejos del edificio de viviendas municipales Goethe-Hof, cuyxs inquilinxs, de extracción proletaria, recibieron en 1934 los impactos de los cañones disparados por el gobierno fascista desde la Plaza de México– hay dos paseos cuyos nombres recuerdan a los diplomáticos mexicanos Isidro Fabela y Gilberto Bosques. Fabela estuvo tras la nota de protesta contra la anexión, y Bosques expidió miles de visas a personas perseguidas por el régimen nazi. Pero cuando en la década de 2010 comenzaron a llegar a Viena en un número cada vez mayor refugiadxs procedentes de Oriente Medio, Asia y África, el área situada entre la plaza de Praterstern, la zona del "barrio rojo" en el Stuwerviertel y la Plaza de México fue declarada por los medios sensacionalistas como "territorio problemático" e instrumentalizada con fines de difamación xenófoba. El reconocimiento mostrado por parte de la historia contemporánea hacia lxs antifascistas que ayudaron a las personas que tuvieron que emprender la huida coexiste con la demonización de minorías sociales y grupos marginalizados; sí, en la actualidad hay incluso políticxs xenófobxs que se arrogan el legado del antinazismo.

Denkmal für sowjetische Befreiungstruppen, Mexikoplatz 1956
Monumento a las tropas soviéticas de liberación, Plaza de México 1956

den Menschen auf dem Platz in Dialog treten und die „Gekreuzten Geschichten" tatsächlich Spuren in der Vorstellungswelt der Teilnehmenden hinterlassen würden. Andererseits ging es uns darum, wer in diesem Projekt zu Wort kommen sollte. Wir wollten vermeiden, dass ein Team von – noch so wohlwollenden – KuratorInnen und WissenschaftlerInnen sich zum Sprachrohr für die Erfahrungen anderer Menschen machen würde. Vielmehr sollten KünstlerInnen und AktivistInnen nach eigenem Gutdünken ihre „Gekreuzten Geschichten" darstellen und erzählen.

So „sprachen" denn auf dem und um den Mexikoplatz bildende KünstlerInnen, ZeitzeugInnen und ExpertInnen aus Mexiko und Österreich über die Geschichte des Platzes und die österreichisch-mexikanischen Verbindungen. FilmemacherInnen mit Migrationshintergrund – einige von ihnen selbst vor Krieg und Unterdrückung nach Österreich geflohen – schufen Kurzfilme, die sich mit der alten und der neuen Heimat, mit der Flucht oder aber mit der Spezifik Österreichs als Zufluchtsort auseinandersetzten. Eine Gruppe von in Österreich Asyl suchenden AktivistInnen aus Afghanistan, dem Irak, dem Iran und Syrien erarbeitete eine Leseperformance, die den Mexikoplatz in ein partizipatives Theater verwandelte. Eine austrotürkische Rap-Combo und ein österreichisches Konzeptmusik-Duo spielten auf dem Mexikoplatz, während eine mexikanische Performance-Künstlerin im Lateinamerika-Institut und im Hamakom Theater zwei Stücke präsentierte. Kuratorische Konzepte dienten dem Projekt als thematischer Rahmen, doch was erzählt wurde, lag in den Händen der ProtagonistInnen selbst – ob sie sich nun in künstlerischer, aktivistischer oder

Por consiguiente, a medida que se aproximaban el versátil Año de Memoria 2018, y con él también la inauguración de la nueva Casa de la Historia Austríaca, surgió la idea de convertir la Plaza de México en el eje central de una intervención inscrita en el ámbito de la política sobre la historia que pusiera de relieve, con todas sus contradicciones, la indisociabilidad de pasado y presente: Austria como país del que no hace mucho tiempo tuvo que huir gente, pero que después se convirtió en destino de refugiadxs. ¿Qué significaba en 1942 para una emigrante austríaca mirar hacia Europa desde México? Ver su país preso de la guerra y la dictadura, familia y amistades expuestas a la persecución y al exterminio, y la posibilidad del propio regreso como incierta. ¿Cómo se puede traducir y transmitir esa experiencia al día de hoy?

Como historiador dedicado tanto a la historia austríaca como a la historia mexicana del siglo XX, me propuse intentar llevar a cabo esa actualización del recuerdo en colaboración con investigadorxs científicxs, artistas y activistas. Juntxs abordamos diversos estratos de la memoria de la dictadura y su superación, de la huida, la migración y el comienzo de una nueva vida a la luz de los actuales debates sobre las políticas de asilo.[11] Desde el principio nos planteamos la siguiente pregunta: "¿Quién habla?"[12] Por un lado, nos parecía importante que el proyecto entablara un diálogo con las personas en la plaza y que las "Historias cruzadas" dejasen realmente huella en el imaginario de lxs participantes. Por otro lado, nos parecía fundamental considerar quién debería tomar la palabra en este proyecto. Queríamos evitar que un

autobiographischer Weise diesen Themen näherten. So entstanden aus dem Projekt neue, ihrerseits gekreuzte Geschichten, die das vielseitige Erbe der Vergangenheit für Gegenwart und Zukunft fruchtbar machen.

1 Einen Tag vor dem Protest hatte die mexikanische Regierung die Erdölindustrie verstaatlicht und damit auch mächtige US-Konzerne enteignet. Vgl. Christian Kloyber, *Der mexikanische Protest und seine Vorgeschichte*, in: Dokumentationsarchiv des österreichischen Widerstandes (Hg.), *Österreicher im Exil. Mexiko 1938–1947*, Wien: DÖW 2002, S. 31–39.
2 Josef Lenobel (Hg.), *Häuser-Kataster der k. k. Reichshaupt- und Residenzstadt Wien*, Wien: Lenobel 1905, S. 38.
3 *Wählerversammlung auf dem Erzherzog Karl-Platz*, in: *Leopoldstädter Wochenblatt. Deutsch-christliches Organ für den II. Wiener Gemeindebezirk* 1/6, 6. April 1912, S. 5–6.
4 Siehe die Projektwebseite https://www.memento.wien. Ich danke Projektleiter Wolfgang Schellenbacher für seine Beratung und Unterstützung.
5 „Anschluss 1938". Ausstellung im Bezirksmuseum Leopoldstadt, 12. März – 27. Juni 2018.
6 Tagesbericht der Gestapo Nr. 4 vom 19. bis 25. Jänner 1945, Dokumentationsarchiv des österreichischen Widerstandes, Dokument Nr. 21.968.
7 Eintrag „Juli 1946", Pfarrbuch Pfarre Donaustadt, S. 116–117.
8 Amtsblatt der Stadt Wien Nr. 56, 27. Juni 1956, S. 6.
9 Das Ziel dieser organisierten Emigration war eigentlich Israel, doch manche blieben in Österreich. 1977, vier Jahre nachdem ein palästinensischer Terroranschlag im burgenländischen Marchegg diese EmigrantInnen ins Zentrum des öffentlichen Interesses gerückt hatte, zählte die Wiener Fremdenpolizei 246 solche ZuwandererInnen im Wiener Stadtgebiet. Vgl. *Fremde in Wien. Eine Statistik der Fremdenpolizei*, in: Beilage zum Heft 10 von *wien aktuell*, 1977.
10 Der Philosoph Ernst Bloch beschrieb verschiedene parallel existierende Grade von Fortschritt und politischem Bewusstsein innerhalb einer Gesellschaft als einen der Grundwidersprüche des 20. Jahrhunderts und bezeichnete dies als „Gleichzeitigkeit des Ungleichzeitigen". Vgl. Ernst Bloch, *Erbschaft dieser Zeit*, Frankfurt am Main: Suhrkamp 1962.
11 Zunächst war nur eine Konferenz in Mexiko geplant, die mexikanische und österreichische ExpertInnen zusammenbringen sollte. Die Konferenz mit dem Titel *Historias Cruzadas. Nuevas perspectivas para una historia austro-mexicana* (*Gekreuzte Geschichten. Neue Perspektiven für eine österreichisch-mexikanische Geschichte*, Mexiko Stadt, 28. Februar und 1. März 2018) organisierten Erika Pani vom Colegio de

equipo de comisarixs artísticxs e investigadorxs científicxs –pese a su buena intención– se convirtieran en portavoces de las experiencias de otras personas. Más bien se trataba de que lxs artistas y activistas presentaran y contaran según su propio criterio sus "Historias cruzadas".

Por tanto, artistas visuales, testigxs históricxs y expertxs procedentes de México y de Austria congregadxs en la Plaza de México y en torno a ella "hablaron" sobre la historia de la Plaza y los vínculos austríaco-mexicanos. Cineastas de origen inmigrante –algunxs de ellxs llegadxs ellxs mismxs a Austria huyendo de la guerra y la opresión– crearon una serie de cortometrajes que giraban en torno a la antigua y la nueva patria, la huida, o bien en torno a la especificidad de Austria como lugar de acogida. Un grupo de activistas solicitantes de asilo en Austria y procedentes de Afganistán, Irak, Irán y Siria desarrolló una *performance* de lectura que convirtió la Plaza de México en un teatro participativo. Un combo de rap austro-turco y un dúo austríaco de música conceptual actuaron en la Plaza de México, mientras que una artista de *performance* mexicana presentó dos obras en el Instituto Austríaco para América Latina y en el teatro Hamakom. Conceptos planteados por lxs comisarixs artísticxs sirvieron al proyecto como marco temático, pero lo que se contaba quedaba en manos de lxs propixs protagonistas, con independencia de que su aproximación a estos temas fuese de carácter artístico, activista o autobiográfico. De esta forma, del proyecto surgieron nuevas historias, también cruzadas entre ellas, que consiguen que el versátil legado del pasado resulte fecundo para el presente y para el futuro.

México und ich in Zusammenarbeit mit dem Instituto Matías Romero des mexikanischen Außenministeriums und mit der österreichischen Botschaft in Mexiko. Das österreichische Kulturinstitut in Mexiko entwickelte aus den Kernthemen unserer Konferenz eine Reihe von Veranstaltungen und übernahm ebenfalls unseren Titel *Historias Cruzadas*.

12 Diese Frage steht im Zentrum eines Buches des Wiener Kuratorinnenkollektivs „schnittpunkt", das sich dem komplizierten Thema von AutorInnenschaft in Ausstellungen widmet. Vgl. Schnittpunkt, Beatrice Jaschke, Charlotte Martinz-Turek, Nora Sternfeld (Hg.), *Wer spricht? Autorität und Autorschaft in Ausstellungen*, Wien: Turia + Kant 2005.

1 Un día antes de la protesta, el Gobierno mexicano había nacionalizado la industria petrolera, expropiando poderosos consorcios estadounidenses. *Vid.* Christian Kloyber, *Der mexikanische Protest und seine Vorgeschichte*, en Dokumentations- archiv des österreichischen Widerstandes (ed.), *Österreicher im Exil. Mexiko 1938–1947*, Wien, DÖW, 2002, pp. 31–39.

2 Josef Lenobel (ed.), *Häuser-Kataster der k.k. Reichshaupt- und Residenzstadt Wien*, Wien, Lenobel, 1905, p. 38.

3 *Wählerversammlung auf dem Erzherzog Karl-Platz*, en *Leopoldstädter Wochenblatt. Deutsch-christliches Organ für den II. Wiener Gemeindebezirk* 1/6, 6.4.1912, pp. 5–6.

4 *Vid.* la página web del proyecto, https://www.memento. wien. Agradezco al director del proyecto, Wolfgang Schellenbacher, su asesoramiento y apoyo.

5 *"Anschluss 1938"*. Exposición en el Museo del Distrito de Leopoldstadt, 12.3.–27.6.2018.

6 Informe diario de la Gestapo (Policía Secreta del Estado) núm. 4 del 19 al 25 de enero 1945, Centro de Documentación de la Resistencia Austríaca, doc. núm. 21.968.

7 Registro "Julio 1946", Libro parroquial, Parroquia Donaustadt, pp. 116–117.

8 Boletín oficial de la ciudad de Viena núm. 56, 27.6.1956, p. 6.

9 En realidad, la meta de esa emigración organizada era Israel, pero algunxs se quedaron en Austria. En 1977, cuatro años después de que un atentado terrorista palestino perpetrado en Marchegg (Burgenland) convirtiera a estxs emigrantes en centro del interés público, la Policía de Extranjería de Viena contabilizó 246 de ellxs en el área metropolitana de la capital. *Cfr. Fremde in Wien. Eine Statistik der Fremdenpolizei*, en el suplemento al número 10 de *wien aktuell*, 1977.

10 El filósofo Ernst Bloch particularizó los diferentes grados de progreso y conciencia política que coexisten paralelamente en el seno de una sociedad como una de las contradicciones básicas del siglo XX, refiriéndose a ello en términos de "simultaneidad de lo no simultáneo". *Cfr.* Ernst Bloch, *Erbschaft dieser Zeit*, Frankfurt am Main, Suhrkamp, 1962. Traducción al español: *Herencia de esa época*, Madrid, Tecnos-Grupo Anaya, 2019.

11 Inicialmente sólo se había planeado un congreso en México con la intención de reunir a diversxs expertxs mexicanxs y austríacxs. Erika Pani, del Colegio de México, y yo mismo organizamos el congreso titulado *Historias cruzadas. Nuevas perspectivas para una historia austro-mexicana* (Ciudad de México, 28 de febrero y 1 de marzo de 2018), en colaboración con el Instituto Matías Romero de la Secretaría de Relaciones Exteriores de México y con la Embajada de Austria en ese país. Partiendo de los temas centrales de nuestro congreso, el Foro Cultural de Austria en México desarrolló una serie de eventos adoptando asimismo nuestro título *Historias cruzadas*.

12 Esta pregunta fundamenta un libro del colectivo vienés de comisarixs artísticxs "schnittpunkt" dedicado al complejo tema de la autoría en las exposiciones. *Cfr.* schnittpunkt, Beatrice Jaschke, Charlotte Martinz-Turek, Nora Sternfeld (eds.), *Wer spricht? Autorität und Autorschaft in Ausstellungen*, Wien, Turia + Kant, 2005.

TESTIGXS
Discursos en ocasión de la inauguración
el 19 de marzo de 2018

ZEUGiNNEN
Reden anlässlich der Eröffnung
am 19. März 2018

Heinz Fischer

Es ist nunmehr schon 80 Jahre her, dass Österreich durch den sogenannten „Anschluss" an Hitler-Deutschland aufhörte zu existieren. Dieses Datum stellt den Anfang eines mehr als sieben Jahre dauernden nationalsozialistischen Regimes in Österreich und großen Teilen Europas dar. Der heutige Tag und diese Veranstaltung stehen dabei ganz im Zeichen der Erinnerung an die Rolle, die Mexiko während der Ereignisse vor genau 80 Jahren einnahm.

In jenem schicksalhaften März im Jahr 1938, als die Truppen Hitler-Deutschlands in Österreich einmarschierten und das Land wenig später annektierten, war Mexiko das einzige Land, welches vor dem Völkerbund offiziellen Protest gegen diese (unerhörte) Vorgangsweise einlegte. Dieser offizielle Protest Mexikos jährt sich am heutigen 19. März 2018 ebenfalls zum 80. Mal.

Ich erinnere mich noch gut daran, als ich 2005, anlässlich eines Staatsbesuchs in Mexiko Lázaro Cárdenas Batel, den damaligen Gouverneur Michoacáns und Enkel des gleichnamigen mexikanischen Präsidenten Lázaro Cardenas, kennenlernen konnte. Dem engagierten Auftreten seines Großvaters und mehrerer mexikanischer Diplomaten ist die mexikanische Protestnote gegen die Annexion Österreichs durch Hitler-Deutschland zu verdanken. Dieser wichtige Protest der mexikanischen Regierung in einer Zeit, als halb Europa unter dem Joch der faschistischen und totalitären Diktaturen zu leiden hatte, besitzt in der Erinnerungskultur Österreichs einen besonderen Platz und sollte uns gerade

Hace ahora ya ochenta años que Austria dejó de existir por la anexión a la Alemania de Hitler. Esta fecha representa el comienzo de un régimen nacionalsocialista prolongado durante más de siete años en Austria y en muchas partes de Europa. El día de hoy y este acto están por ello plenamente dedicados a recordar el papel que México desempeñó durante los acontecimientos que se desarrollaron hace exactamente ochenta años.

En aquel marzo fatal del año 1938, cuando las tropas de la Alemania de Hitler entraron en Austria anexionándose el país poco después, México fue el único país que protestó oficialmente ante la Sociedad de Naciones contra ese (indignante) modo de proceder. En esta fecha, 19 de marzo de 2018, se cumple el octogésimo aniversario de esa protesta oficial por parte de México.

Aún recuerdo bien cuando en el año 2005, con motivo de una visita de Estado en México, tuve ocasión de conocer a Lázaro Cárdenas Batel, el entonces gobernador de Michoacán y nieto del homónimo presidente mexicano, Lázaro Cárdenas. La nota de protesta mexicana contra la anexión de Austria a la Alemania de Hitler fue fruto de la postura de compromiso social adoptada por su abuelo y por varixs diplomáticxs mexicanxs. Esta importante protesta del Gobierno mexicano, en una época en la que media Europa sufría bajo el yugo de las dictaduras fascistas y totalitarias, ocupa un lugar especial en la cultura de la memoria histórica de Austria, y debería resultarnos

Alicia Buenrostro Massieu, Heinz Fischer & Uschi Lichtenegger, Mexikoplatz Plaza de México, 19. 3. 2018

jetzt im Gedenk- und Erinnerungsjahr 2018 von großer Bedeutung sein.

Unter den von mir bereits erwähnten mexikanischen Diplomaten ist es zweifelsohne notwendig, zwei Personen ganz besonders herauszustreichen und hervorzuheben: Erstens Isidro Fabela, den Autor der mexikanischen Protestnote, und zweitens Gilberto Bosques, der in seiner Funktion als mexikanischer Generalkonsul in Paris und später in Marseille zahlreichen deutschen und österreichischen Flüchtlingen Hilfe und Asyl gewährte.

Isidro Fabela, der von 1937 bis 1940 Leiter der mexikanischen Delegation beim Völkerbund in Genf war, zeichnete sich zeit seines Lebens als herausragender Jurist, Intellektueller und Diplomat aus und hat dies durch das Verfassen der mexikanischen Protestnote im Jahr 1938 und seinen lebenslangen Kampf für Gerechtigkeit und gegen faschistische Tendenzen eindrucksvoll gezeigt.

Ebenso wichtig ist es, sich an die großzügige Haltung der mexikanischen Regierung im Jahr 1938 zu erinnern, als es darum ging, Tausenden politisch und rassisch verfolgten Menschen aus ganz Europa eine neue, sichere Heimat zu ermöglichen. Der mexikanische Diplomat Gilberto Bosques stellte über 40.000 Flüchtlingen, darunter Juden, Antifaschisten und Anhängern der Spanischen Republik Visa für Mexiko aus. Auch zahlreiche Österreicher – darunter bekannte Persönlichkeiten wie Hanns Eisler, Marie Pappenheim und Bruno Frei – wurden von Mexiko damals großzügig aufgenommen, vielen Menschen wurde dadurch das Leben gerettet.

Österreich wird Mexiko diese noble und tapfere Haltung nie vergessen.

de gran trascendencia precisamente ahora, en este Año de Conmemoración y Memoria 2018.

Entre lxs diplomáticxs mexicanxs a quienes ya he hecho mención, se hace sin duda necesario encomiar y poner de relieve especialmente a dos personas: en primer lugar, a Isidro Fabela, el autor de la nota mexicana de protesta; y, en segundo lugar, a Gilberto Bosques, quien, en su función como cónsul general de México en París y posteriormente en Marsella, concedió ayuda y asilo a numerosxs refugiadxs alemanxs y austríacxs.

Isidro Fabela, que desde 1937 hasta 1940 fue jefe de la Delegación Mexicana en la Sociedad de Naciones en Ginebra, destacó durante toda su vida como eminente jurista, intelectual y diplomático, tal como demostró admirablemente redactando la nota mexicana de protesta en el año 1938 y luchando continuamente por la justicia y en contra de las tendencia fascistas.

Resulta igualmente importante recordar la generosa actitud del Gobierno mexicano en el año 1938, cuando lo esencial era hacer posible que miles de personas de toda Europa que estaban siendo perseguidas por motivos políticos y raciales pudieran llegar a tener una patria nueva y segura. El diplomático mexicano Gilberto Bosques expidió visas para México a más de 40.000 refugiadxs, entre ellxs judíxs, antifascistas y republicanxs españolxs. También numerosxs austríacxs –entre ellxs importantes personalidades como Hans Eisler, Marie Pappenheim y Bruno Frei– fueron acogidxs generosamente por México en esa época, siendo muchas las personas a quienes se les salvó la vida de esa forma.

Nur etwas mehr als einen Kilometer von uns entfernt, am anderen Ufer der Donau, befinden sich die Isidro-Fabela–Promenade sowie die Gilberto-Bosques–Promenade, die beide in unmittelbarer Nähe zum Sitz der Vereinten Nationen in Wien liegen. Ich sehe diese örtliche Verbundenheit durchaus auch als Zeichen dafür, wie tiefgreifend die Visionen und vor allem die Taten dieser beiden Herren die Prinzipien der Charta der Vereinten Nationen widerspiegeln.

Wir befinden uns heute auf dem Mexikoplatz, dessen Name ebenfalls an die offizielle Protestnote Mexikos im Jahr 1938 erinnert und ich freue mich – nicht zuletzt auch als Koordinator des Gedenk- und Erinnerungsjahres 2018 – dass wir heute hier zusammengekommen sind, um das Projekt „Gekreuzte Geschichten" von Berthold Molden eröffnen und präsentieren zu können. Gerade hinsichtlich der gegenwärtigen globalen Fluchtbewegungen sind Projekte wie dieses, das historische Erinnerung mit aktuellen Problematiken verbindet, ein wichtiger Beitrag, um die Herausforderungen, denen wir als Gesellschaft gegenüberstehen, zu verstehen und für diese Lösungsansätze zu finden.

Ich danke Herrn Molden und allen Beteiligten dafür, dass Sie mit Ihrem Projekt an den mexikanischen Protest vor genau 80 Jahren erinnern und uns damit eindrucksvoll vor Augen führen, dass die Geschichte unserer beiden Länder auch weiterhin gekreuzt und eng miteinander verbunden ist.

Austria nunca olvidará esta noble y valiente actitud de México.

A poco más de un kilómetro de aquí, en la otra orilla del Danubio, se encuentran los paseos que llevan los nombres de Isidro Fabela y Gilberto Bosques, ambos situados en las inmediaciones de la sede de las Naciones Unidas en Viena. Considero además este vínculo en cuanto a la ubicación realmente como un símbolo de hasta qué punto las visiones –y, sobre todo, los actos– de estos dos hombres reflejan los principios de la Carta de las Naciones Unidas.

Hoy nos encontramos en la Plaza de México, cuyo nombre recuerda igualmente la nota oficial de protesta de México en el año 1938, y me alegra –de forma especial también como coordinador del Año de Conmemoración y Memoria 2018– que nos hayamos congregado hoy aquí para poder inaugurar y presentar el proyecto "Historias cruzadas", de Berthold Molden. Particularmente en el contexto de los desplazamientos de refugiadxs que se están produciendo hoy en día a nivel global, proyectos como éste, que aglutina la memoria histórica con problemáticas de actualidad, suponen una importante contribución para comprender los retos que afrontamos como sociedad y para encontrar alternativas de solución.

Doy las gracias al señor Molden y a todxs lxs participantes por recordarnos con su proyecto la protesta mexicana de la que se cumplen ahora exactamente ochenta años, ilustrando magníficamente que las historias de nuestros dos países continúan cruzándose y están estrechamente vinculadas entre sí.

Alicia Buenrostro Massieu

Es ist eine Ehre für mich, heute auf dem Mexikoplatz des 80. Jahrestags des historischen Protests Mexikos gegen die „Auslöschung Österreichs als unabhängiger Staat als Folge einer ausländischen Militärintervention" und deren Anprangerung als „schwerwiegenden Angriff gegen den Pakt des Völkerbundes" zu gedenken.

Es gibt keinen besser geeigneten Ort für dieses Gedenken als den Mexikoplatz. 1985 präsentierte Wiens Bürgermeister Helmut Zilk den Gedenkstein, auf dem folgende Worte eingraviert sind: „Mexiko war im März 1938 das einzige Land, das vor dem Völkerbund offiziellen Protest gegen den gewaltsamen Anschluss Österreichs an das nationalsozialistische Deutsche Reich einlegte. Zum Gedenken an diesen Akt hat die Stadt Wien diesem Platz den Namen Mexiko-Platz verliehen."

Der historische Protest gegen den „politischen Tod Österreichs" wurde vom mexikanischen Juristen und permanenten Vertreter vor dem Völkerbund, Isidro Fabela, ausgesprochen, eine Woche nach dem Einmarsch deutscher Truppen in österreichisches Gebiet. Die Grundsätze, die den Geist der mexikanischen Protestnote leiteten, haben während der vergangenen Jahrzehnte ihre Gültigkeit bewahrt. Heute werden sie von der Magna Carta der Vereinten Nationen verkörpert.

Die tragischen Ereignisse des sogenannten „Anschlusses" führten auch zum Exil vieler ÖsterreicherInnen und ihrer Familien. Über 1.500 ÖsterreicherInnen suchten Zuflucht in Mexiko. Gilberto Bosques, mexikanischer

Es un honor para mí conmemorar hoy en la Plaza de México el 80 aniversario de la histórica protesta de mi país contra "la supresión de Austria como estado independiente por obra de una intervención militar extranjera" y su denuncia como "grave atentado al Pacto de la Liga de las Naciones".

No existe un lugar más adecuado para esta conmemoración que la Plaza de México. En 1985, el alcalde de Viena -Helmut Zilk- presentó la lápida conmemorativa que lleva grabadas las siguientes palabras: "En marzo de 1938, México fue el único país que protestó oficialmente ante la Sociedad de Naciones por la violenta anexión de Austria a la Alemania nacionalsocialista. En homenaje a este acto la ciudad de Viena dio el nombre de México a esta plaza."

La histórica protesta contra "la muerte política de Austria" fue expresada por el jurista mexicano y representante permanente ante la Liga de las Naciones Isidro Fabela una semana después de la entrada de tropas alemanas en territorio austríaco. Los principios que presidían el espíritu de la nota mexicana de protesta han mantenido su validez durante las pasadas décadas. Hoy día se ven representados por la Carta Magna de las Naciones Unidas.

Los trágicos acontecimientos de la anexión condujeron también al exilio de muchxs austríacxs y de sus familias. Más de 1500 austríacxs buscaron refugio en México. Gilberto Bosques, el Cónsul General de México en Marsella, era llamado "el

Generalkonsul in Marseilles, wurde „der mexikanische Schindler" genannt. Es ist seiner Unterstützung in den Monaten vor und dann während des Zweiten Weltkrieges zu verdanken, dass zahlreiche Familien aus Österreich und anderen europäischen Nationen ihre Leben retten konnten.

Mexiko war die einzige Nation, die anbot Flüchtende aufzunehmen, unabhängig von ihrer Ideologie, politischen Parteizugehörigkeit oder Bildungshintergrund, und es wurde zum Land, das die größte Zahl exilierter SpanierInnen aufnahm. Die europäischen KämpferInnen der Internationalen Brigaden konnten mexikanische Visa erlangen, darunter auch eine Guppe von ÖsterreicherInnen. Exilierte ÖsterreicherInnen in Mexiko hatten den Glauben an ein neues Österreich gemeinsam, Ergebnis des Freiheitskampfes gegen die Nazi-Diktatur. Alle fühlten die Verantwortung, eine neue österreichische Identität zu schaffen, die sie „Freies Österreich" nannten. Durch intensive Kulturarbeit – in Journalismus, Musik, Malerei oder Theater – brachten sie ihre politischen und demokratischen Ideale zum Ausdruck.

Die verbindende Kraft des österreichischen Exils in Mexiko war nicht ideologischer, sondern kultureller Natur. Sie engagierten sich in einem aktiven und höchst produktiven Kulturleben, indem sie eine neue Exilidentität in Mexiko stützten.

Heute, acht Jahrzehnte nach diesen historischen Ereignissen, können wir über dieses gemeinsam Kapitel in der Geschichte Mexikos und Österreichs nachdenken. Sie erlaubt uns, Migration als Bereicherung und Verbesserung einer Gesellschaft zu verstehen. In diesem Sinne hallt der Geist von 1938 heute mit lauter Stimme wider.

Schindler mexicano". Gracias a su apoyo en los meses anteriores al inicio de la Segunda Guerra Mundial y durante el desarrollo de la misma, numerosas familias procedentes de Austria y de otras naciones europeas consiguieron salvar sus vidas.

México fue la única nación que se ofreció a acoger refugiadxs con independencia de su ideología, filiación política o formación educativa, y llegó a ser el país que acogió a mayor número de exiliadxs españolxs. Lxs combatientes europexs de las Brigadas Internacionales –entre ellxs también un grupo de austríacxs– pudieron obtener visas mexicanas.

Lxs exiliadxs austríacxs en México compartían la fe en una nueva Austria, resultado de la lucha por la libertad frente a la dictadura nazi. Todxs sentían la responsabilidad de crear una nueva identidad austríaca, a la que denominaron "Austria Libre". A través de un intenso trabajo cultural -en el periodismo, la música, la pintura o el teatro- dieron expresión a sus ideales políticos y democráticos.

La fuerza unificadora del exilio austríaco en México no era de naturaleza ideológica sino cultural. Se comprometieron en una vida cultural activa y altamente productiva sosteniendo una nueva identidad del exilio en México.

Hoy día, ocho décadas después de estos acontecimientos históricos, podemos reflexionar sobre este capítulo común en la historia de México y de Austria, que nos permite entender la migración como enriquecimiento y mejora de una sociedad. En este sentido, el espíritu de 1938 resuena hoy con gran fuerza.

Ricardo Loewe

Guten Tag wünsche ich Ihnen!

Man nennt mich Zeitzeuge, obwohl ich erst drei Jahre nach dem sogenannten „Anschluss" geboren bin. Aber gewiss war ich Zeuge der Folgen jener schrecklichen Zeit, einer Zeit, die bis heute kein Ende nehmen will.

Mein Großvater väterlicherseits – einst Chefarzt im Frankfurter Markus-Krankenhaus – hat nach der „Arisierung" 1934 seinen ältesten Sohn, meinen Vater, nach Mexiko geschickt, damit die Familie dort eventuell Fuss fassen könne. Es ist ihm nicht gelungen und er wurde im Novemberpogrom 1938 von den braunen Schergen der SA zu Tode getreten. Noch viele Jahre danach wurde die Lüge verbreitet, Otto Loewe hätte sich das Leben genommen; 1968 brach ein Brand im Archiv der Sterbeurkunden aus, höchstwahrscheinlich, um seine und andere Ermordungen zu vertuschen.

Meiner mütterlichen Familie gelang es, kurz nach dem sogenannten „Anschluss" in abenteuerlicher Weise nach Mexiko zu fliehen. Also haben sich meine Eltern in Mexiko kennengelernt.

Warum ausgerechnet Mexiko? Mein Vater hätte nach Südafrika auswandern sollen, aber in letzter Minute hat sich eine gute Freundin seiner Mutter aus Mexiko gemeldet. Und die Wiener Familie hatte bereits einen Verwandten im Land. Mein Vater hat im Exil weiter Medizin studiert. Meiner Mutter blieb es nicht erspart, in Wien den Davidstern zu tragen und Gehsteige zu schrubben. Sie hat damals an der Wiener Uni bis zum 3. Semes-

Les deseo un buen día.

Me llaman "testigo de la época", aunque haya nacido tres años después de la anexión. Pero de seguro que fui testigo de las consecuencias de aquel tiempo espantoso, un tiempo que no quiere acabar hasta la fecha.

Mi abuelo paterno –antes director del Hospital de San Marcos en Frankfurt– envió, después de la "arización" de 1934 a su hijo mayor, mi padre, a México para que la familia pudiera establecerse eventualmente allá. No logró salir y fue asesinado a patadas por los esbirros pardos de la SA (tropas de asalto nazis) durante el pogromo en la noche del 8 al 9 de noviembre de 1938. Aún muchos años más tarde se difundió la mentira de que Otto Loewe se había suicidado; 23 años después de la "derrota" del nazismo "se" incendió el archivo del registro civil donde se encontraba su certificado de defunción, maniobra frecuentemente utilizada para ocultar las causas de muerte de las víctimas del nazismo.

La familia de mi madre logró huir y llegar a México tras un azaroso viaje, poco después de la anexión. De modo que mis padres se conocieron en México.

¿Por qué precisamente México? Mi padre debió haber emigrado a Sudáfrica, pero en último minuto se reportó una buena amiga de mi abuela desde allá. Y la familia vienesa tenía un pariente que vivía en el país desde antes de la anexión. Mi padre siguió estudiando medicina en

ter Medizin studiert, musste aber als Jüdin ihr Studium abbrechen. In Mexiko fehlte ihr die Kraft, weiter zu studieren, dafür hat sie später die Röntgentechnik erlernt. Mein Vater war einer der ersten Röntgenärzte in Mexiko, sodass man sagen könnte, die Strahlen haben meine Eltern zusammengebracht.

Der Patriarch meiner Wiener Familie war Dr. Leo Deutsch, schon vor 1938 Universitätsprofessor für HNO-Medizin an der Uni Wien. Ich muss ihn erwähnen, weil er und sein Teil der vertriebenen Familie nie die mexikanische Staatsbürgerschaft angenommen hat. Als Österreicher (und nicht als Jude) hat er das Nationale Institut für Ohrenheilkunde mitgegründet, heute „Instituto Nacional de la Comunicación Humana" genannt. Übrigens haben sich um 1941 antifaschistische Vereine Deutschsprachiger in Mexiko gebildet. Der Heinrich-Heine-Klub zum Beispiel hatte Anna Seghers als Präsidentin und Leo Deutsch als Vizepräsidenten.

Und wie lebte es sich als Vertriebener in Mexiko? Dazu muss ich sagen, dass damals bei weitem nicht alle geflohenen Juden Asyl im Lande bekommen haben. Es gab nämlich eine Grenze für ihre Zulassung, weil Juden laut Außenministerium (wenn auch nur intern) „eine schädliche Rasse" seien. So wurden hauptsächlich gebildete Menschen akzeptiert, insbesondere die „Linken", die im Rahmen der Erdöl-Nationalisierung während der Regierung von Lázaro Cárdenas ins Land kamen. Wir durften uns in Gruppen zusammenschließen, unsere Sprache sprechen und unseren Glauben bekennen. Ein Privileg, das der Urbevölkerung damals nicht zustand und auch heute noch nicht zusteht.

Es muss gesagt werden, dass das Mexiko jener Zeit, mit Persönlichkeiten wie Präsi-

México. En Viena, mi madre fue marcada con la estrella de David y obligada a fregar banquetas; fue expulsada de la universidad, donde estudiaba el tercer semestre de medicina. Ya en México le faltó fuerza para continuar su estudio, pero en cambio aprendió la técnica radiológica. Mi padre fue, al recibirse, unx de lxs pionerxs de la radiología, así que pudiera decirse que los rayos juntaron a mis progenitores.

El patriarca de mi familia vienesa, Dr. Leo Deutsch, fue profesor de otorrinolaringología en la Universidad de Viena desde antes de 1938. Lo menciono porque ni él ni su familia íntima en el exilio se nacionalizaron como mexicanos. Así que fue co-fundador –como austríaco y no como judío– del Instituto Nacional de Audiología, ahora Instituto Nacional de la Comunicación Humana. Por cierto, alrededor de 1941 se formaron varias organizaciones antifascistas de refugiadxs germanohablantes; el Club Heinrich Heine por ejemplo, tuvo a la escritora Anna Seghers como presidenta y a Leo Deutsch como vicepresidente.

¿Y cómo se vivía como refugiadx en México? Debo mencionar primero que no a todxs lxs judíxs se les concedió asilo; había un límite para su admisión porque la Secretaría de Relaciones Exteriores (aunque sólo internamente) lxs consideraba como una "raza perniciosa". De manera que se admitieron selectivamente personas ilustradas, particularmente de "izquierda", las que llegaron en el marco de la nacionalización del petróleo durante el gobierno de Lázaro Cárdenas. Nosotrxs nos podíamos agrupar libremente, hablar nuestro idioma y profesar nuestras creencias. Un privilegio

dent Lázaro Cárdenas, seinem Völkerbund-Botschafter Isidro Fabela und dem Konsul in Marseille, Gilberto Bosques, heute politisch nicht mehr möglich wäre. Und dass Tausende Menschen, die von Hunger und Terror aus Mittelamerika zu fliehen versuchen, heute verschwunden gelassen und ermordet werden, und dass politische Flüchtlinge, auch wenn sie schon jahrelang in Mexiko gelebt haben, in ihr Land zurück deportiert werden.

Obwohl wir mexikanische Staatsbürger sind – ich bin ja gebürtiger Mexikaner – und ein Leben lang in Mexiko gewohnt und gearbeitet haben, werden wir als Ausländer, *gringos,* Außenseiter, gesehen. Damit mussten sich die jüdischen Flüchtlinge abfinden und weiterleben, was auch gelang. Dennoch blieb das quälende Gefühl der Entwurzelung immer präsent.

Und die Angst. Meine Mutter hat bis zu ihrem letzten Atemzug Zitterkrämpfe bekommen, wenn sie Stiefel gehört hat. Meine Tante hat am 11. September 2001 frühmorgens den Fernseher ausgeschaltet und gesagt: „Schon wieder!" Zwei Wochen später war sie tot. Ich muss gestehen, dass ich es auf beiden Ufern des Atlantik mit der Angst zu tun bekomme, nicht um mich – schließlich hab' ich schon gelebt – sondern um unsere Kinder und Enkelkinder. Welch eine Welt voller Gewalt hinterlassen wir ihnen!

Als ich meiner Mutter mitteilte, dass ich die österreichische Staatsbürgerschaft annehmen werde, riss sie ihre Augen weit auf und sagte: „Wie kannst du mir sowas antun!" Das war im Jahre 2000, als Jörg Haiders Ruhm seinen Höhepunkt erlangt hatte. Kein anderes Mitglied der Familie wagte die Rückkehr nach Österreich, schon gar nicht aus meiner Generation, aber meine geliebte Gat-

que no tuvieron entonces los pueblos originarios y que no tienen hasta el día de hoy.

Debe decirse que el México de entonces, con personalidades como el presidente Lázaro Cárdenas, su representante ante la Sociedad de Naciones, Isidro Fabela, y el cónsul en Marsella, Gilberto Bosques, hoy día no sería políticamente posible. Y que miles de personas procedentes de Centroamérica que intentan huir del hambre y del terror sufren hoy desaparición forzada o son asesinadas, y que lxs asiladxs políticxs son entregadxs a los gobiernos de sus países, aunque hayan vivido durante años en México.

Aunque somos ciudadanxs mexicanxs –soy mexicano por nacimiento– y hayamos vivido y trabajado toda una vida en México, somos vistxs como extranjerxs, gringxs, excéntricxs. Lxs refugiadxs judíxs tuvieron que resignarse y seguir viviendo, lo cual lograron. Queda, sin embargo, la sensación obsesiva del desarraigo.

Y el miedo. Mi madre padeció hasta su último suspiro de temblor espasmódico cada vez que oía botas. Mi tía apagó su televisor el 11 de septiembre de 2001 diciendo "¡Otra vez!" Un par de semanas después estaba muerta. Debo confesar que el miedo me invade en ambas riberas del Atlántico, no por mí –después de todo ya viví– sino por nuestrxs hijxs y nietxs ¡Qué mundo tan violento les heredamos!

Cuando le informé a mi madre que iba a adoptar la ciudadanía austríaca, abrió bien grandes los ojos y dijo: "¡Cómo puedes hacerme algo así!" Eso fue en el año 2000, cuando la fama de Jörg Haider hubo alcanzado su máximo apogeo. Ningún otro miembro de mi familia osó retornar a

tin ist halt Wienerin ... darum haben wir uns entschlossen, unseren letzten Lebensabschnitt in Wien, der Stadt meiner Ahnen mütterlicherseits, zu verbringen.

Meine Damen und Herren: Zum Schluss möchte ich Euch einladen, für eine Welt zu kämpfen, in die viele Welten hineinpassen. Nie wieder – und nicht weiter – Faschismus! A las tiranías les está llegando su hora ¡Ya basta!

Vielen Dank.

Austria, y menos de mi generación, pero mi amada esposa ... pues es vienesa; por eso nos decidimos a pasar el último tramo de nuestras vidas en Viena, la ciudad de mis antepasadxs.

Señoras y señores: Para finalizar, deseo invitarlxs a luchar por un mundo en el que quepan muchos mundos ¡Nunca más –y no más– fascismo! A las tiranías les está llegando su hora. ¡Ya basta!

Muchas gracias.

Jacqueline Ross

Ich bin hier als die Tochter von Friedrich Katz und damit als jemand, die es nicht geben würde, wenn Mexiko meinem Vater und dessen Eltern nicht im Jahre 1940 Asyl gewährt hätte. Heute feiern wir den Protest Mexikos gegen den „Anschluss" Österreichs an das Deutsche Reich 1938 und ich möchte betonen, dass dieser Protest nicht nur ein einzelner Moment mexikanischer Großzügigkeit war, sondern Teil einer konsequenten Gegnerschaft gegen den Faschismus.

Mexiko gewährte nach dem Ende des Spanischen Bürgerkrieges vielen Tausenden flüchtenden Spaniern Asyl. Mein Großvater, Leo Katz, war ebenfalls von dieser Politik begünstigt, da ihm seine Verdienste als ehemaliger Waffenkäufer für die Spanische Republik das mexikanische Visum ermöglichten.

Wir wissen heute außerdem, dass der mexikanische Konsul in Marseille, Gilberto Bosques, vielen jüdischen Flüchtenden Visa nach Mexiko ausstellte. Die Ankunft von österreichischen Journalisten und Literaten wie Egon Erwin Kisch, Bruno Frei und Leo Katz und von deutschen Schriftstellern wie Anna Seghers, Bodo Uhse und Ludwig Renn leitete eine Blütezeit der deutschsprachigen Exilliteratur ein.

Die exilierten Österreicher gründeten in Mexiko die Zeitschrift *Austria Libre*, die antifaschistische Bewegung Acción Republicana Austriaca de México und den Heinrich-Heine-Klub. Die österreichischen Exilliteraten waren auch an der Gründung des wichtigsten Exilverlages in deutscher Sprache, El Libro

Estoy aquí en calidad de hija de Friedrich Katz y, con ello, como alguien que no existiría si México no les hubiera concedido asilo a mi padre y a sus padres en el año 1940. Hoy celebramos la protesta de México contra la anexión de Austria al *Reich* alemán en 1938, y me gustaría poner de relieve que esa protesta no supuso tan sólo un momento aislado de la generosidad mexicana, sino que formó parte de una firme oposición contra el fascismo.

Al finalizar en España la guerra civil, México concedió asilo a muchxs miles de refugiadxs españolxs. Mi abuelo, Leo Katz, también se vio beneficiado por esa política, ya que los servicios que había prestado en la compra de armamento para la República Española le permitieron obtener la visa mexicana.

Hoy sabemos además que el cónsul mexicano en Marsella, Gilberto Bosques, expidió visas para viajar a México a muchxs refugiadxs judíxs. La llegada de periodistas y literatxs austríacxs como Egon Erwin Kisch, Bruno Frei y Leo Katz, y de escritorxs alemanxs como Anna Seghers, Bodo Uhse y Ludwig Renn, marcó el inicio del apogeo de la literatura en lengua alemana escrita en el exilio.

Lxs exiliadxs austríacxs fundaron en México la revista *Austria Libre*, el movimiento antifascista Acción Republicana Austríaca de México y el Club Heinrich Heine. Lxs literatxs austríacxs exiliadxs participaron también en la fundación de la principal editorial en lengua alemana en el

Molden, Fatzinek, Loewe & Ross, Mexikoplatz Plaza de México, 19.3.2018

Libre, beteiligt, wo diese und andere Exilautoren wie Heinrich Mann wichtige Werke noch zu Kriegszeiten veröffentlichen konnten. Somit spielte Mexiko eine sehr wichtige Rolle in der Entwicklung der österreichischen Exilliteratur und Kulturwelt und vor allem auch eine ganz entscheidende Rolle für das Überleben der Autoren selbst.

Mein Vater war, als er nach Mexiko kam, ein dreizehnjähriger Jugendlicher. Dort entwickelte er seine Liebe zur mexikanischen Geschichte. Er wurde später Historiker, der sich der Geschichte Lateinamerikas, vor allem aber Mexikos widmete. Mexiko hat ihm also nicht nur das Leben gerettet, sondern auch seinen beruflichen Lebensweg grundgelegt. Er empfand ein lebenslanges Gefühl der Dankbarkeit und tiefen Verbundenheit zu Mexiko und seinen Menschen, das selbst mein Bruder und ich noch empfinden, auch wenn wir erst Jahrzehnte später zur Welt kamen.

Diese Verbundenheit eines österreichischen Historikers und seiner Kinder zu Mexiko, sowie die Tatsache, dass es meinen Bruder und mich überhaupt gibt, sind das anhaltende Resultat der großzügigen Geste Mexikos gegenüber Österreich im Jahre 1938. Für all dies möchte ich meinen Dank ausdrücken. Hier in Wien will ich Berthold Molden danken, dessen wunderbare Ausstellung und dessen Interesse an meinem Vater und an meinen Großeltern und deren Kulturwelt im Exil ihr Andenken auf so wunderschöne Weise aufrechterhält. Vor allem aber danke ich aus ganzem Herzen Mexiko, dass es meinem Vater Friedrich Katz und meinen Großeltern Leo und Bronja Katz das Leben rettete!

¡Muchas gracias! ¡Viva México!

exilio, El Libro Libre, en la que éstxs y otrxs autorxs exiliadxs, como Heinrich Mann, pudieron publicar obras importantes aún en tiempos de guerra. Por consiguiente, México desempeñó un papel de gran relevancia en el desarrollo de la literatura en el exilio y del mundo cultural austríacos, y, sobre todo, un papel crucial también para la supervivencia de lxs propixs autorxs.

Mi padre, al llegar a México, era un muchacho de trece años. Allí desarrolló su amor por la historia mexicana. Después se convirtió en un historiador dedicado a la historia de Latinoamérica, pero sobre todo a la de México. Por tanto, México no sólo le salvó la vida, sino que también fundamentó su trayectoria profesional. Mi padre albergó un perpetuo sentimiento de gratitud y de profunda vinculación con México y con sus gentes, algo que mi hermano y yo misma seguimos sintiendo a pesar de haber nacido décadas después.

Ese vínculo de un historiador austríaco y sus hijxs con México, así como mi propia existencia y la de mi hermano, son el resultado perdurable del generoso gesto de México hacia Austria en el año 1938. Quisiera expresar mi agradecimiento por todo ello. Aquí, en Viena, quiero darle las gracias a Berthold Molden, cuya magnífica exposición y cuyo interés por mi padre y por mis abuelxs y su mundo cultural en el exilio hacen posible conservar su memoria de una forma tan preciosa. ¡Pero sobre todo le doy las gracias de todo corazón a México por haberles salvado la vida a mi padre, Friedrich Katz, y a mis abuelxs, Leo y Bronja Katz!

¡Muchas gracias! ¡Viva México!

Berthold Molden

GRABADOS TRANSNACIONALES
La instalación de carteles de Thomas Fatzinek
en la Plaza de México

TRANSNATIONALER DRUCK
Thomas Fatzineks Plakatinstallation
auf dem Mexikoplatz

Im Sinne der Erinnerung an den mexikanischen Protest gegen den „Anschluss" Österreichs an das Deutsche Reich war die Arbeit Thomas Fatzineks das Herzstück des Projektes „Gekreuzte Geschichten". Der Grafikkünstler und Graphic Novel-Autor schuf 20 Linolschnitte, deren Drucke als eine Art von Wandzeitung auf vier Litfaßsäulen plakatiert wurden. Von März bis Oktober 2018 bildeten diese Säulen einen Bogen gegenüber der Kirche auf dem Mexikoplatz. Die Geschichten, die Fatzinek darauf erzählte, spannen ihrerseits einen Bogen von den Wiener Judenvertreibungen im 15. Jahrhundert bis zu den Migrationsbewegungen der Gegenwart. Den zentralen Knotenpunkt, von dem die Verbindungslinien zwischen diesen Geschichten – Kampf für Demokratie und gesellschaftliche Entwicklung einerseits, Unterdrückung, Flucht und Exil andererseits – ausgehen, stellt die mexikanische Protestnote von 1938 dar. Sie symbolisiert den Kampf gegen Faschismus und Diktatur ebenso wie internationale Solidarität – bis hin zum Asyl für jene, die vor dem Nationalsozialismus flohen – und das Erbe sozialer Revolution.

Stilistisch zitierte Thomas Fatzinek mit seinen Linolschnitten die Tradition politischer Kunst der ersten Jahrzehnte des 20. Jahrhunderts – eine Form des Agitprop, die gerade in der Mexikanischen Revolution eine große Rolle spielte. Die Genese dieser Arbeit ist ebenfalls eine Geschichte voller Kreuzungen. Während ich gemeinsam mit KünstlerInnen und WissenschaftlerInnen das Programm für den Mexikoplatz konzipierte, war in meinem Hinterkopf stets ein anderes Projekt präsent, an dem ich arbeitete: die Biographie der aus Wien stammenden Familie Katz, die 1940 in Mexiko Asyl erhalten

En términos de la memoria de la protesta mexicana contra la anexión de Austria al *Reich* alemán, el trabajo de Thomas Fatzinek constituyó el núcleo del proyecto "Historias cruzadas". El artista y autor de novelas gráficas creó veinte grabados en linóleo que fueron expuestos sobre cuatro columnas de información como una especie de periódico mural. Entre marzo y octubre de 2018 esas columnas formaron un arco frente a la iglesia de la Plaza de México. Por su parte, las historias contadas en ellas por Fatzinek trazan un arco que se extiende desde las expulsiones de lxs judíxs de Viena en el siglo XV hasta los movimientos migratorios del presente. La nota de protesta mexicana de 1938 constituye el punto central desde el cual emergen las líneas de conexión entre estas historias: por un lado, las luchas por la democracia y el progreso social y, por otro, la opresión, la huida y el exilio. La nota aglutina tres dimensiones simbólicas: la lucha contra el fascismo y la dictadura, la solidaridad internacional –incluyendo el asilo para aquellas personas que huían del nazismo– y el legado de las revoluciones sociales.

Con sus grabados en linóleo, Thomas Fatzinek hacía una referencia estilística a la tradición del arte político de las primeras décadas del siglo XX – una forma de *Agitprop* que desempeñó un papel importante precisamente en la Revolución mexicana. La génesis de esta obra es, a su vez, una historia llena de entrecruzamientos. Mientras iba concibiendo –junto con artistas y científicxs– el programa para la Plaza de México, yo tenía siempre presente otro proyecto en el que estaba trabajando: la biografía de la familia vienesa

hatte.[1] Diese Familie – insbesondere der kommunistische Journalist und Schriftsteller Leo Katz – gehörte zum Kern der kulturell sehr aktiven deutschsprachigen Exilgemeinde, die unter anderem 1943 das *Schwarzbuch des Nazi-Terrors in Europa* herausgab.[2] Als ich dieses Buch zum ersten Mal in Händen hielt, stach mir eine Illustration mit dem Titel „Deportación a la muerte" (Deportation in den Tod) von Leopoldo Méndez ins Auge, die zu den ersten künstlerischen Darstellungen des Holocausts zählt.[3] Méndez war eine Schlüsselfigur der mexikanischen Revolutionsgrafik und Direktor des berühmten Taller de Gráfica Popular – eine revolutionäre Grafik-„Werkstatt", durch die die mexikanische Regierung dieses Buchprojekt unterstützte.

Zur selben Zeit erzählte mir der Wiener Künstler Rudolf Schönwald eine andere Geschichte. Als er in den frühen 1950er Jahren gemeinsam mit Alfred Hrdlicka, Georg Eisler und Fritz Martinz am linken Rand der Wiener Kunstszene unterwegs war, trafen diese Vier bei einem internationalen Friedenskongress im Künstlerhaus Méndez und dessen Kollegen Luis Arenal. Von ihnen inspiriert, produzierten Schönwald & Co. selbst politische Drucke in einem von der sowjetischen Besatzungsmacht ermöglichten Atelier, um ihre Landsleute gegen Wiederbewaffnung und Nazi-Kontinuitäten aufzurütteln. Die mexikanische Begegnung hinterließ deutliche Spuren in ihrem Werk.[4]

Schönwalds Erzählung brachte mich auf die Idee, diese österreichisch-mexikanische Begegnung formal auf dem Mexikoplatz aufzugreifen. Als ich dies wiederum dem Grafiker Dominik Hruza erzählte, drückte der mir eine Graphic Novel über den österreichischen

Katz, que obtuvo asilo en México en 1940.[1] Esta familia –sobre todo el periodista y escritor comunista Leo Katz– pertenecía al centro de la comunidad germanohablante en el exilio. Entre la enorme actividad cultural de esta comunidad destaca la publicación en 1943 del *Libro negro del terror nazi en Europa*.[2] Cuando tuve en mis manos por primera vez este libro, me llamó la atención una ilustración de Leopoldo Méndez titulada "Deportación a la muerte", la cual figura entre las primeras representaciones artísticas del Holocausto.[3] Méndez fue una figura crucial del arte gráfico de la Revolución mexicana y también el director del famoso Taller de Gráfica Popular, a través del cual el Gobierno mexicano apoyó el proyecto de ese libro.

Por esa misma época, el artista vienés Rudolf Schönwald me contó otra historia. Cuando a comienzos de la década de 1950 se movía –junto con Alfred Hrdlicka, Georg Eisler y Fritz Martinz– en el margen izquierdo del panorama artístico vienés, los cuatro coincidieron en un congreso internacional por la paz celebrado en el *Künstlerhaus* con Méndez y su colega Luis Arenal. Inspirados por ellos, Schönwald & Co. produjeron grabados políticos en un taller facilitado por la fuerza de ocupación soviética para movilizar a sus compatriotas en contra del rearme y las continuidades nazis. El encuentro mexicano dejó visibles huellas en su obra.[4]

El relato de Schönwald me llevó a la idea de retomar en la Plaza de México ese encuentro austríaco-mexicano desde un punto de vista formal. Cuando a mi vez se lo conté al artista gráfico Dominik Hruza, él me pasó una novela gráfica que acababa

Bürgerkrieg 1934 aus proletarischer Perspektive in die Hand, die er kurz zuvor entdeckt hatte: *Als die Nacht begann* von Thomas Fatzinek, im Stile politischer Linolschnitte der Zwischenkriegszeit gearbeitet.[5] Das Buch beeindruckte mich sehr und ich kontaktierte sofort den Autor, der zu unserer Begeisterung zusagte. So wurde die Installation auf dem Mexikoplatz nicht nur von einem sehr politischen Künstler gestaltet, der sich intensiv mit den Inhalten unseres Vorhabens auseinandersetzte, sondern stellte auch formal eine Geschichtskreuzung dar.

Die Arbeiten, die auf den folgenden Seiten gemeinsam mit den von mir für die Plakatinstallation verfassten Texten zu sehen sind, zeigen die thematische Breite, mit der Fatzinek sich dem Projekt näherte. Einige der Themen schlugen wir ihm vor, andere stammen vom Künstler selbst. Mit den Wiener Judenvertreibungen im 15. und 17. Jahrhundert spricht Fatzinek die lange antisemitische Vorgeschichte des Holocausts in Österreich an. Die Revolution von 1848 und die Bedeutung des Roten Wien stellen die sozialrevolutionäre Tradition in den Mittelpunkt, die den linken Antifaschismus antrieb. Mehrere Arbeiten beschäftigen sich mit dem österreichischen Exil in Mexiko und natürlich mit der Protestnote von 1938, während andere die Ankunft unterschiedlicher MigrantInnen in Österreich – GastarbeiterInnen, jüdische EinwandererInnen und Menschen, die hier in jüngerer Vergangenheit Asyl suchten – aufgreifen.

Eva Dertschei und Carlos Toledo machten aus den Drucken und Texten – dreisprachig in Deutsch, Spanisch und Englisch – eine Wandzeitung und evozierten damit eine andere Tradition linker Volksbildung und revolutio-

de descubrir sobre la guerra civil austríaca de 1934 desde la perspectiva proletaria: *Cuando comenzó la noche*, de Thomas Fatzinek, un obra elaborada al estilo de los grabados en linóleo de contenido político del período de entreguerras.[5] Enseguida contacté con el autor, quien aceptó nuestra propuesta de colaboración. De este modo, la instalación en la Plaza de México no sólo fue diseñada por un artista marcadamente político que profundizó en los contenidos de nuestro proyecto, sino que además venía a representar un cruce de historias desde el punto de vista formal.

Los trabajos, que pueden verse en las páginas siguientes junto con los textos que escribí para la instalación de carteles, muestran la amplitud temática con la que Fatzinek abordó el proyecto. Algunos temas se los propusimos nosotrxs, otros surgieron del propio artista. Con las expulsiones de judíxs que se produjeron en Viena en los siglos XV y XVII, Fatzinek plantea el largo historial de antisemitismo que precedió al Holocausto en Austria. La Revolución de 1848 y la importancia de la Viena Roja ponen de relieve la tradición sociorrevolucionaria que impulsó el antifascismo de izquierda. Varios trabajos están dedicados al exilio austríaco en México y, naturalmente, a la nota de protesta de 1938, mientras que otros se hacen eco de la llegada a Austria de distintxs migrantes: trabajadorxs extranjerxs, inmigrantes judíxs y personas que buscaron asilo aquí más recientemente.

Eva Dertschei y Carlos Toledo confeccionaron a partir de los grabados y los textos –en tres idiomas: alemán, español e inglés– un periódico mural, evocando con

Rudolf Schönwald & Thomas Fatzinek, Mexikoplatz Plaza de México, 4. 5. 2018

närer Agitation. Aus der Distanz betrachtet bildeten die vier Litfaßsäulen zudem die Jahreszahl 1938, von deren Gedenken das Projekt seinen Ausgang genommen hatte. Beginnend mit der Eröffnung des Projektes durch Bundespräsident a.D. Heinz Fischer, die mexikanische Botschafterin Alicia Buenrostro Masieu und die ZeitzeugInnen Ricardo Loewe und Jacqueline Ross im eisigen Wind des 19. März 2018, wurde die Installation zum Mittelpunkt einer Reihe von Konzerten, Workshops und Filmvorführungen. Vor allem aber war sie fast acht Monate lang Teil des Alltags auf dem Mexikoplatz, regte ein vielfältiges Publikum zu Gedanken über Geschichte und Gegenwart an und wurde so selbst zum Ausgangspunkt neuer gekreuzter Geschichten.

1 Berthold Molden, *Las muchas familias de un joven cosmopolita. Instantáneas de Friedrich Katz en París, Nueva York y México (1938–1949)*, in: Sonia Rose und Paul-Henri Giraud (Hg.), *Cosmopolitismes dans les Amériques (1900-1968) = Ordinaire des Amériques* 223 (2017), https://journals.openedition.org/ orda/3629.
2 Antonio Castro Leal, André Simone, Bodo Uhse, Juan Rejano, Anna Seghers, Ludwig Renn und Egon Erwin Kisch (Hg.), *El Libro negro del terror nazi en Europa*, Mexiko: El Libro Libre 1943.
3 David Craven, *Art and Revolution in Latin America, 1910–1990*, New Haven: Yale University Press 2002, S. 67; Diane Miliotes, *What May Come. The Taller de Gráfica Popular and the Mexican Political Print*, Chicago: The Art Institute of Chicago 2014, S. 14.
4 Berthold Molden, *Scharf geschnitten. Eine historiographische Phantasie über Rudolf Schönwald und transatlantischen Agitprop im Wien der 1950er Jahre*, in: Britta Schinzel (Hg.), *Rudolf Schönwald – Graphik erzählt*, Wien: Mandelbaum 2018, S. 46–57; Heidrun Rosenberg (Hg), *Rudolf Schönwald. Kunst im Kalten Krieg*, Salzburg: Pustet 2019.
5 Thomas Fatzinek, *Als die Nacht begann*, Wien: bahoe books 2016.

ello otra tradición de educación popular de izquierda y de agitación revolucionaria. Desde la distancia, las cuatro columnas de información componían además la fecha de 1938, de cuya conmemoración había partido el proyecto. Comenzando con su inauguración por parte del ex presidente federal Heinz Fischer, la embajadora de México, Alicia Buenrostro Massieu, y lxs testigos históricxs Ricardo Loewe y Jacqueline Ross el 19 de marzo de 2018 –afrontando un viento gélido–, la instalación se convirtió en el eje central de una serie de conciertos, talleres y proyecciones cinematográficas. Pero, sobre todo, durante casi ocho meses formó parte de la vida cotidiana en la Plaza de México y estimuló a un público diverso a reflexionar sobre la historia y el presente, llegando de ese modo a ser ella misma un punto de partida para nuevas historias cruzadas.

1 Berthold Molden, *Las muchas familias de un joven cosmopolita. Instantáneas de Friedrich Katz en París, Nueva York y México (1938–1949)*, en Sonia Rose y Paul-Henri Giraud (eds.), *Cosmopolitismes dans les Amériques (1900-1968) = Ordinaire des Amériques* 223, 2017, https://journals.openedition.org/orda/3629.
2 Antonio Castro Leal, André Simone, Bodo Uhse, Juan Rejano, Anna Seghers, Ludwig Renn y Egon Erwin Kisch (eds.), *El Libro negro del terror nazi en Europa*, México, El Libro Libre, 1943.
3 David Craven, *Art and Revolution in Latin America, 1910–1990*, New Haven, Yale University Press, 2002, p. 67; Diane Miliotes, *What May Come. The Taller de Gráfica Popular and the Mexican Political Print*, Chicago, The Art Institute of Chicago, 2014, p. 14.
4 Berthold Molden, *Scharf geschnitten. Eine historiographische Phantasie über Rudolf Schönwald und transatlantischen Agitprop im Wien der 1950er Jahre*, en Britta Schinzel (ed.), *Rudolf Schönwald – Graphik erzählt*, Viena, Mandelbaum, 2018, pp. 46–57; Heidrun Rosenberg (ed.), *Rudolf Schönwald. Kunst im Kalten Krieg*, Salzburg, Pustet, 2019.
5 Thomas Fatzinek, *Als die Nacht begann*, Viena, bahoe books, 2016.

gekreuzte mEXIko pLatz geschichten 1938 — 2018

Hier beginnt unsere Geschichte der vielen Geschichten. Geschichten, die von Begegnungen zwischen Mexiko und Österreich erzählen. Kreuzungen zwischen den Geschichten zweier Länder, zwischen Freiheit und Unterdrückung. Gekreuzte Geschichten also.

Im Zentrum dieser Erzählung, die vier Kapitel hat, steht das Jahr 1938. Damals wurde Österreich von Nazi-Deutschland annektiert und nur ein Land protestierte offiziell dagegen: Mexiko. Dann nahm es viele Menschen auf, die vor den politischen und rassistischen Nazi-Terror aus Österreich fliehen mussten. Das ist eine der wichtigsten Geschichtskreuzungen, die Österreich und Mexiko verbindet. Aber viele Elemente dieser Geschichte beginnen schon viel früher. Von ihnen erzählt dieses erste Kapitel.

Da ist zunächst die Verfolgung von Juden, Roma, Sinti und Lovara und anderen Gruppen, die Opfer der religiösen oder rassistischen Vorurteile ihrer Mitmenschen wurden. Der grauenhafte Höhepunkt dieser Verfolgung ist heute als Holocaust bekannt, aber die Geschichte ist viel länger. Zwei Beispiele aus lange vergangenen Jahrhunderten zeigen diese Entwicklung. Auch Mexiko war und ist nicht frei von Rassismus, doch nach 1938 fanden verfolgte Österreicher dort Asyl.

Die zweite historische Kreuzung, die wir hier ansprechen, sind die Kämpfe für Demokratie und gegen Unterdrückung. Soziale Bewegungen, getragen von Frauen und Männern, von Arbeitern und Studierenden, haben überall auf der Welt Schritt für Schritt neue Rechte erkämpft, die ihnen die kleinen Herrschaftsschichten vorenthalten wollten. So auch in Österreich, wie in unserer Geschichte aus der Wiener Revolution von 1848. Und auch in Mexiko, nicht zuletzt in der großen Mexikanischen Revolution, die 1910 begann und in deren Geiste sich Mexiko später mit dem bedrängten Österreich solidarisch erklärte.

This is where our story of many stories begins. Stories that recount encounters between Mexico and Austria. Crossroads where the histories of two countries meet, where people and ideas meet, amid war and peace, freedom and oppression. These stories intersect.

At the center of our four-chapter narrative is the year 1938. That was when Austria was annexed by Nazi Germany and only one nation lodged an official protest, Mexico. Mexico would later accept many refugees fleeing political terror in Nazi-controlled Austria. This is one of the most important intersections of Mexican and Austrian history. Yet many parts of this story begin much earlier. That story is told in our first chapter.

We start with the persecution of the Jews, Roma, Sinti and Lovara, and others, all victims of the religious and racial prejudices of their fellow humans. The metal culmination of this persecution is known as the Holocaust, but the story itself is much longer. Two historical examples from distant centuries show the early stages of this development. While even Mexico is not free from racism, after 1938 persecuted Austrians found asylum there.

In recounting the struggle of democracy against oppression we arrive at our second historical intersection. Social movements harbored by men and women, workers and students, the world over, have systematically won new rights, despite the resistance of the ruling classes. So it happened in Austria, as we recount in our story of the Viennese revolution of 1848. And in Mexico, too, particularly during the Mexican Revolution that began in 1910 and provided us an example of solidarity for hard-pressed Austria.

Aquí comienza nuestra historia de las múltiples historias. Historias que relatan encuentros y conexión entre México y Austria. Entrecruzamiento de las historias de dos países, entre personas e ideas, en épocas de guerra y de paz, de libertad y de represión. Historias cruzadas, por tanto.

En el centro de este relato, compuesto por cuatro capítulos, se encuentra el año 1938. En esa fecha, Austria fue anexionada por la Alemania nazi y sólo un país protestó oficialmente por ello: México. Luego acogió a muchas personas que tuvieron que huir de Austria ante el terror político y racista ejercido por los nazis. Esta es una de las principales entrecruzamientos históricos que suponen una conexión entre Austria y México. Pero muchos de los elementos de esta historia comienzan ya mucho antes. De ellos da cuenta este primer capítulo.

En primer lugar, está la persecución de judíos y judíos, de romaníes, sinti, lovara y otros grupos que fueron víctimas de los prejuicios religiosos o racistas de sus conciudadanos. El culmen atroz de esta persecución se conoce como Holocausto, pero la historia es mucho más larga. Dos ejemplos de siglos remotos muestran este proceso. Tampoco México estaba –ni está– exento de racismo, pero el hecho es que, después de 1938 los austriacos perseguidos encontraron asilo allí.

El segundo entrecruzamiento histórico que aquí planteamos son las luchas por la democracia y contra la opresión. Los movimientos sociales, sustentados por mujeres y hombres, por obreros y estudiantes, han ido conquistando paso a paso en todo el mundo nuevos derechos que los que querían privarles las élites dominantes. También en Austria, como en nuestra historia de la Revolución Vienesa de 1848. Y también en México, de forma especial en la gran Revolución Mexicana, que comenzó en 1910 y en cuya estela México se declararía posteriormente solidario con Austria en tiempos de opresión.

Impressum
Konzeption: Berthold Molden, Bilder: Thomas Fatzinek, Design: Toledo i Dertschei. Druck: speedprint 2019.

Ausstellungsprojekt 13 poster apro / Das Recht im Andern, auf Arbeiten von José Jorrín of Bello, Luis Felipe Felpes, Nina Höchtl, Lotte Pichler, Mauricio Baumgarten von John García Muselke und Nina Höchtl

www.mexikoplatz.org

Warum eigentlich „Leopoldstadt"?

Auch der Name der Leopoldstadt ist mit der Verfolgung der Wiener Juden verknüpft. Im Jahre 1670 ordnete Kaiser Leopold I. auf Druck seiner sehr katholischen und antisemitischen Frau, Margarita Theresa von Spanien, die Vertreibung der jüdischen Gemeinde aus Wien an. Erst wenige Jahrzehnte zuvor hatte diese ihr Wohngebiet in der heutigen Inneren Stadt – rund um den Judenplatz – verlassen und in ein Ghetto im Unteren Werd, nahe dem Karmelitermarkt, ziehen müssen.

Nun wurde die Gemeinde auch von dort vertrieben. Die neue Synagoge wurde zerstört und an ihrer Stelle die Kirche des Hl. Leopold erbaut. Damit erhielt das heutige Zweite Bezirk seine erste Pfarre. Zur gleichen Zeit begann man, von der Leopoldstadt zu sprechen – und seit 1850 trägt der ganze Bezirk diesen Namen.

Viele der vertriebenen Juden fanden im Burgenland eine neue Heimat. Doch auch in Wien siedelte sich schon bald wieder eine jüdische Gemeinde an.

Why „Leopoldstadt"?

The name Leopoldstadt relates to the persecution of Vienna's Jews. In 1670, under pressure from his staunchly Catholic and anti-Semitic wife, Margarita Theresa of Spain, Emperor Leopold I ordered the expulsion of Vienna's Jewish community. Only a few decades earlier, the Jews had been forced from their quarters in what is now the inner city – near Judenplatz – and moved to a ghetto in the Unteren Werd, near the Karmelitermarkt.

Now the Jewish community was being expelled again. A new synagogue was destroyed and in its place the church of St. Leopold was built. This became the first parish of what is today the second district of Vienna. From this point could one speak of Leopoldstadt —the name that since 1850 applies to the entire district.

While many Jews expelled from Vienna found a home in Burgenland, a new Jewish community soon began to take once more in Vienna itself.

¿Por qué, en realidad, „Leopoldstadt"?

Incluso el nombre de la „Ciudad de Leopoldo" tiene que ver con la persecución de los judíos vieneses. En el año 1670 el emperador Leopoldo I –presionado por su muy católica y antisemita esposa, Margarita Teresa de España– ordenó la expulsión de la comunidad judía de Viena. Sólo unas pocas décadas antes, la comunidad había tenido que abandonar su zona de residencia en el actual centro de la ciudad –alrededor de la Plaza de los Judíos– e instalarse en un gueto en el Unteren Werd, cerca del mercado Karmelitermarkt.

Y entonces también se le expulsó de allí. La nueva sinagoga fue destruida y en su lugar se construyó la iglesia de San Leopoldo. Así se fundó la primera parroquia de lo que hoy es el distrito 2 de Viena. Por esa misma época se empezó a hablar de la Leopoldstadt y desde 1850 todo el distrito lleva ese nombre.

Muchos de los judíos expulsados encontraron un nuevo hogar en la región de Burgenland. Pero tampoco en Viena tardó mucho en asentarse una nueva comunidad judía.

DIE ERSTE GESERA 1420 HERZOG ALBRECHT

DIE ZWEITE GESERA 1670 ODER: WOHER DIE LEOPOLDSTADT IHREN NAMEN HAT

Juden waren in Österreich schon seit langer Zeit verfolgt. Es war ihnen verboten, in bestimmten Gebieten zu wohnen oder bestimmte Berufe auszuüben. Die christliche Mehrheitsgesellschaft und die aristokratische Herrschaftsschicht standen ihnen meist mit Misstrauen gegenüber. Diese konnte durch religiöse Lügengeschichten und wirtschaftlichen Neid immer wieder in offenen Hass verwandelt werden.

Solch eine grauenhafte Geschichte war die Verfolgung, Ermordung und Vertreibung der jüdischen Bevölkerung im Herzogtum Österreich durch Albrecht V. In den Jahren 1420 und 1421 ließ Herzog Albrecht, der später König des Heiligen Römischen Reiches wurde, auch die jüdischen Wiener vertreiben. Wer nicht per Donauschiff ausgewiesen oder zwangsweise getauft wurde, fiel einer Massenhinrichtung in Erdberg zum Opfer.

Von diesen Ereignissen berichtet eine Schrift, die vermutlich von einem überlebenden Juden verfasst wurde und als Wiener Gesera bekannt ist – ein frühes Dokument des staatlichen Antisemitismus in Österreich.

Jews in Austria had long been persecuted. They were prohibited from living in certain areas or practicing certain professions. The Christian majority and the aristocratic elite viewed Austrian Jews with distrust that repeatedly flared into hatred, provoked by religious falsehoods and jealousy of Jewish prosperity.

One such reprehensible story was the detention, murder and expulsion of the Jewish population of the duchy of Austria, perpetrated by Albrecht V. Between 1420 and 1421, Duke Albrecht, the future king of the Holy Roman Empire, were chipped away on the Danube or forcibly baptized, were executed en masse in Erdberg.

These events were recorded in a document known as Wiener Gesera, presumably written by a surviving Jew—early evidence of official anti-Semitism in Austria.

Los judíos fueron perseguidos en Austria desde hace mucho tiempo. No se les permitía vivir en ciertas áreas ni ejercer ciertas profesiones. La sociedad en general –en su gran mayoría cristiana– y la clase aristócrata gobernante les miraban con un grado de desconfianza que, a causa de difamaciones religiosas y la envidia económica, muchas veces se iba convertía en un odio manifiesto.

Una historia que testimonia tal grado de atrocidad fue el encarcelamiento, la matanza y la expulsión de la población judía en el ducado de Austria llevados a cabo por Albrecht V. En los años 1420 y 1421 el duque Albrecht, que más tarde sería rey del Sacro Imperio Romano Germánico, hizo arrestar también a los judíos de Viena. Quienes no fueron expulsados en un buque o bautizados forzosamente, resultaron víctimas de una ejecución masiva perpetrada en Erdberg, al sur de la ciudad.

De estos acontecimientos da cuenta un texto que probablemente fue escrito por un judío sobreviviente y que se conoce como Gesera vienesa, un documento temprano del antisemitismo estatal en Austria.

...on you but then live on your knee!"
...the words of Mexican
...no Zapata, which also describe his life...
...Mexican Revolution. Zapata became the great
...of farmers and many indigenous communities.
...1919 and 1920, different groups struggled to
...Mexican state. Zapata and his peasant Liberation
...of South fought to redistribute the property of big
...to the poor rural population. Their intention was
...which upper class's exploitation of the rural population
...that also plagued Austria, where noble families
...noble, large agricultural estates, and still do.
...olution brought much change to Mexico, but Zapata's
...were too radical even for the country's new rulers. In
...he was murdered and his army soon disintegrated.
...to still stands today as an expression of the noblest
...of Mexican revolution, and the indigenous movement
...the southern state of Mexico has taken his name.
...live!" goes the call to arms. "The fight continues!"

'Mejor morir de pie que vivir siempre de rodillas'
Emiliano Zapata y supuesta un tal testimonio de la que fue su vida. Y es que durante la Revolución Mexicana Zapata se convirtió en el gran héroe de los campesinos pobres y de muchas comunidades indígenas.

Mientras que, entre 1910 y 1920, distintos grupos luchaban por conseguir el poder a nivel estatal, Zapata luchaba con su Ejército Libertador del Sur para conseguir que la tierra dejara de estar en manos de los latifundistas y se distribuyera entre los campesinos pobres. Con ello se debería poner fin a la explotación de las comunidades rurales a manos de la oligarquía –una cuestión que también tenía importancia en Austria, donde algunas aristócratas poseían enormes latifundios, y en parte los siguen teniendo hasta hoy en día.

La Revolución provocó muchos cambios en México, pero las demandas de Zapata eran demasiado radicales para los nuevos gobernantes. En 1919 fue asesinado y su ejército no tardó en descomponerse.

No obstante, aún hoy en día Zapata representa los ideales más nobles de la Revolución Mexicana, y el movimiento indígena en el estado de Chiapas tomó su nombre. 'Zapata vive!', gritan. '¡La lucha sigue!'

„Besser aufrecht sterben, als das ganze Leben zu knien!"

Diese Worte stammen vom mexikanischen Revolutionär Emiliano Zapata und sie beschreiben sein ganzes Leben. Denn während der Mexikanischen Revolution wurde Zapata zum großen Helden der armen Bauern und vieler indigener Gemeinden.

Während zwischen 1910 und 1920 verschiedene Gruppen um die Macht im Staate rangen, kämpfte Zapata mit seiner bäuerlichen „Befreiungsarmee des Südens" darum, dass das Land aus den Händen der Großgrundbesitzer an die arme Landbevölkerung verteilt würde. Damit sollte die Ausbeutung der ländlichen Gemeinden durch die reiche Oberschicht beendet werden – eine Frage, die auch in Österreich von Bedeutung war, wo Adelsfamilien riesige Latifundien besaßen und zum Teil bis heute besitzen.

Die Revolution brachte viele Veränderungen in Mexiko, doch Zapatas Forderungen waren auch den neuen Machthabern zu radikal. 1919 wurde er ermordet und seine Armee löste sich bald auf.

Doch noch heute steht Zapata für die nobelsten Ideale der Mexikanischen Revolution und die indigene Bewegung im südmexikanischen Bundesstaat Chiapas hat seinen Namen angenommen. „Zapata lebt!", rufen sie. „Der Kampf geht weiter!"

EMILIANO ZAPATA

Ist die Revolution Männersache? Und der Krieg? Nicht in Mexiko!

In den verschiedenen Armeen, die in den langen Wirren der Mexikanischen Revolution kämpften, zogen zahllose Frauen mit. Marketenderinnen, Sanitäterinnen, Köchinnen, Ehefrauen, Geliebte und – Soldatinnen. Wie schon in den Freiheitskriegen im Jahrhundert zuvor, als Lateinamerika die spanische Herrschaft abschüttelte, war der Erfolg der Armeen von den mitziehenden Frauen abhängig.

Die berühmteste dieser Mexikanerinnen ist heute als Adelita bekannt. Sie war Krankenschwester in der „Division des Nordens" unter dem Kommando des ruhmreichen Pancho Villa. Es wird erzählt, dass einer der von ihr verarzteten Soldaten jenes berühmte Lied an sie schrieb:

Bei der Truppe war Adelita beliebt,
Jene Frau, die der Feldwebel anbetete.
Die nicht nur mutig war, sondern auch hübsch,
Und die sogar der Oberst respektierte.

Is revolution man's work? What about war? Not in Mexico!

Numerous women marched alongside the soldiers fighting in the long, confused struggle of the Mexican Revolution. They were victuallers, nurses, cooks, wives, lovers –and soldiers. Just as in the liberation struggle of the previous century, when Latin America shook off Spanish rule, military success depended on the women who accompanied the soldiers.

The most famous among these Mexican women is known today as *Adelita*. She was a nurse in the Division of the North, under the command of the glorious Pancho Villa. It is said that one of the soldiers whom she tended wrote the following song to her famous:

By the troops was Adelita beloved,
This woman, to whom the Sergeant prayed,
Who was not only brave but also pretty,
And whom even the colonel respected.

¿Es la revolución cosa de hombres? ¿Y la guerra? Pues no en México!

En las diferentes ejércitos que se enfrentaron en las largas turbulencias de la Revolución Mexicana combatían incontables mujeres. Seguidoras de campamentos, paramédicas, cocineras, esposas, amantes y soldadas. Al igual que en las guerras de liberación de un siglo antes, cuando América Latina se deshizo del dominio español, el éxito de los ejércitos dependía de las mujeres que los integraban.

La más famosa de estas mexicanas es conocida hoy como Adelita. Era enfermera en la División del Norte, al mando del glorioso Pancho Villa. Se cuenta que uno de los soldados a quienes ella atendió le compuso esa famosa canción:

Popular entre la tropa era Adelita,
la mujer que el sargento idolatraba,
que además de ser valiente era bonita,
que hasta el mismo coronel la respetaba.

Revolution in Wien! Revolution im Prater!

„Ja, dürfen's denn des", soll Kaiser Ferdinand gesagt haben, als er 1848 vom Protest der Arbeiter, Studierenden, Bürger und Soldaten erfuhr. Die Menschen hatten genug von Armut, Hunger und Ausbeutung. In weiten Teilen der Monarchie erhoben sich Tschechen, Italiener, Ungarn und Andere gegen die Herrschaft des deutschsprachigen Kaisers. Seit Februar gab es Aufruhr und der kaiserliche Hof musste aus Wien fliehen.

Die Antwort der Regierung war blutig. Die Armee stellte sich den Aufständischen im ganzen Reich entgegen. Im Oktober tobte der Kampf um Wien.

Die Leopoldstadt wurde zu einer der letzten Bastionen des Widerstands. Schon im August waren hier in der „Praterschlacht" demonstrierende Arbeiter von der Nationalgarde niedergeschlagen worden. Sogar Karl Marx, der „Erfinder" des Kommunismus, kam daraufhin nach Wien und hielt mehrere Reden.

Nun verteidigten im Prater, in der Jägerzeile und auf der Praterstraße die Revolutionäre ihre Ideale. Doch die Truppen des Kaisers überrannten die Barrikaden vor der Nepomukkirche. Viele Menschen fielen dem Angriff zum Opfer und die meisten Anführer der Revolution wurden hingerichtet.

Auch der neue Kaiser Franz Josef I., der im Dezember die Macht übernahm, ging auf die Forderungen der Menschen nicht nach. Aber der Kampf um bürgerliche und nationale Rechte ging weiter, bis 70 Jahre später das alte Kaiserreich unterging. Als 1918 die Republik Österreich gegründet wurde, gedachte man auch der Kämpfe von 1848.

Revolution in Vienna! Revolution in the Prater!

'Can they really do that?' Emperor Ferdinand is supposed to have asked, after hearing, in 1848, protests by workers, students, citizens, and soldiers in 1848. The protesters were tired of poverty, hunger and exploitation. In many parts of the empire, Czechs, Italians, Hungarians, and others revolted against the German-speaking emperor. Since February, uprisings had forced the emperor's court to flee Vienna.

The government's response was bloodshed. The army checked the insurgents across the whole empire. In October, Vienna was a battleground.

Leopoldstadt became one of the resistance's last strongholds. Already in August, in the 'Prater battle,' protesting workers were struck down by the National Guard. Even Karl Marx, the 'inventor' of communism, came to Vienna and gave several speeches.

Now the revolutionaries defended their ideas in the streets of the Prater. But the emperor's troops overran the barricades on the Praterstern, the Prater's main square, and next to Nepomuk church. Many fell in the battle and most of the leaders of the revolution were executed.

Franz Josef I, the new emperor who assumed power in December of 1848, also failed to accommodate the people's demands. But the fight for civil and national rights continued for the next 70 years, until the old Austria's empire fell. In 1918, when the Republic of Austria was founded, thoughts turned to the battles of 1848.

¡Revolución en Viena! Revolución en el Prater!

'¿Y acaso pueden hacer esto?' Así se supone que reaccionó el emperador Fernando ante las protestas de trabajadores, estudiantes, ciudadanos vieneses y soldados en 1848. La gente estaba harta de la pobreza, el hambre y la explotación. En grandes zonas del imperio, checos, italianos, húngaros y otros se levantaron contra el dominio del emperador germanohablante. Desde febrero hubo revueltas y la corte imperial tuvo que huir de Viena.

La respuesta del gobierno fue sangrienta. El ejército se opuso a los sublevados en todo el imperio. En octubre se libró la batalla por Viena.

La Leopoldstadt se convirtió en uno de los últimos bastiones de la resistencia. Ya en agosto, una manifestación de trabajadores había sido aplastada por la 'Guardia Nacional en la llamada 'Batalla del Prater'. A raíz de ello, el mismo Karl Marx –el 'inventor' del comunismo– vino a Viena y pronunció varios discursos.

Los revolucionarios defendieron sus ideales en el Prater, en la Jägerzeile y en la Praterstraße. Pero las tropas del emperador atravesaron las barricadas erizadas ante el Praterstern y la iglesia de San Juan Nepomuceno. Mucha gente murió en este ataque y la mayoría de los líderes de la revolución fueron ejecutados.

El nuevo emperador Francisco José I, que tomó el poder en diciembre, tampoco cumplió con las demandas de la gente. Pero la lucha por los derechos civiles y nacionales continuó hasta que 70 años después, el antiguo imperio se hundió. Cuando en 1918 se fundó la República de Austria, también se conmemoraron las batallas de 1848.

Jüdinnen und Juden waren in Österreich schon seit langer Zeit verfolgt. Es war ihnen verboten, in bestimmten Gebieten zu wohnen oder bestimmte Berufe auszuüben. Die christliche Mehrheitsgesellschaft und die aristokratische Herrschaftsschicht standen ihnen meist mit einem Misstrauen gegenüber, das durch religiöse Lügengeschichten und wirtschaftlichen Neid immer wieder in offenen Hass verwandelt werden konnte.

So eine grauenhafte Geschichte war die Verhaftung, Ermordung und Vertreibung der jüdischen Bevölkerung im Herzogtum Österreich durch Albrecht V. In den Jahren 1420 und 1421 ließ Herzog Albrecht, der später König des Heiligen Römischen Reiches wurde, auch die jüdischen WienerInnen verhaften. Wer nicht per Donauschiff ausgewiesen oder zwangsweise getauft wurde, fiel einer Massenhinrichtung in Erdberg zum Opfer.

Von diesen Ereignissen berichtet eine Schrift, die vermutlich von einem überlebenden Juden verfasst wurde und als Wiener Gesera bekannt ist – ein frühes Dokument des staatlichen Antisemitismus in Österreich.

Lxs judíxs fueron perseguidxs en Austria desde hace mucho tiempo. No se les permitía vivir en ciertas áreas ni ejercer ciertas profesiones. La sociedad en general –en su gran mayoría cristiana– y la clase aristócrata gobernante lxs miraban casi siempre con un grado de desconfianza que, a causa de difamaciones religiosas y de envidia económica, muchas veces se vio convertida en un odio manifiesto.

Una historia que testimonia tal grado de atrocidad fue el encarcelamiento, la matanza y la expulsión de la población judía en el ducado de Austria llevados a cabo por Albrecht V. En los años 1420 y 1421, el duque Albrecht, que más tarde sería rey del Sacro Imperio Romano Germánico, hizo arrestar también a lxs judíxs de Viena. Quienes no fueron expulsadxs en un buque o bautizadxs forzosamente, resultaron víctimas de una ejecución masiva perpetrada en Erdberg, al sur de la ciudad.

De estos acontecimientos da cuenta un texto que probablemente fue escrito por un judío sobreviviente y que se conoce como "Gesera Vienesa", un documento temprano del antisemitismo estatal en Austria.

Warum eigentlich „Leopoldstadt"?

Auch der Name der Leopoldstadt ist mit der Verfolgung der Wiener Jüdinnen und Juden verknüpft. Im Jahre 1670 ordnete Kaiser Leopold I. auf Druck seiner stark katholischen und antisemitischen Frau, Margarita Theresa von Spanien, die Vertreibung der jüdischen Gemeinde aus Wien an. Erst wenige Jahrzehnte zuvor hatte diese ihr Wohngebiet in der heutigen Inneren Stadt - rund um den Judenplatz - verlassen und in ein Ghetto im Unteren Werd, nahe dem Karmelitermarkt, ziehen müssen.

Nun wurde die Gemeinde auch von dort vertrieben. Die neue Synagoge wurde zerstört und an ihrer Stelle die Kirche des Hl. Leopold erbaut. Damit erhielt der heutige 2. Bezirk seine erste Pfarre. Zur gleichen Zeit begann man, von der Leopoldstadt zu sprechen - und seit 1850 trägt der ganze Bezirk diesen Namen.

Viele der vertriebenen Jüdinnen und Juden fanden im Burgenland eine neue Heimat. Doch auch in Wien siedelte sich schon bald wieder eine jüdische Gemeinde an.

¿Por qué, en realidad, "Leopoldstadt"?

Incluso el nombre de la "Ciudad de Leopoldo" tiene que ver con la persecución de lxs judíxs vienesxs. En el año 1670 el emperador Leopoldo I –presionado por su muy católica y antisemita esposa, Margarita Teresa de España– ordenó la expulsión de la comunidad judía de Viena. Sólo unas pocas décadas antes, la comunidad había tenido que abandonar su zona de residencia en el actual centro de la ciudad –alrededor de la Plaza de los Judíos– e instalarse en un gueto en Unteres Werd, cerca del mercado Karmelitermarkt.

Y entonces también se la expulsó de allí. La nueva sinagoga fue destruida y en su lugar se construyó la iglesia de San Leopoldo. Así se fundó la primera parroquia de lo que hoy es el distrito 2 de Viena. Por esa misma época se empezó a hablar de la Leopoldstadt, y desde 1850 todo el distrito lleva este nombre.

Muchxs de lxs judíxs expulsadxs encontraron un nuevo hogar en la región de Burgenland. Pero también en Viena no tardó mucho en asentarse una nueva comunidad judía.

DIE ZWEITE GESERA 1670 ODER: WOHER DIE LEOPOLDSTADT IHREN NAMEN HAT

Revolution in Wien! Revolution im Prater!

„Ja, dürfen's denn des?", soll Kaiser Ferdinand gesagt haben, als er 1848 vom Protest der ArbeiterInnen, Studierenden, BürgerInnen und Soldaten erfuhr. Die Menschen hatten genug von Armut, Hunger und Ausbeutung. In weiten Teilen der Monarchie erhoben sich TschechInnen, ItalienerInnen, UngarInnen und Andere gegen die Herrschaft des deutschsprachigen Kaisers. Seit Februar gab es Aufruhr und der kaiserliche Hof musste aus Wien fliehen.

Die Antwort der Regierung war blutig. Die Armee stellte sich den Aufständischen im ganzen Reich entgegen. Im Oktober tobte der Kampf um Wien.

Die Leopoldstadt wurde zu einer der letzten Bastionen des Widerstands. Schon im August waren hier in der „Praterschlacht" demonstrierende Arbeiter von der Nationalgarde niedergeschlagen worden. Sogar Karl Marx, der „Erfinder" des Kommunismus, kam daraufhin nach Wien und hielt mehrere Reden.

Nun verteidigten im Prater, in der Jägerzeile und auf der Praterstraße die Revolutionäre ihre Ideale. Doch die Truppen des Kaisers überrannten die Barrikaden vor dem Praterstern und bei der Nepomukkirche. Viele Menschen fielen dem Angriff zum Opfer und die meisten Anführer der Revolution wurden hingerichtet.

Auch der neue Kaiser Franz Josef I., der im Dezember die Macht übernahm, kam den Forderungen der Menschen nicht nach. Aber der Kampf um bürgerliche und nationale Rechte ging weiter, bis 70 Jahre später das alte Kaiserreich unterging. Als 1918 die Republik Österreich gegründet wurde, gedachte man auch der Kämpfe von 1848.

¡Revolución en Viena! ¡Revolución en el Prater!

"¿Y tienen derecho a hacer esto?" Así se supone que reaccionó el emperador Fernando ante las protestas de trabajadorxs, estudiantes, ciudadanxs vienesxs y soldados en 1848. La gente estaba harta de la pobreza, del hambre y de la explotación. En grandes zonas del imperio, checxs, italianxs, húngarxs y otrxs se levantaron contra el dominio del emperador germanohablante. Desde febrero hubo revueltas y la corte imperial tuvo que huir de Viena.

La respuesta del gobierno fue sangrienta. El ejército se opuso a lxs rebeldes en todo el imperio. En octubre se libró la batalla por Viena.

La Leopoldstadt se convirtió en uno de los últimos bastiones de la resistencia. Ya en agosto, una manifestación de trabajadorxs había sido aplastada por la Guardia Nacional en la llamada "Batalla del Prater". A raíz de ello, el mismo Karl Marx –"inventor" del comunismo– vino a Viena y pronunció varios discursos.

Lxs revolucionarixs defendieron sus ideales en el Prater, en la Jägerzeile y en la Praterstraße. Pero las tropas del emperador arrollaron las barricadas levantadas ante el Praterstern y la iglesia de San Juan Nepomuceno. Mucha gente murió en este ataque y la mayoría de lxs líderes de la revolución fueron ejecutadxs.

El nuevo emperador Francisco José I, que tomó el poder en diciembre, tampoco cumplió con las demandas de la gente. Pero la lucha por los derechos civiles y nacionales continuó hasta que, 70 años después, el antiguo imperio se hundió. Cuando en 1918 se fundó la República de Austria, también se conmemoraron las batallas de 1848.

„Besser aufrecht sterben, als das ganze Leben zu knien!"

Diese Worte stammen vom mexikanischen Revolutionär Emiliano Zapata und sie beschreiben auch sein Leben, denn während der Mexikanischen Revolution wurde Zapata zum großen Helden der armen Bäuerinnen und Bauern und vieler indigener Gemeinden.

Während zwischen 1910 und 1920 verschiedene Gruppen um die Macht im Staate rangen, kämpfte Zapata mit seiner bäuerlichen „Befreiungsarmee des Südens" darum, dass das Land aus den Händen der Großgrundbesitzer an die arme Landbevölkerung verteilt würde. Damit sollte die Ausbeutung der ländlichen Gemeinden durch die reiche Oberschicht beendet werden - eine Frage, die auch in Österreich von Bedeutung war, wo Adelsfamilien riesige Latifundien besaßen und zum Teil bis heute besitzen.

Die Revolution brachte viele Veränderungen in Mexiko, doch Zapatas Forderungen waren auch den neuen Machthabern zu radikal. 1919 wurde er ermordet und seine Armee löste sich bald auf.

Doch noch heute steht Zapata für die nobelsten Ideale der Mexikanischen Revolution und die indigene Bewegung im südmexikanischen Bundesstaat Chiapas hat seinen Namen angenommen. „Zapata lebt!", rufen sie. „Der Kampf geht weiter!"

"¡Mejor morir de pie que vivir siempre de rodillas!"

Estas palabras las pronunció el revolucionario mexicano Emiliano Zapata, y suponen un fiel testimonio de lo que fue su vida. Y es que durante la Revolución mexicana Zapata se convirtió en el gran héroe de lxs campesinxs pobres y de muchas comunidades indígenas.

Mientras que, entre 1910 y 1920, distintos grupos luchaban por conseguir el poder a nivel estatal, Zapata luchó con su Ejército Libertador del Sur para conseguir que la tierra dejara de estar en manos de lxs latifundistas y se distribuyera entre lxs campesinxs pobres. Con ello se debería poner fin a la explotación de las comunidades rurales a manos de la oligarquía - una cuestión que también revestía importancia en Austria, donde familias aristócratas poseían enormes latifundios, y en parte los siguen teniendo hasta hoy en día.

La Revolución provocó muchos cambios en México, pero las demandas de Zapata eran demasiado radicales para los nuevos gobernantes. En 1919 fue asesinado y su ejército no tardó en desintegrarse.

No obstante, aún hoy en día Zapata representa los ideales más nobles de la Revolución mexicana, y el movimiento indígena en el estado de Chiapas tomó su nombre. "¡Zapata vive!", gritan. "¡La lucha sigue!"

EMILIANO ZAPATA

Ist die Revolution Männersache? Und der Krieg? Nicht in Mexiko!

In den verschiedenen Armeen, die in den langen Wirren der Mexikanischen Revolution kämpften, zogen zahllose Frauen mit. Soldatinnen, Marketenderinnen, Sanitäterinnen, Köchinnen, Ehefrauen und Geliebte. Wie schon in den Freiheitskriegen ein Jahrhundert zuvor, als Lateinamerika die spanische Herrschaft abschüttelte, war der Erfolg der Armeen von den mitziehenden Frauen abhängig.

Die berühmteste dieser Mexikanerinnen ist heute als Adelita bekannt. Sie war Krankenschwester in der „Division des Nordens" unter dem Kommando des ruhmreichen Pancho Villa. Es wird erzählt, dass einer der von ihr verarzteten Soldaten jenes berühmte Lied auf sie schrieb:

Bei der Truppe war Adelita beliebt,
Jene Frau, die der Feldwebel anbetete,
Die nicht nur mutig war, sondern auch hübsch,
Und die sogar der Oberst respektierte.

¿Es la revolución cosa de hombres? ¿Y la guerra? Pues ¡no en México!

En los diferentes ejércitos que se enfrentaron en las largas turbulencias de la Revolución mexicana combatían incontables mujeres. Soldadas, seguidoras de campamentos, paramédicas, cocineras y parejas de soldados. Al igual que en las guerras de liberación de un siglo antes, cuando América Latina se deshizo del dominio español, el éxito de los Ejércitos dependía de las mujeres que los integraban.

La más famosa de estas mexicanas es conocida hoy como Adelita. Era enfermera en la División del Norte, al mando del glorioso Pancho Villa. Se cuenta que uno de los soldadxs a quienes ella atendió le compuso esa famosa canción:

Popular entre la tropa era Adelita,
la mujer que el sargento idolatraba,
que además de ser valiente era bonita,
que hasta el mismo coronel la respetaba.

gekreuzte mEXIko pLatz geschichten 1938 – 2018

Der Mexikoplatz erinnert an den März 1938, als weltweit nur Mexiko gegen den „Anschluss" Österreichs an das Deutsche Reich protestierte. Doch damit nicht genug – Mexiko gab so vielen Menschen Asyl, die vor dem Nazi-Regime fliehen mussten. So wie heute Österreich Menschen aufnimmt, die Zuflucht suchen vor Krieg und Verfolgung in ihrer Heimat.

Dies sind „gekreuzte Geschichten", die Menschen, Erfahrungen und Ereignisse an fernen Orten oder Zeiten mit einander in Verbindung bringen. Denn wir sind nie allein, sondern immer mit Anderen verbunden. Ob wir wollen oder nicht. Und die Vergangenheit berührt immer die Gegenwart. Ob wir wollen oder nicht.

Deshalb laden ein zu einem Ausflug in die Geschichte des Mexikoplatzes, in den Raum und Zeit weit darüber hinaus führt: vom Mittelalter bis in unsere Gegenwart. Hier erzählen wir von Kämpfen um soziale Rechte, von Verfolgung und Widerstand, von Flucht und Exil in Österreich, Mexiko und anderswo. Von Hilfe und Solidarität. Damals und heute.

Jedes der hier gezeigten Bilder von Thomas Fatzinek ist ein Tor in eine solche Geschichte voller Verstrickungen zwischen Vergangenheit und Gegenwart.

Diese Geschichten gehen weiter auf unserer Webseite mexikoplatz.org.

The name "Mexikoplatz" recalls the March of 1938, when Mexico was the sole nation in the world to protect Austria's annexation by the Third Reich. But that was not all – Mexico also granted asylum to many fleeing the Nazi regime. Today, in the same spirit, Austria takes in refugees fleeing war and persecution in their home countries.

These stories show intersections and connections between people, experiences and events at remote times and places. We are never alone, but always connected with others, whether we wish to be or not. And the past always borders the present, whether we wish it to or not.

We invite you to traverse the history of Mexikoplatz through space and time, from the Middle Ages to the present. Here are stories of the struggle for social rights, of persecution and resistance, of flight and exile, in Austria, Mexico, and elsewhere. Stories of aid and solidarity. Stories from then and stories happening now.

Each of these pictures created by Thomas Fatzinek is a portal to one such story, to the place where the past intersects with the present.

Please find the continuation of these stories on our website, www.mexikoplatz.org.

El nombre de la Plaza de México evoca el marzo de 1938, cuando fue este el único país del mundo que protestó contra la anexión de Austria al Tercer Reich alemán. Pero no se fue todo. México también ofreció asilo a muchas personas que tuvieron que huir del régimen nazi. Del mismo modo que, hoy en día, Austria recibe a quienes están buscando refugio de la guerra y la persecución en sus tierras natales.

Estas son "historias cruzadas" que conectan personas, experiencias y sucesos en lugares y tiempos lejanos. Porque nunca estamos solos, sino siempre conectados con otros. Lo queramos o no. Y el pasado siempre afecta al presente. Lo queramos o no.

Por eso invitamos a emprender un viaje que, en tiempo y espacio, trasciende la historia de la Plaza de México: desde el medievo hasta nuestro presente. Aquí contamos historias de luchas por los derechos sociales, historias de persecución y resistencia, de huida y exilio en Austria, México y en otros lugares. Historias de ayuda y solidaridad. En el pasado y en la actualidad.

Cada una de las imágenes aquí expuestas, creadas por Thomas Fatzinek, es una puerta de entrada a una historia entramada, llena de conexiones entre pasado y presente.

Todas ellas continúan en nuestro sitio web: mexikoplatz.org.

www.mexikoplatz.org

Impressum:
Konzeption: Berthold Molden. Bilder: Thomas Fatzinek. Design: Tobalu / Detlef / Ortsch graphzeta.team

Fliegenuler Editio Graz / Der reflexive Blick mit Arbeiten. von Knochen. Spak. Petz. Dünnkreis & aufdrisk. mit collectiv. Sara Tschüst, Alex Tzuistar. Bregenz. Vereinzelung. Kamillaitten von. Michel Rodrigues. Austellers von David Petra.

Inwerbs graphzeta.team. gamv / Das Best des Autors ein reflexive von. der Manuel Belli. Lutz Felpe Pelote. Hans Höchl. Luise Fendos. Vicente Barto, koordiert von Julia Garcia. Marble und Hans Hochl.

> „Niemals habe ich eine bessere Regierung gesehen als die von Wien in jenen Tagen. [...] Niemals hat man sich besser um die armen Kinder gekümmert, niemals gab es eine bessere öffentliche Wohlfahrt und Wohnbau für Arbeiter."

So schrieb der mexikanische Intellektuelle **José Vasconcelos** über seinen Besuch in **Wien 1925**. Er bewunderte die Gemeindebauten ebenso wie die kulturellen Leistungen des Roten Wien. Damals war er selbst im Exil in Europa. Später sollte er Ansprechpartner für Österreicher_innen sein, die nach Mexiko geflohen waren – auch wenn er selbst den Faschismus bewunderte.

Das Rote Wien mit seinen Gemeindebauten und sozialen Einrichtungen machte damals – wie heute – international großen Eindruck.

Auch in Mexiko entstanden nach dem Weltkrieg große Sozialbauten. Inspiriert von Wien?

> "Never have I seen a better government than that of Vienna during these days. [...] Never were poor children better taken care of, never have there been better public welfare and residential-building programs for workers."

Thus wrote **José Vasconcelos**, the Mexican intellectual, about his visit to **Vienna 1925**. He admired Red Vienna's public housing projects as much as its cultural achievements. At the time he himself was in exile in Europe. Later on, Vasconcelos would later become a contact for Austrians exiled to Mexico – despite his own admiration for fascism.

In those days, Red Vienna's public housing and social institutions were impressive on an international scale – and they still are.

Following the World War, Mexico City built its own large-scale social housing projects. Might the inspiration have come from Vienna?

> "Nunca he visto gobierno mejor que el de Viena de aquellos días. [...] Nunca estuvieron mejor atendidos los niños pobres, nunca se hizo obra mejor de asistencia pública, de construcción de casas para obreros."

Esto fue lo que escribió el intelectual mexicano **José Vasconcelos** sobre su visita a **Viena en 1925**. Admiró tanto las viviendas municipales, pues obreros, como los logros culturales de la Viena Roja. Por entonces, él mismo se encontraba exiliado en Europa. Más tarde se convertiría en un interlocutor para los austriacos, exiliados en México – a pesar de la admiración que sentía, también, por el fascismo.

La Viena Roja, con su programa de vivienda pública y servicios sociales, impresionó a mucha observador/a internacionales en aquella época, y aún lo sigue haciendo hoy en día.

También en la Ciudad de México se pusieron en marcha grandes proyectos de viviendas sociales después de la Segunda Guerra Mundial. ¿Inspirados, quizás, por Viena?

WIR SIND DAS BAUVOLK DER KOMMENDEN WELT

JOSÉ VASCONCELOS WIEN 1925

FEBRUAR 19

Kanonen auf dem Mexikoplatz? Die auf einen Gemeindebau schießen? Wie kann das sein?

Ja, in der Tat. Vom Mexikoplatz aus – damals hieß er Erzherzog Karl-Platz – schoss die Regierung mit Kanonen über die Donau auf Arbeiter_innen, die sich im Goethehof verschanzt hatten, dem großen Gemeindebau in Kagran.

Denn 1934 tobte in Wien und Österreich drei Tage lang ein Bürgerkrieg. Sozialist_innen ergriffen die Waffen gegen die faschistische Regierung von Engelbert Dollfuß und wurden mit aller Kraft bekämpft.

Kanonendonner und Schüsse. Menschen in Kanälen versteckt. Bewaffnete Arbeiter_innen in Gemeindebauten verschanzt. Auf den Straßen die übermächtigen Truppen des Bundesheers, die Polizei und die Milizen der faschistischen Heimwehr. Sonst Totenstille.

Der Tod der Demokratie in Österreich hatte 1933 begonnen, als Kanzler Dollfuß das Parlament ausgeschaltet hatte. Schritt für Schritt zerstörten die Austrofaschisten demokratische Institutionen und die Opposition. Nach dem Bürgerkrieg im **Februar 1934** war die Diktatur komplett.

Cannons on the Mexikoplatz? Firing upon municipal-housing projects? How could this happen?

The Austrian government really did deploy cannons on Mexikoplatz, then known as Erzherzog Karl-Platz, and bombard workers holed up in the Goethehof, a large "Gemeindebau" across the Danube.

In 1934, both Vienna and Austria experienced three civil war. Socialists took up arms against the fascist government of Engelbert Dollfuß, only to be crushed by government forces. Mortars thundered and gunfire crackled. People holed up in the sewer systems. Armed workers defended public housing complexes. Only the army, police, and militia controlled the streets elsewhere. Heimwehr marched on streets that were otherwise deserted and silent.

The death of democracy in Austria had begun in 1933, when chancellor Dollfuß's suspension of the Austrian parliament. The Austrofascists proceeded to systematically dismantle democratic institutions and eliminate the opposition. By the end of the civil war of **February 1934**, the country's dictatorship had been established.

1938 wurde Österreich ausgelöscht und niemand auf der Welt protestierte dagegen. Wirklich niemand? Doch! Ein kleines Land erhob seine Stimme gegen den Nazis und die Annexion – den sogenannten „Anschluss" – Österreichs an Hitlers Deutschland: Mexiko!

„Der politische Tod Österreichs [...] bedeutet einen schwerwiegenden Angriff [...] auf die heiligen Prinzipien des internationalen Rechts."

So schrieb die mexikanische Regierung am 19. März 1938 an den Völkerbund, den Vorgänger der UNO, und forderte „energischen Protest" und Gegenmaßnahmen. Am 12. März hatten deutsche Truppen die Herrschaft in Österreich übernommen und drei Tage später hatte Hitler vor jubelnden Österreicher_innen seine berüchtigte Rede auf dem Heldenplatz in Wien gehalten.

Mexiko blieb für lange Zeit allein mit seinem Protest. Natürlich gab es auch in Österreich viele, die verzweifelt waren über die Machtübernahme der Nazis. Sie mussten sich wundern: Warum hilft uns niemand in Europa? Auch nicht die USA! Nur das ferne Mexiko – warum?

PROTEST!
MÄRZ 1938

PANCHO VILLA 1878 – 1923
VIVA VILLA!
ES LEBE DIE DEMOKRATIE!
WIEN 1935

Bandit oder Revolutionsheld? **Pancho Villa**, eine der großen Figuren der Mexikanischen Revolution, gilt als ein bisschen von beidem.

Als Großgrundbesitzer und ausländische Konzerne den Norden Mexikos an der Grenze zu den USA kontrollierten, war Villa ein geliebter Vorkämpfer der armen Landarbeiter_innen. Einmal wagte er sogar eine kleine Invasion in die USA und wurde dafür ein Jahr lang von amerikanischen Truppen gejagt. Das war 1916.

Trotzdem war Villa auch in Hollywood ein Held, über den ganz viele Filme gedreht wurden. Ein solcher Western spielte 1935 auch in Wiener Kinos. Ein Jahr nach dem österreichischen Bürgerkrieg und mitten in der austrofaschistischen Diktatur. Deshalb wurden diese Filmvorführung zum geheimen Treffpunkt der Sozialdemokrat_innen, die seit dem Bürgerkrieg „illegal" waren.

Unter jenen, die sich im Kreuz Kino versammelten, war auch Bruno Kreisky, der spätere Bundeskanzler und gewöhnliche „Sonnenkönig" der 1970er Jahre. Kreisky in **Wien** und Villa in Chihuahua – zwei virtuelle Genossen der Weltrevolution!

Bandit or revolutionary hero? **Pancho Villa**, one of the grand figures of the Mexican Revolution, was a little bit of both.

At a time when big landowners and foreign corporations controlled northern Mexico along the border with the US, Villa was the beloved champion of the region's poor rural workers. He once even dared invade the US, and was chased for a whole year by US troops. That was in 1916.

Nevertheless, Villa was also a hero in Hollywood. Several films were made about him. One such western was shown in Viennese theaters in **1935**, one year after the Austrian civil war, during the austrofascist dictatorship. The screenings thus became secret meeting places for Social Democrats, driven underground after the civil war.

One participant at the Kreuz Kino was Austrian chancellor Bruno Kreisky, the Socialist "Sun King" of the 1970s. Kreisky in **Vienna** and Villa in Chihuahua – two virtual comrades of the World Revolution!

Es lebe die Freiheit!

Diesem Aufruf folgten 1400 Österreicher_innen und zogen in den größten Kampf gegen den Faschismus in Europa vor dem Zweiten Weltkrieg: den Spanischen Bürgerkrieg.

In Österreich herrschte der Bürgerkrieg drei Tage, in Spanien drei Jahre. Von **1936** bis **1939** kämpfte die spanische Republik gegen die faschistischen Truppen von General Francisco Franco.

Viele der Österreicher_innen, die sich den Internationalen Brigaden im spanischen Bürgerkrieg anschlossen, hatten auch 1934 in Österreich gekämpft.

Und auch in **Spanien** siegte der Faschismus und errichtete eine Diktatur, die bis 1975 bestehen sollte.

So trafen einander manche österreichische und spanische Kämpfer_innen später in Mexiko wieder, wo sie Asyl erhielten.

Long Live Freedom!

1,400 Austrians heeded the call, and joined the war against European fascism on what was its most crucial front, before the Second World War: the Spanish Civil War.

While the civil war in Austria lasted for three days, in Spain it lasted for three years. From **1936** to **1939**, the Spanish Republic struggled against the troops of fascist General Francisco Franco.

Many of the Austrians joining the International Brigade in Spain were veterans of the Austrian civil war of 1934.

Eventually, the fascists triumphed in **Spain** as well, founding a dictatorship that would last until 1975.

The paths of some defeated Austrian and Spanish republicans would cross again, in Mexico, where many anti-fascists were granted political asylum.

¡Viva la libertad!

1.400 austríacos respondieron a este llamada y se sumaron a la lucha más importante contra el fascismo en Europa antes de la Segunda Guerra Mundial: la guerra civil española.

En Austria la guerra sólo duró tres días; en España, tres años. Desde **1936** a **1939**, la República española luchó contra las tropas fascistas del general Francisco Franco.

Muchos de los austríacos que se unieron a las Brigadas Internacionales en la guerra civil española también habían combatido en Austria en 1934.

Y también en **España** triunfó el fascismo, instaurando una dictadura que se prolongaría hasta 1975.

Así, así como algunos combatientes austríacos y españoles volvieron a encontrarse en México, donde se les concedió asilo político.

¡VIVA LA LIBERTAD!
ESPAGNA ★ 1936 – 1939

„Niemals habe ich eine bessere Regierung gesehen als die von Wien in jenen Tagen. [...] Niemals hat man sich besser um die armen Kinder gekümmert, niemals gab es eine bessere öffentliche Wohlfahrt und Wohnbau für Arbeiter."

So schrieb der mexikanische Intellektuelle José Vasconcelos über seinen Besuch in Wien 1925. Er bewunderte die Gemeindebauten ebenso wie die kulturellen Leistungen des Roten Wien. Damals war er selber im Exil in Europa. Später sollte er Ansprechpartner für ÖsterreicherInnen sein, die nach Mexiko geflohen waren – auch wenn er da schon den Faschismus bewunderte.

Das Rote Wien mit seinen Gemeindebauten und sozialen Einrichtungen machte damals – wie heute – international großen Eindruck.

Auch in Mexiko entstanden nach dem Weltkrieg große Sozialbauten. Inspiriert von Wien?

"Nunca he visto gobierno mejor que el de Viena de aquellos días. [...] Nunca estuvieron mejor atendidos los niños pobres, nunca se hizo obra mejor de asistencia pública, de construcción de casas para obreros."

Esto fue lo que escribió el intelectual mexicano José Vasconcelos sobre su visita a Viena en 1925. Admiró tanto las viviendas municipales para obrerxs como los logros culturales de la Viena Roja. Por entonces, él mismo se encontraba exiliado en Europa. Más tarde se convertiría en un interlocutor para lxs austríacxs exiliadxs en México – a pesar de la admiración que sentía, también, por el fascismo.

La Viena Roja, con su programa de viviendas públicas y servicios sociales, impresionó a muchxs observadorxs internacionales en aquella época, y aún lo sigue haciendo hoy en día.

También en la Ciudad de México se pusieron en marcha grandes proyectos de viviendas sociales después de la Segunda Guerra Mundial. ¿Inspirados, quizás, por Viena?

Kanonen auf dem Mexikoplatz? Die auf einen Gemeindebau schießen? Wie kann das sein?

Ja, in der Tat. Vom Mexikoplatz aus – damals hieß er Erzherzog-Karl-Platz – schoss die Regierung mit Kanonen über die Donau auf ArbeiterInnen, die sich im Goethehof verschanzt hatten, dem großen Gemeindebau in Kagran.

Denn 1934 tobte in Wien und Österreich drei Tage lang ein Bürgerkrieg. SozialistInnen ergriffen die Waffen gegen die faschistische Regierung von Engelbert Dollfuß und wurden mit aller Gewalt bekämpft.

Kanonendonner und Schüsse. Menschen in Kanälen versteckt. Bewaffnete ArbeiterInnen in Gemeindebauten verschanzt. Auf den Straßen die übermächtigen Truppen des Bundesheeres, die Polizei und die Milizen der faschistischen Heimwehr. Sonst Totenstille.

Der Tod der Demokratie in Österreich hatte 1933 begonnen, als Kanzler Dollfuß das Parlament ausgeschaltet hatte. Schritt für Schritt zerstörten die Austrofaschisten demokratische Institutionen und die Opposition. Nach dem Bürgerkrieg im Februar 1934 war die Diktatur komplett.

¿Cañones en la Plaza de México? ¿Disparando sobre viviendas municipales? ¿Cómo puede ser?

Pues sí, es cierto. El Gobierno austríaco estacionó cañones en la Plaza de México –por aquel entonces llamada Erzherzog-Karl-Platz– para disparar sobre obrerxs que se habían atrincherado en el Goethehof, un gran edificio de viviendas municipales para obrerxs situado al otro lado del Danubio, en Kagran.

Y es que en 1934 Viena y Austria sufrieron tres días de guerra civil. Lxs socialistas alzaron las armas contra el gobierno fascista de Engelbert Dollfuß y fueron aplastadxs por las tropas del Estado.

Ruido atronador de cañones y disparos. Gente escondiéndose en el alcantarillado. Obrerxs armadxs atrincheradxs en viviendas municipales. En las calles, las tropas arrolladoras del ejército, la policía y las milicias fascistas de la *Heimwehr*. Por lo demás, silencio mortal.

La muerte de la democracia en Austria había comenzado en 1933, cuando el canciller Dollfuß disolvió el parlamento. Paso a paso, lxs austrofascistas fueron destruyendo las instituciones democráticas y la oposición. Después de la guerra civil de febrero de 1934, la dictadura era completa.

FEBRUAR 1934

Bandit oder Revolutionsheld? Pancho Villa, eine der großen Figuren der Mexikanischen Revolution, gilt als ein bisschen von beidem.

Als Großgrundbesitzer und ausländische Konzerne den Norden Mexikos an der Grenze zu den USA kontrollierten, war Villa ein verehrter Vorkämpfer der armen LandarbeiterInnen. Einmal wagte er sogar eine kleine Invasion in die USA und wurde dafür ein Jahr lang von amerikanischen Truppen gejagt. Das war 1916.

Trotzdem war Villa auch in Hollywood ein Held, über den viele Filme gedreht wurden. Ein solcher Western spielte 1935 auch in Wiener Kinos, ein Jahr nach dem österreichischen Bürgerkrieg und mitten in der austrofaschistischen Diktatur. Diese Filmvorführungen wurden zum geheimen Treffpunkt der SozialdemokratInnen, die seit dem Bürgerkrieg „illegal" waren.

Unter jenen, die sich im Kreuz Kino versammelten, war auch Bruno Kreisky, der spätere Bundeskanzler und sozialistische „Sonnenkönig" der 1970er Jahre. Kreisky in Wien und Villa in Chihuahua – zwei virtuelle Genossen der Weltrevolution!

¿Bandido o héroe de la revolución? Pancho Villa, uno de lxs grandes protagonistas de la Revolución mexicana, es considerado un poco como ambas cosas.

En una época en la que grandes terratenientes y corporaciones extranjeras controlaban el norte de México, cerca de la frontera con Estados Unidos, Villa era un líder admirado por lxs campesinxs pobres y lxs trabajadorxs agrícolas. Una vez llegó incluso a aventurar una pequeña invasión de Estados Unidos, por lo que fue perseguido por tropas americanas durante un año. Eso sucedió en 1916.

No obstante, Villa fue también un héroe en Hollywood, donde se rodaron muchas películas sobre él. Uno de esos *westerns* llegó a los cines de Viena en 1935. Un año después de la guerra civil y en plena dictadura austrofascista. Por tanto, las proyecciones del film propiciaron encuentros secretos de lxs socialdemócratas, ilegalizadxs tras la guerra civil.

Entre quienes se reunieron en el cine Kreuz Kino se encontraba también Bruno Kreisky, el posterior canciller austríaco y "Rey Sol" socialista de los años 70. Kreisky en Viena y Villa en Chihuahua: ¡dos camaradas virtuales de la Revolución Mundial!

Es lebe die Freiheit!

Diesem Aufruf folgten 1.400 ÖsterreicherInnen und zogen in den größten Kampf gegen den Faschismus in Europa vor dem Zweiten Weltkrieg: den Spanischen Bürgerkrieg.

In Österreich dauerte der Bürgerkrieg drei Tage, in Spanien drei Jahre. Von 1936 bis 1939 kämpfte die spanische Republik gegen die faschistischen Truppen von General Francisco Franco.

Viele der ÖsterreicherInnen, die sich den Internationalen Brigaden im spanischen Bürgerkrieg anschlossen, hatten schon 1934 in Österreich gekämpft.

Und auch in Spanien siegte der Faschismus und errichteten eine Diktatur, die bis 1975 bestehen sollte.

So trafen einander manche österreichische und spanische KämpferInnen später in Mexiko wieder, wo sie Asyl erhielten.

¡Viva la libertad!

1.400 austríacxs respondieron a esta llamada y se unieron a la lucha más importante contra el fascismo en Europa antes de la Segunda Guerra Mundial: la guerra civil española.

En Austria, la guerra civil duró tres días; en España, tres años. Desde 1936 hasta 1939 la República Española luchó contra las tropas fascistas del general Francisco Franco.

Muchxs de lxs austríacxs que se unieron a las Brigadas Internacionales en la guerra civil española también habían combatido en Austria en 1934.

Y también en España triunfó el fascismo, instaurando una dictadura que se prolongaría hasta 1975.

Fue así como algunxs combatientes austríacxs y españolxs volvieron a encontrarse en México, donde se les concedió asilo político.

1938 wurde Österreich ausgelöscht und niemand auf der Welt protestierte dagegen. Wirklich niemand? Doch! Ein fernes Land erhob seine Stimme gegen den Einmarsch der Nazis und die Annexion - den sogenannten „Anschluss" - Österreichs durch Hitlers Deutschland: Mexiko!

„Der politische Tod Österreichs [...] bedeutet einen schwerwiegenden Angriff [...] auf die heiligen Prinzipien des internationalen Rechts."

So schrieb die mexikanische Regierung am 19. März 1938 an den Völkerbund, den Vorgänger der UNO, und forderte „energischen Protest" und Gegenmaßnahmen.

Am 12. März hatten deutsche Truppen die Herrschaft in Österreich übernommen und drei Tage später hatte Hitler vor jubelnden österreichischen Nazis seine berüchtigte Rede auf dem Heldenplatz in Wien gehalten. Mexiko blieb für lange Zeit allein mit seinem Protest.

Natürlich gab es auch in Österreich viele, die verzweifelt waren über die Machtübernahme der Nazis. Sie mussten sich wundern: Warum hilft uns niemand in Europa? Auch nicht die USA! Nur das ferne Mexiko - warum?

En 1938, Austria fue borrada del mapa y nadie protestó. ¿Nadie? ¡No es verdad! Un lejano país levantó su voz contra la invasión nazi y la anexión -el llamado "Anschluss"- de Austria a la Alemania de Hitler: ¡México!

"La muerte política de Austria significa [...] un grave atentado [...] a los sagrados principios del Derecho Internacional."

En estos términos, el 19 de marzo de 1938 el Gobierno mexicano se dirigió por escrito a la Sociedad de Naciones -predecesora de la ONU-, exigiendo "enérgicas protestas" y la adopción de contramedidas.

El 12 de marzo las tropas alemanas habían tomado el poder en Austria, y tres días más tarde Hitler había pronunciado su infame discurso en la plaza Heldenplatz de Viena entre los aplausos entusiastas de miles de austríacxs. Durante mucho tiempo, México fue el único país que protestó.

Por supuesto, hubo muchxs austríacxs que se desesperaron ante la toma del poder por parte de lxs nazis. Asombradxs se tuvieron que preguntar: ¿Por qué nadie en Europa nos ayuda? ¡Tampoco los Estados Unidos! Únicamente el lejano México, ¿por qué?

Albert Einstein hat ihr das Leben gerettet. Und Mexiko.

Aber das ist nur ein Detail im Leben der Kernforscherin **Marietta Blau**, die fünf Mal für den Nobelpreis vorgeschlagen wurde. Bekommen hat sie ihn nie – auch weil nach ihrer Vertreibung aus Wien 1938 immer andere Physiker_innen von ihrer bahnbrechenden Arbeit profitierten. Darunter auch Nazis.

Blau musste als Jüdin aus Wien fliehen, zunächst nach Norwegen und von dort nach Mexiko. Einstein hatte ihr das Visum und eine Stelle an einer mexikanischen Hochschule vermittelt, ebenso wie ihre spätere Position in den USA.

Erst 1960 kehrte sie nach Wien zurück, wo sie weiterhin forschte, jedoch zehn Jahre später verarmt starb.

Einstein und Mexiko haben Marietta Blau das Leben gerettet, doch die Karriere dieser großen österreichischen Wissenschaftlerin wurde durch Antisemitismus und Opportunismus in ihrer Heimat zerstört.

Her life was saved by Albert Einstein, and Mexico. This is only one detail from the life of **Marietta Blau**, a nuclear scientist nominated five times for the Nobel Prize. She never won—other physicists profited instead from her pioneering work, after her expulsion from Vienna in 1938. Some of them were Nazis.

A Jew, Blau was forced to flee Vienna, first to Norway and then Mexico. Einstein secured a visa and a job for her at a Mexican research institute, and later a position in the U.S.

Only in 1960 did Blau return to Vienna, where she resumed her research, but died in poverty ten years later.

She may have been saved by Einstein and Mexico, but the career of this great Austrian scientist was a victim of her homeland's anti-Semitism and ruthless opportunism.

Albert Einstein le salvó la vida. Y México.

Este no es más que un detalle en la vida de la física nuclear cinco ocasiones. Nunca lo obtuvo, debido en gran parte al hecho de que, tras su expulsión de Viena en 1938, otr(l)o físic(l)o se beneficiaban de sus investigaciones pioneras. Algun(l)o de ell(l)o eran nazis.

Siendo judía, Blau tuvo que huir de Viena, primero a Noruega y desde allí a México. Einstein le había conseguido la visa y un trabajo en el Instituto Politécnico Nacional en la Ciudad de México, así como el puesto que facilitaría también sus precios en Estados Unidos.

Blau 1960 Blau no regresó a Viena, donde continuar sus investigaciones. Sin embargo, murió en la pobreza diez años más tarde.

Einstein y México le salvaron la vida a Marietta Blau, pero la carrera de esta gran científica austríaca quedó destruida por el antisemitismo y el oportunismo cruel de su país natal.

"ICH WEISS JETZT NICHT, OB ICH JEMALS ZURÜCKKOMMEN KANN ODER ALS FLÜCHTLING BEHANDELT WERDE UND BIN NATÜRLICH GANZ VERZWEIFELT"

Einer, der tausende Flüchtende rettete. Ein Held? Oder ein staatl.(lax.) Fluchthelfer?

So jemand war **Gilberto Bosques**. Man nennt ihn auch den Oskar Schindler von Mexiko. Als mexikanischer Konsul in Marseille stellte er tausenden Menschen die rettenden Visa nach Mexiko aus: vor allem Spanier_innen auf der Flucht vor der faschistischen Truppen, aber auch Deutschen, Österreicher_innen und Anderen, die den Nazis entkommen wollten.

Als Bosques 1944 nach **Mexiko** heimkehrte, wurde er von unzähligen dankbaren Europäer_innen auf dem Bahnhof empfangen.

In Wien wurde aus Dank eine Straße nach ihm benannt.

The saviour of refugees numbering in the thousands, what can we call him? A hero? Or a government-sanctioned people smuggler?

Gilberto Bosques, a.k.a. the Oskar Schindler of Mexico, was precisely such a complicated historical figure. As Mexican diplomatic consul in Marseilles, he issued Mexican visas to thousands of people: principally Spaniards fleeing fascist troops, but also Germans, Austrians, and others seeking to escape the Nazis.

Upon Bosques' return to **Mexico** in 1944 countless grateful Europeans received him at the train station.

The City of Vienna expressed its gratitude by renaming one its streets in his honor.

Uno que salvó las vidas de miles de refugiad(l)o. ¿Un héroe? ¿O un estatal (¿¿legal?) enganchador?

Gilberto Bosques fue tal persona. También lo llaman el Oskar Schindler de México. Como cónsul mexicano en Marsella otorgó visas a miles de personas: sobre todo a español(l)o huyendo de las tropas fascistas, pero también a alemán(l)o, austríac(l)o y otr(l)o que intentaron escapar de los nazis.

*Cuando Bosques volvió a **México** en 1944 numerosa(l)o europe(l)o agradecid(l)o le dieron la bienvenida en la estación de trenes. La ciudad de Viena impuso su nombre a una calle en agradecimiento por sus años.*

WOLFGANG PAALEN

Revolution kann überall geschehen, nicht nur in der Politik. Oder: "Alles, was den Weg für neue Möglichkeiten der Erfahrung öffnet, ist revolutionär." So schrieb der österreichische Künstler **Wolfgang Paalen** in seiner legendären Zeitschrift *Dyn*, die er während seines Exils in Mexiko herausgab.

Paalen war in eine jener wohlhabenden Familien geboren, die das Kunstleben der Wiener Jahrhundertwende vorantrieben. Als junger Maler ging er nach Paris, wo er mit Salvador Dalí und André Breton die surrealistische Bewegung anführte. 1939 verließ er das zunehmend faschistische Europa und zog nach Mexiko. Die Internationale Surrealistische Ausstellung, die er dort organisierte, wurde zu einem wichtigen Moment im weltweiten Kampf gegen den Faschismus.

Vor allem aber faszinierten Paalen die alten mexikanischen Kulturen, die er in seine Malerei und Texte aufnahm. 1959 setzte der seit langem depressive Paalen seinem Leben ein Ende. Nach Österreich war er nicht mehr zurückgekehrt.

Revolution is possible anywhere, not only in politics. Or: "Everything that opens the way for new capabilities of experience is revolutionary." Thus wrote **Wolfgang Paalen**, the Austrian artist, in the legendary art magazine *Dyn* that he founded while exiled in Mexico.

Paalen was born into one of the wealthy Viennese families responsible for supporting the arts at the beginning of the 20th century. As a young painter, Paalen went to Paris and joined Salvador Dalí and André Breton at the head of the Surrealist movement. In 1939, he left behind a Europe that was growing increasingly fascist, and moved to Mexico. The International Exhibition of Surrealism that he organized there was an important moment in the global resistance against fascism.

But Paalen's supreme interest was the ancient Mexican cultures, elements of which he incorporated into his painting and writing.

Paalen ended his life in 1959 after a long struggle with depression, and without ever returning to Austria.

*La revolución puede acontecer en cualquier ámbito, no sólo en la política. O bien: "Todo lo que abre el camino para nuevas posibilidades de experiencia es revolucionario." Esto es lo que escribió el artista austríaco **Wolfgang Paalen** en su legendaria revista de arte Dyn, editada durante su exilio mexicano.*

Paalen había nacido en una de aquellas familias adineradas que impulsaron la vida artística de Viena en torno a 1900. El joven pintor Paalen se instaló en París y se unió a Salvador Dalí y André Breton, encabezando el movimiento surrealista. En 1939 abandonó Europa, donde el fascismo avanzaba cada vez más, para irse a vivir a México. La Exposición Internacional del Surrealismo que organizó allí se convirtió, también, en un acontecimiento importante de la lucha global antifascista.

Sin embargo, lo que más fascinó a Paalen fueron las antiguas culturas de México, cultura que incorporó en su pintura y en sus textos.

En 1959 después de muchos años de depresión, Paalen se quitó la vida. Nunca había vuelto a vivir en Austria.

atz geschichten 1938 2018

Als Faschismus und Nationalsozialismus in Europa herrschten, gewährte Mexiko tausenden Verfolgten politisches Asyl. Darunter auch vielen Österreicher_innen. Ihre genaue Zahl ist nicht bekannt. Viele von ihnen waren aus politischen und manche aus „rassischen" Gründen verfolgt, manche aus beiden.

Unter ihnen waren viele Künstler_innen, Journalist_innen und Schriftsteller_innen, die gemeinsam mit Deutschen eine lebhafte Kulturszene im Exil schufen.

Das Leben im Exil war schwer, doch manche bauten sich eine neue Existenz auf und blieben in Mexiko. Andere kehrten später zurück und wirkten am Wiederaufbau Österreichs mit.

Der Mexikoplatz erinnert also auch an die große Bedeutung der Hilfe, die Mexiko verfolgten Österreicher_innen bot, als ihre Heimat von einer mörderischen Diktatur heimgesucht war und sie Asyl und Schutz brauchten.

At a time when fascism and Nazism ruled Europe, Mexico granted political asylum to thousands of persecuted Europeans. Among them were many Austrians. Their exact number is not known. Some were persecuted for political reasons, others for "racial" reasons, some for both.

Many of them were artists, journalists and writers who, together with German colleagues, founded a vivid cultural scene in exile.

The life of the exiles was difficult, but some managed to create new lives and remained in Mexico. Others returned to Europe after the war and were involved in the reconstruction of Austria.

Thus, the Mexikoplatz also commemorates the enormous importance of the assistance that Mexico offered to Austrian refugees, in a period when their homeland was haunted by a murderous dictatorship, and they needed asylum and help.

Cuando el fascismo y el nazismo dominaban Europa, México ofreció asilo político a miles de europeXs perseguidXs. Entre ellXs, también a muchXs austriacXs. Su número exacto no se conoce. MuchXs fueron perseguidXs por razones políticas, otrXs por razones "raciales", y algunXs por ambas causas.

MuchXs eran artistas, periodistas y escritorXs. Junto con sus compañerXs alemanes, generaron un dinámico paisaje cultural en el exilio.

La vida en el exilio era dura, pero algunXs lograron emprender una nueva vida y se quedaron en México. OtrXs retornaron más tarde y se involucraron en la reconstrucción de Austria.

Por ello, la Plaza de México conmemora también la gran importancia del apoyo que este país ofreció a lXs refugiadXs austriacXs cuando su patria sufría una sanguinaria dictadura y ellXs requerían asilo y ayuda.

www.mexikoplatz.org

Impressum
Konzeption: Berthold Molden; Bilder: Thomas Fatzinek; Design: Toledo i Dertschei; Druck: speedprint.wien

Filmprojekt *Exiled Gaze / Der exilierte Blick* mit Arbeiten von Kiadwin Ayala, Petja Dimitrova & activist_art collective, Sara Fattahi, Alfon Tanjour, Borjana Ventzislavova, Installation von Mariel Rodriguez, kuratiert von Doris Posch

Ausstellungsprojekt *El derecho ajeno / Das Recht des Anderen*, mit Arbeiten von José Arnaud Bello, Luis Felipe Fabre, Nina Höchtl, Luisa Pardo, Vicente Razo, kuratiert von Julio García Murillo und Nina Höchtl

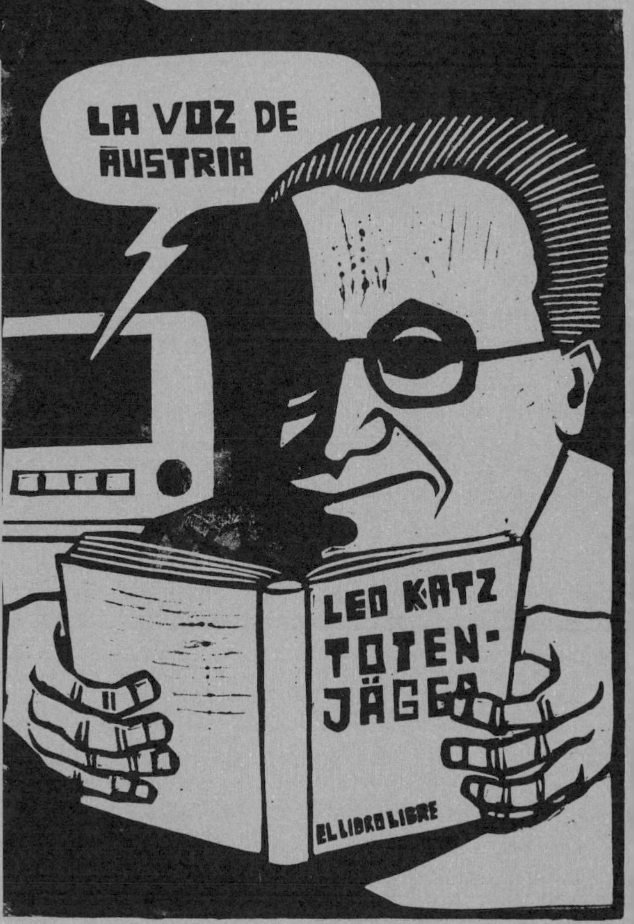

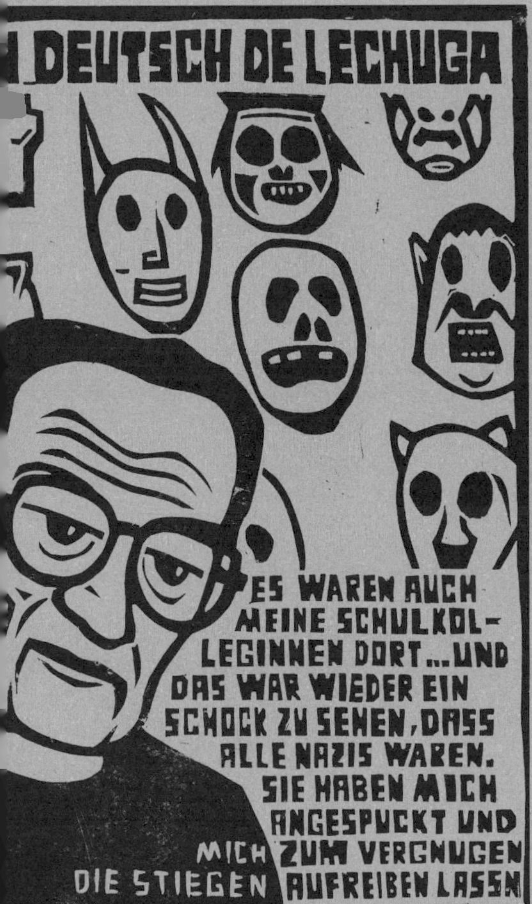

Manche Erinnerungen lassen einen niemals los!

Was sind das für wilde Gesichter? Böse Träume aus der Kindheit?

Als die **Nazis** in Wien an die Macht kamen, war **Ruth** noch ein Kind. In der Schule wurde sie von ihren Lehrern und Mitschülern gequält, weil sie Jüdin war.

Aber verglichen mit vielen Anderen hatte sie noch Glück, denn sie entkam den Nazi-Mördern.

Mit ihrer Familie konnte sie nach Mexiko flüchten und dort ein neues Leben aufbauen. Sie wurde Ärztin und half vielen armen Menschen.

Und sie wurde eine berühmte Forscherin, die Hunderte mexikanische Masken sammelte. Diese wilden Gesichter ...

Die Mexikaner verehrten sie und sie hatte ein schönes Leben. Doch manche Erinnerungen verfolgen einen immer!

Certain memories never go away!

What are these wild faces? Childhood nightmares?

Ruth was still a child when the **Nazis** came to power in Vienna. She was Jewish, and cruelly treated by teachers and classmates.

But Ruth, who escaped the Nazi murderers, was lucky compared to many others.

She fled with her family to Mexico, building a new life as a doctor who helped many poor people.

She went on to become a famous researcher, collecting hundreds of Mexican masks. Those wild faces ...

But while the Mexicans adored her, and Ruth lived a beautiful life, certain memories will always haunt you!

¡Hay recuerdos de los que nunca puedes deshacerte!

¿Quiénes son estas caras feroces? ¡Malos sueños de la niñez?

Cuando los **nazis** *llegaron al poder en Viena,* **Ruth** *todavía era una adolescente. En la escuela, sus maestrXs y compañerXs la maltrataron por ser judía.*

Sin embargo, en comparación con muchas otras personas, Ruth tuvo suerte, ya que logró escapar de los asesinos nazis.

Junto con su familia pudo huir a México y emprender allí una nueva vida. Como médica, Ruth ayudó a muchos pobres.

Y se convirtió en una investigadora famosa que coleccionó cientos de máscaras mexicanas. Aquellas caras feroces ...

Los mexicanos la adoraban y Ruth tuvo una buena vida. ¡Pero hay recuerdos que te van a perseguir siempre!

How to live in exile? Blend in? Keep a low profile?

No! Rather write books, broadcast radio programs, produce theater and print newspapers!

That was the conclusion of Austrian and German asylum seekers in Mexico. With the support of the Mexican government and unions, they founded the legendary publishing house ***The Free Book***, as well as several newspapers, and created a radio program, ***The Voice of Austria***. The *Heinrich Heine Club* organized countless concerts, theater nights and lectures.

That's how Mexico became home to one of the world's liveliest German-speaking cultural scenes, dedicated to the fight against the Nazis and fascism. The group included numerous Austrians, such as Bruno Frei, **Leo Katz**, Egon Erwin Kisch, Ernst and Irma Römer, Marcel Rubin and Rosi Volk.

Highly regarded in Mexico as well as in Germany and Austria, these cultural figures have all left their mark. Keep a low profile? Hardly!

¿Qué haremos durante nuestro exilio? ¿Asimilarnos? ¿Ser discretXs a toda costa?

¡No! ¡Escribamos libros, hagamos radio y teatro, editemos periódicos!

Esto fue lo que pensaron lXs austriacXs y lXs alemanXs que habían encontrado asilo en México. Con el apoyo del gobierno mexicano y de algunos sindicatos fundaron la famosa editorial **El libro libre**, *varios periódicos y también el programa de radio* **La voz de Austria**. *En el* Club Heinrich Heine *organizaron innumerables conciertos, funciones de teatro y conferencias.*

De este modo México se convirtió en uno de los centros más vivaces de la cultura germanohablante, comprometido con la lucha antinazi y antifascista. En este grupo hubo muchXs austriacXs, como Bruno Frei, **Leo Katz**, *Egon Erwin Kisch, Ernst e Irma Römer, Marcel Rubin y Rosi Volk.*

TodXs ellXs dejaron tras de sí una impronta que es objeto de gran reconocimiento tanto en México como en Alemania y en Austria. ¿Ser discreto a toda costa? ¡Al contrario!

Was machen wir im Exil? Uns anpassen? Nur nicht auffallen?

Nein! Wir schreiben Bücher, machen Radio, Theater und Zeitungen!

So dachten die Österreicher_innen und Deutschen, die in Mexiko Asyl gefunden hatten. Mit Unterstützung der mexikanischen Regierung und von Gewerkschaften gründeten sie den legendären Verlag ***Das freie Buch***, mehrere Zeitschriften und die Radiosendung ***Die Stimme Österreichs***. Im *Heinrich Heine Club* organisierten sie zahllose Konzerte, Theaterabende und Vorträge.

So entstand in Mexiko eine der lebendigsten Kulturlandschaften deutscher Sprache, die sich dem Kampf gegen Nazis und Faschismus verschrieb. In dieser Gruppe waren viele Österreicher_innen wie Bruno Frei, **Leo Katz**, Egon Erwin Kisch, Ernst und Irma Römer, Marcel Rubin und Rosi Volk.

Sie alle haben Spuren hinterlassen, die in Mexiko genauso hoch geachtet sind wie in Deutschland und Österreich. Nur nicht auffallen? Im Gegenteil!

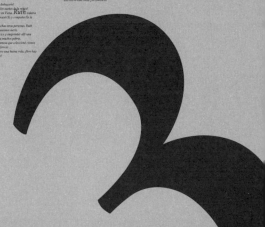

Albert Einstein hat ihr das Leben gerettet. Und Mexiko.

Aber das ist nur ein Detail im Leben der Kernforscherin Marietta Blau, die fünf Mal für den Nobelpreis vorgeschlagen wurde. Bekommen hat sie ihn nie - auch weil nach ihrer Vertreibung aus Wien 1938 immer andere PhysikerInnen von ihrer bahnbrechenden Arbeit profitierten. Darunter auch Nazis.

Blau musste als Jüdin aus Wien fliehen, zunächst nach Norwegen und von dort nach Mexiko. Einstein hatte ihr das Visum und eine Stelle an einer mexikanischen Hochschule vermittelt, ebenso wie ihre spätere Position in den USA.

Erst 1960 kehrte sie nach Wien zurück, wo sie weiterhin forschte, jedoch zehn Jahre später verarmt starb.

Einstein und Mexiko haben Marietta Blau das Leben gerettet, doch die Karriere dieser großen österreichischen Wissenschaftlerin wurde durch Antisemitismus und Opportunismus in ihrer Heimat zerstört.

Albert Einstein le salvó la vida. Y México.

Pero eso no es más que un detalle en la vida de la física nuclear Marietta Blau, que fue candidata al Premio Nobel en cinco ocasiones. Nunca lo obtuvo, debido en gran parte al hecho de que, tras su expulsión de Viena en 1938, otrxs físicxs se beneficiaron de sus investigaciones pioneras. Algunxs de ellxs eran nazis.

Siendo judía, Blau tuvo que huir de Viena, primero a Noruega y desde allí a México. Einstein le había conseguido la visa y un trabajo en el Instituto Politécnico Nacional en la Ciudad de México, así como más tarde le facilitaría también una posición en Estados Unidos.

Hasta 1960 Blau no regresó a Viena, donde continuó sus investigaciones. Sin embargo, murió en la pobreza diez años más tarde.

Einstein y México le salvaron la vida a Marietta Blau, pero la carrera de esta gran científica austríaca quedó destruida por el antisemitismo y el oportunismo cruel de su país natal.

Einer, der Tausende Flüchtende rettete. Ein Held? Oder ein staatlicher Fluchthelfer?

So jemand war Gilberto Bosques. Man nennt ihn auch den Oskar Schindler von Mexiko. Als mexikanischer Konsul in Marseille stellte er Tausenden Menschen die rettenden Visa nach Mexiko aus: vor allem SpanierInnen auf der Flucht vor den faschistischen Truppen, aber auch Deutschen, ÖsterreicherInnen und Anderen, die den Nazis entkommen wollten.

Als Bosques 1944 nach Mexiko heimkehrte, wurde er von unzähligen dankbaren EuropäerInnen auf dem Bahnhof empfangen.

In Wien wurde zum Dank eine Straße nach ihm benannt.

Uno que salvó las vidas de miles de refugiadxs. ¿Un héroe? ¿O un coyote gubernamental?

Gilberto Bosques fue tal persona. También lo llaman el Oskar Schindler de México. Como cónsul mexicano en Marsella otorgó visas a miles de personas: sobre todo a españolxs huyendo de las tropas fascistas, pero también a alemanxs, austriacxs y otrxs que intentaron escapar de lxs nazis.

Cuando Bosques volvió a México en 1944, numerosxs europexs agradecidxs le dieron la bienvenida en la estación de trenes.

La ciudad de Viena impuso su nombre a una calle en agradecimiento por sus actos.

Manche Erinnerungen lassen einen niemals los!

Was sind das für wilde Gesichter? Böse Träume aus der Kindheit?

Als die Nazis in Wien an die Macht kamen, war Ruth noch ein Kind. In der Schule wurde sie von ihren LehrerInnen und MitschülerInnen gequält, weil sie Jüdin war.

Aber verglichen mit vielen Anderen hatte sie noch Glück, denn sie entkam den Nazi-Mördern.

Mit ihrer Familie konnte sie nach Mexiko flüchten und dort ein neues Leben aufbauen. Sie wurde Ärztin und half vielen armen Menschen.

Und sie wurde eine berühmte Forscherin, die Hunderte mexikanische Masken sammelte. Diese wilden Gesichter...

Die Mexikaner verehrten sie und sie hatte ein schönes Leben.

Doch manche Erinnerungen verfolgen einen immer!

¡Hay recuerdos de los que nunca puedes deshacerte!

¿Quiénes son estas caras feroces? ¿Malos sueños de la niñez?

Cuando lxs nazis llegaron al poder en Viena, Ruth todavía era una adolescente. En la escuela, sus maestrxs y compañerxs la maltrataron por ser judía.

Sin embargo, en comparación con muchas otras personas, Ruth tuvo suerte, ya que logró escapar de los asesinos nazis.

Junto con su familia pudo huir a México y emprender allí una nueva vida. Como médica, Ruth ayudó a muchxs pobres.

Y se convirtió en una investigadora famosa que coleccionó cientos de máscaras mexicanas. Aquellas caras feroces...

Lxs mexicanxs la adoraban y Ruth tuvo una buena vida.

¡Pero hay recuerdos que te van a perseguir siempre!

RUTH DEUTSCH DE LECHUGA

ES WAREN AUCH MEINE SCHULKOL-
LEGINNEN DORT...UND DAS WAR WIEDER EIN SCHOCK ZU SEHEN, DASS ALLE NAZIS WAREN. SIE HABEN MICH ANGESPUCKT UND MICH ZUM VERGNUGEN DIE STIEGEN AUFREIBEN LASSN

Revolution kann überall geschehen, nicht nur in der Politik.

Oder: „Alles, was den Weg für neue Möglichkeiten der Erfahrung öffnet, ist revolutionär." So schrieb der österreichische Künstler Wolfgang Paalen in seiner legendären Zeitschrift *DYN,* die er während seines Exils in Mexiko herausgab.

Paalen war in eine jener wohlhabenden Familien geboren, die das Kunstleben der Wiener Jahrhundertwende vorantrieben. Als junger Maler ging er nach Paris, wo er mit Salvador Dalí und André Breton die surrealistische Bewegung anführte. 1939 verließ er das zunehmend faschistische Europa und zog nach Mexiko. Die Internationale Surrealistische Ausstellung, die er dort organisierte, wurde zu einem wichtigen Moment im weltweiten Kampf gegen den Faschismus.

Vor allem aber faszinierten Paalen die alten mexikanischen Kulturen, die er in seine Malerei und Texte aufnahm.

1959 setzte der seit langem depressive Paalen seinem Leben ein Ende. Nach Österreich war er nicht mehr zurückgekehrt.

La revolución puede acontecer en cualquier ámbito, no sólo en la política.

O bien: "Todo lo que abre el camino para nuevas posibilidades de experiencia, es revolucionario." Esto es lo que escribió el artista austríaco Wolfgang Paalen en su legendaria revista de arte DYN, editada durante su exilio mexicano.

Paalen había nacido en una de aquellas familias adineradas que impulsaron la vida artística de Viena en torno a 1900. El joven pintor Paalen se instaló en París y se unió a Salvador Dalí y André Breton, encabezando el movimiento surrealista. En 1939 abandonó Europa, donde el fascismo avanzaba cada vez más, para irse a vivir a México. La Exposición Internacional del Surrealismo que organizó allí se convirtió, también, en un acontecimiento importante de la lucha global antifascista.

Sin embargo, lo que más fascinó a Paalen fueron las antiguas culturas de México, culturas que incorporó en su pintura y en sus textos.

En 1959, después de muchos años de depresión, Paalen se quitó la vida. Nunca había vuelto a vivir en Austria.

Was machen wir im Exil? Uns anpassen? Nur nicht auffallen?

Nein! Wir schreiben Bücher, machen Radio, Theater und Zeitungen!

So dachten die ÖsterreicherInnen und Deutschen, die in Mexiko Asyl gefunden hatten. Mit Unterstützung der mexikanischen Regierung und von Gewerkschaften gründeten sie den legendären Verlag „Das freie Buch", mehrere Zeitschriften und die Radiosendung „Die Stimme Österreichs". Im Heinrich-Heine-Klub organisierten sie zahllose Konzerte, Theaterabende und Vorträge.

So entstand in Mexiko eine der lebendigsten Kulturlandschaften deutscher Sprache, die sich dem Kampf gegen Nazis und Faschismus verschrieb. In dieser Gruppe waren viele ÖsterreicherInnen wie Bruno Frei, Leo Katz, Egon Erwin Kisch, Ernst und Irma Römer, Marcel Rubin und Rosi Volk.

Sie alle haben Spuren hinterlassen, die in Mexiko genauso hoch geachtet sind wie in Deutschland und Österreich. Nur nicht auffallen? Im Gegenteil!

¿Qué haremos durante nuestro exilio? ¿Asimilarnos? ¿Ser discretxs a toda costa?

¡No! ¡Escribamos libros, hagamos radio y teatro, editemos periódicos!

Esto fue lo que pensaron lxs austríacxs y lxs alemanxs que habían encontrado asilo en México. Con el apoyo del gobierno mexicano y de algunos sindicatos fundaron la famosa editorial El libro libre, varios periódicos y también el programa de radio "La voz de Austria". En el Club Heinrich Heine organizaron innumerables conciertos, funciones de teatro y conferencias.

De este modo México se convirtió en uno de los centros más vivaces de la cultura germanohablante, comprometido con la lucha antinazi y antifascista. En este grupo hubo muchxs austríacxs, como Bruno Frei, Leo Katz, Egon Erwin Kisch, Ernst e Irma Römer, Marcel Rubin y Rosi Volk.

Todxs ellxs dejaron tras de sí una impronta que es objeto de gran reconocimiento tanto en México como en Alemania y en Austria. ¿Ser discretxs a toda costa? ¡Al contrario!

The **Reichsbrücke** is part of Mexikoplatz. But it was not always called Reichsbrücke. From the bridge's opening in 1876 until the creation of the Austrian Republic, it was called the Crown Prince Rudolf Bridge. The bridge got its new name when it was rebuilt by the fascist dictatorship and made into a symbol of the "new Austria."

Then there is another story, still mostly unknown. When the Soviet Red Army drove the Nazis out of Vienna in 1945, the Reichsbrücke was the only bridge in Vienna crossing the Danube that was not destroyed. As an expression of gratitude for its liberation, the city of Vienna called Reichsbrücke the Bridge of the Red Army and rose a memorial on which one could read: "In gratitude to the heroic soldiers and sailors of the Soviet Union from liberated Vienna."

In those days, Vienna was occupied by Soviet, American, British and French troops. Almost before the Soviet occupiers had left in 1955, the city of Vienna removed nearly all traces of its liberation by "the Russians". In the summer of 1956, the Reichsbrücke also reassumed its old name —nearly simultaneous with the naming of Mexikoplatz.

El puente **Reichsbrücke** *("Puente Imperial") forma parte de la Plaza de México. Pero no siempre se llamó Reichsbrücke. Desde de su inauguración en 1876 hasta el comienzo de la República se llamó "Puente del Príncipe Heredero Rodolfo". Fue entonces cuando recibió su actual nombre, que mantuvo también cuando la dictadura austrofascista llevó a cabo una nueva construcción del puente, convirtiéndolo en tarjeta de presentación de una "nueva Austria".*

Y existe, además, otra historia que actualmente ya casi nadie conoce. En 1945, cuando el Ejército Rojo de la Unión Soviética expulsó a los nazis fuera de Viena, el Reichsbrücke fue el único puente del Danubio vienés que no resultó destruido. En agradecimiento por la liberación, la ciudad le puso el nombre de Puente del Ejército Rojo y erigió un monumento en el que podía leerse: "En gratitud a la heroica Brigada de Desembarco y a los marinos de la Unión Soviética. La Viena liberada".

En aquella época, Viena estaba ocupada por tropas soviéticas, americanas, británicas y francesas. Pero apenas se retiraron las tropas de ocupación soviéticas en 1955, la ciudad de Viena eliminó casi todos los nombres que habían recordado la liberación por parte de "los rusos". También el puente Reichsbrücke recuperó su antiguo nombre en el verano de 1956, casi al mismo tiempo que la Plaza de México recibía esta denominación.

Die **Reichsbrücke** gehört zum Mexikoplatz. Doch sie hieß nicht immer Reichsbrücke. Von ihrer Eröffnung 1876 bis zum Beginn der Republik hieß sie Kronprinz-Rudolf-Brücke. Erst dann erhielt sie ihren heutigen Namen, den sie auch behielt, als sie von der austrofaschistischen Diktatur neu erbaut und zur Visitenkarte eines „neuen Österreich" gemacht wurde.

Und dann gibt es noch eine andere Geschichte, die heute fast niemand mehr kennt. 1945, als die Rote Armee der Sowjetunion die Nazis aus Wien vertrieb, wurde die Reichsbrücke als einzige Donaubrücke Wiens nicht zerstört. Zum Dank für die Befreiung nannte die Stadt sie Brücke der Roten Armee und errichtete ein Denkmal, auf dem zu lesen stand: „Dem heldenhaften Gardelandungstrupp und den Matrosen der Sowjetunion in Dankbarkeit. Das befreite Wien".

Damals war Wien von sowjetischen, amerikanischen, britischen und französischen Truppen besetzt. Kaum aber waren die sowjetischen Besatzungstruppen 1955 abgezogen, entfernte die Stadt Wien fast alle Namen, die an die Befreiung durch „die Russen" erinnert hatten. Auch die Reichsbrücke erhielt im Sommer 1956 ihren alten Namen zurück – fast gleichzeitig mit der Benennung des Mexikoplatzes.

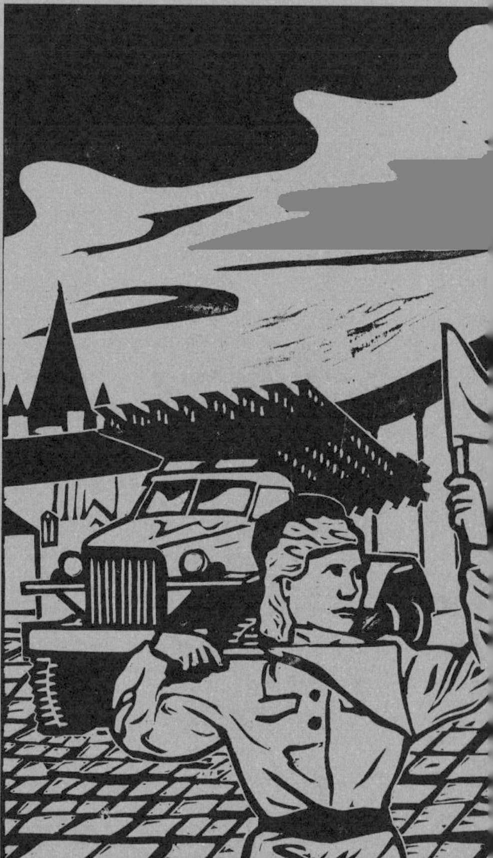

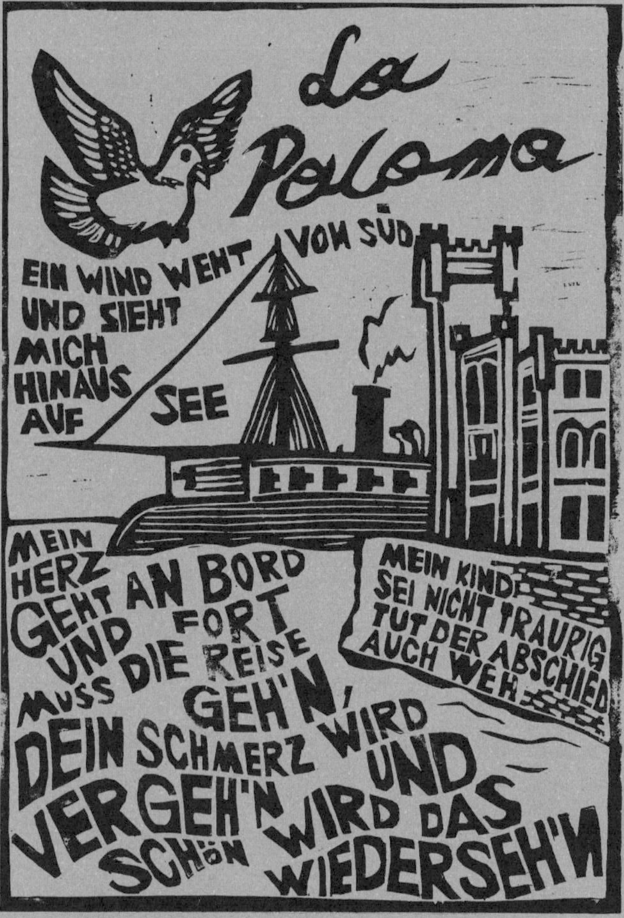

Heimkehren ist nicht immer leicht, und manchmal gelingt es gar nicht. An dieser Erfahrung sind die gekreuzten Geschichten zwischen Mexiko und Österreich reich.

La Paloma ist das vielleicht berühmteste, das am öftesten in andere Sprachen übersetzte Lied, das von dieser Frage handelt. Es ist ein Seefahrer-Lied, das vor über 150 Jahren zum ersten Mal in Mexiko aufgeführt wurde.

Einer der Zuhörer soll Maximilian von Habsburg gewesen sein, jener Bruder des österreichischen Kaisers Franz Josef, der damals drei Jahre lang Kaiser von Mexiko war. Er soll das Lied ins Herz geschlossen haben. Doch sein Versuch, mit Hilfe französischer Truppen wieder die Monarchie in Mexiko einzuführen, scheiterte. Maximilian wurde hingerichtet und ein Schiff brachte nur seine Leiche zurück in sein Schloss Miramare in Triest, das auf diesem Bild zu sehen ist.

Die traurige Geschichte vom Wegmüssen und Wiederkehren war damit freilich nicht zu Ende. Auch viele, die ab 1938 aus Österreich nach Mexiko fliehen mussten, freuten sich auf ein „schönes Wiedersehen" mit der Heimat. Doch die Rückkehr war schwer. Das erhoffte Willkommen wurde vielen von ihnen nicht zuteil.

So kamen manche gar nicht zurück, andere kehrten wieder um. Und jene, die in der alten Heimat blieben, hatten erneut mit der Feindschaft ihrer Nachbarn zu kämpfen. Dennoch halfen sie mit, unser neues Österreich aufzubauen und es besser und offener zu machen, als es je zuvor gewesen war.

Returning home is not always easy, and sometimes even impossible. This is a common theme in the intertwined histories of Mexico and Austria.

La Paloma is perhaps the most famous, most often translated song treating this subject. A sailor song in its German translation, it was performed for the first time in Mexico over 150 years ago.

It is said that Maximilian von Habsburg, brother of the Austrian Emperor Franz Joseph, then emperor of Mexico for a three-year period, was in the audience at the first performance of *La Paloma*. He was allegedly deeply affected by the song. His attempt to restore the monarchy in Mexico with the help of French troops nevertheless failed. Maximilian was executed, and his corpse was brought by boat to his castle Miramare, in Trieste, visible in this photo.

But the sad story of departure and return does not end here. Many who fled Austria to Mexico after 1938 were looking forward to a "happy reunion" with their home country. But the return was not so simple. Many were denied the welcome they hoped for.

Some never made it back home, while others returned only to leave once more. A few, those who stayed, fought new battles against hostile neighbours. But their struggles contributed to the creation of the Austria that we know today, making it better and more open than ever before.

Volver a casa no siempre es fácil, y a veces ni siquiera se logra. Las historias cruzadas entre México y Austria rezuman esta experiencia.

La Paloma *es quizás la canción más famosa sobre esta cuestión, y ha sido traducida a más idiomas que cualquier otra. En su versión alemana es una canción de marineros, pero se tocó por primera vez en México hace más de ciento cincuenta años.*

Se cuenta que entre la audiencia se encontraba Maximiliano de Habsburgo, aquel hermano del emperador austriaco Francisco José que por entonces reinó tres años como emperador de México. Dicen que se enamoró de la canción. Pero su intento de restaurar la monarquía en México —con el apoyo de tropas francesas— fracasó. Maximiliano fue fusilado y un barco regresó trasladando su cadáver a su castillo, que puede verse en esta imagen: Miramar, en Trieste.

La triste historia de la necesidad de marcharse y retornar no terminó, desde luego, con ese episodio. También muchos de quienes a partir de 1938 tuvieron que huir de Austria a México esperaban un "reencuentro feliz" con la patria. Pero el regreso fue difícil. Pocos encontraron la bienvenida que habían esperado.

Por tanto, algunos no volvieron, otros se dieron media vuelta. Y aquellos que se quedaron en la antigua patria tuvieron que enfrentarse con la hostilidad de sus vecinos una vez más. Sin embargo, ayudaron a construir nuestra nueva Austria y a hacerla un país mejor y más abierto de lo que jamás había sido.

Impressum
Konzeption: Berthold Molden; Bilder: Thomas Fatzinek; Design: Toledo i Dertschei; Druck: speedprint.wien

Filmprojekt *Exiled Gaze / Der exilierte Blick* mit Arbeiten von Kurdwin Ayub, Petja Dimitrova & activist_art collective, Sara Fattahi, Albin Tamour, Borjana Ventzislavova, Installation von Mariel Rodriguez, kuratiert von Doris Posch

Ausstellungsprojekt *El derecho ajeno / Das Recht des Anderen* mit Arbeiten von José Arnaud Bello, Luis Felipe Fabre, Nina Höchtl, Luisa Pardo, Vicente Razo, kuratiert von Julio García Murillo und Nina Höchtl

www.mexikoplatz.org

Trotz der Nazi-Verbrechen gibt es in Wien heute wieder eine lebendige jüdische Gemeinde. Auch diese Geschichte berührt den Mexikoplatz.

Nach der Nazi-Herrschaft waren von den 185.000 Wiener Juden nur wenige Tausend am Leben. Damals schlug die jüdische Hilfsorganisation *Joint* ihre Zentrale in der Leopoldstadt auf, um jüdischen Überlebenden zu helfen. Trotz aus Osteuropa ankommender jüdischer Flüchtlinge wurde die Gemeinde eher noch kleiner, weil viele der Überlebenden nach Israel oder in andere Länder auswanderten. Aber einige Rückkehrer – darunter auch Kommunisten, die in Mexiko überlebt hatten – siedelten sich rund um den Prater an, weil der Zweite Bezirk eine „russische Zone" war.

Leider gab es aber auch in der Sowjetunion schlimmen Antisemitismus und so setzten sich dort ab den 1960er Jahren jüdische Oppositionelle für die Möglichkeit einer Emigration nach Israel ein. Da seit dem Sechstagekrieg von 1967 keine diplomatischen Beziehungen oder direkte Reiseverbindungen zwischen den beiden Ländern bestanden, fungierte unter anderem Österreich als Zwischenstation.

Die jüdischen Auswanderer erreichten Österreich an der Bahnstation von Marchegg, wenige Kilometer von Bratislava. Von dort kamen sie in ein Transitlager im Schloss Schönau und reisten dann weiter. Manche der Passagiere blieben jedoch in Österreich, ließen sich unter schwierigen Bedingungen hier nieder und trugen zum Neuaufbau der jüdischen Gemeinde in der Leopoldstadt bei. Und Einige siedelten sich am Mexikoplatz an.

Unser Bild zeigt eine dramatische Episode dieser Geschichte: Im September 1973 nahm ein palästinensisches Terrorkommando drei Emigranten und einen Zollbeamten als Geiseln, um das Ende des österreichischen Transits nach Israel zu erpressen. Obwohl Bundeskanzler Kreisky den Forderungen zunächst nachgab, blieb Österreich aber Durchgangsland für sowjetische Auswanderung nach Israel. Und immer wieder blieben Menschen in Wien.

In spite of the crimes of the Nazis, a community of Jews thrives once again in Vienna. This story, like so many others, has a connection to Mexikoplatz.

Only a few thousand of Vienna's 185,000 Jews survived the Nazi regime. The Jewish aid organization Joint established its headquarters in Leopoldstadt at this time, with the aim of helping survivors. But the small remaining community of Jews in Vienna continued to shrink, despite the arrival of Jewish refugees from Eastern Europe, because many emigrated to Israel or elsewhere. Some of the returned exiles, including communists who fled to Mexico, settled near the Prater because of the second district's status as a "Russian zone."

Unfortunately, severe anti-Semitism was present even in the Soviet Union. From the 1960s onward, Soviet Jewish activists petitioned for permission to immigrate to Israel. Since no diplomatic relations or direct travel existed between the two countries since the Six Day War, Austria functioned as an intermediary.

Soviet Jewish emigrants arrived in Austria at the railway station of Marchegg, a short distance from Bratislava. From there they came to a transit camp in the castle Schönau, and thence continued their journey to Israel. Some passengers chose to remain in Austria, settling here under difficult circumstances and contributing to the rebuilding of the Jewish community in Leopoldstadt. Some settled on Mexikoplatz.

The accompanying image illustrates one dramatic episode of this story: in September 1973, Palestinian terrorists took three Soviet emigrants and a customs officer hostage, hoping to end immigration to Israel via Austria. While Austrian Chancellor Kreisky acceded to the terrorists' demands, Austria nevertheless remained a transit hub for Soviet emigration to Israel. And immigrants repeatedly chose to remain in Vienna.

A pesar de los crímenes del nazismo, hoy vuelve a existir una dinámica comunidad judía en Viena. También esta historia está relacionada con la Plaza de México.

Tras el dominio nazi, de los 185000 judíos y judías vieneses sólo quedaban con vida unos pocos miles. En aquellos tiempos, la organización judía de ayuda humanitaria Joint estableció su central en el distrito de Leopoldstadt para ayudar a los judíos supervivientes. A pesar de la llegada desde el este de Europa de quienes lograron sobrevivir al Holocausto, la comunidad de Viena se vio reducida, ya que muchos de los supervivientes emigraron a Israel o a otros países. Pero algunos de los retornados —entre ellos también comunistas que habían sobrevivido en México— se asentaron en los alrededores del Prater, puesto que el distrito 2 era una "zona rusa".

Pero, lamentablemente, también en la Unión Soviética existía un terrible antisemitismo, de manera que a partir de la década de 1960 opositores judíos promovieron allí la posibilidad de una emigración a Israel. Dado que desde la Guerra de los Seis Días de 1967 no existían relaciones diplomáticas ni conexiones directas de viaje entre ambos países, Austria fue uno de los que operó como estación de paso entre ellos.

Los emigrados judíos llegaban a Austria por la estación de ferrocarril de Marchegg, a pocos kilómetros de Bratislava. Desde allí iban a un campamento de tránsito en el palacio de Schönau y después continuaban el viaje. Sin embargo, algunos pasajeros se quedaron en Austria, se asentaron aquí en penosas condiciones y contribuyeron a la reconstrucción de la comunidad judía en el distrito de Leopoldstadt. Y algunos se instalaron en la Plaza de México.

Nuestra imagen muestra un dramático episodio de esta historia. En septiembre de 1973 *un comando terrorista palestino tomó como rehenes a tres emigrantes y a un funcionario de aduanas para tratar de forzar el cese del tránsito a Israel a través de Austria. Aunque en un principio el canciller Kreisky cedió a tales exigencias, Austria continuó siendo un país de tránsito para la emigración soviética a Israel. Y no era infrecuente que algunas personas se quedaran en Viena.*

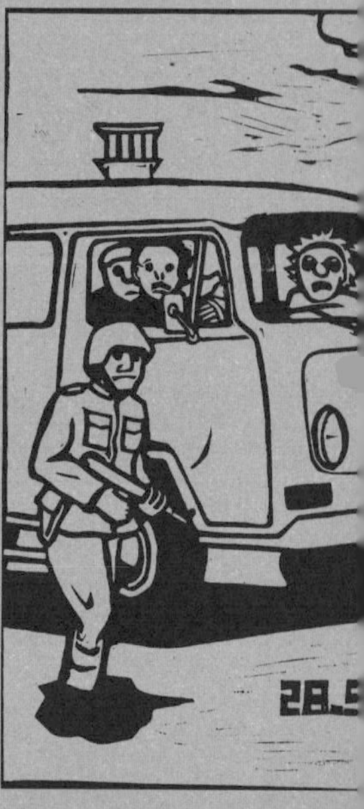

gekreuzte mEXIko pLatz geschichten 1938–2018

Die Geschichten von Begegnungen zwischen Mexiko und Österreich, die wir bisher erzählt haben, enden nicht mit dem Ende der Nazi-Herrschaft. Und sie sind auch nicht auf diese beiden Länder beschränkt. Sie handeln von Dingen, die unser Land und unsere Gesellschaft weiterhin beschäftigen: Von Flucht und Zuflucht, von Exil und von Rückkehr. Davon soll hier die Rede sein.

Es gibt viele Geschichten der Heimkehr aus dem Exil, und auch wenn jede von ihnen besonders ist, haben sie doch meist Eines gemeinsam: Heimkehren ist nicht leicht. Jene, die bei der Abreise schon erwachsen waren, finden ein anderes Land vor, wo man sie oft immer noch misstrauisch betrachtet. Und die Kinder haben keine oder kaum Erinnerungen an diese Heimat und müssen sie erst neu erobern. Das Österreich, in das diese Menschen zurückkamen, war zunächst von den vier Siegermächten des Zweiten Weltkrieges besetzt. Wien war in Zonen aufgeteilt und der Mexikoplatz (der ja damals noch nicht so hieß) lag in der „russischen", also der sowjetisch besetzten Zone. Viele Rückkehrer aus Mexiko siedelten sich hier an.

Auch in den folgenden Jahrzehnten, als Wien und die Republik wieder aufgebaut wurden, blieben der Zweite Bezirk und der Mexikoplatz seinem Charakter treu: ein Ort für Neuankömmlinge zu sein. So war es schon in Zeiten der Monarchie gewesen, als Menschen aus dem Osten des großen Reiches in dieser Gegend ein erstes, meist sehr armes Zuhause fanden. So war es auch ab den 1960er Jahren, als Gastarbeiter aus Jugoslawien und der Türkei sich hier niederließen. Und als später jüdische Auswanderer aus der Sowjetunion zum Aufbau einer neuen jüdischen Gemeinde beitrugen. Und so ist es auch heute noch, da Menschen aus Syrien, aus dem Irak, aus Nigeria, aus Afghanistan oder anderen Ländern bei uns Zuflucht suchen.

Der Mexikoplatz ist ein globaler Platz, ein Platz der Begegnung. Sein Name erinnert an einen historischen Moment der Solidarität und der Gastfreundschaft. Möge er auch hier und heute ein Platz des Willkommens sein!

The stories we have so far told do not come to an end with the fall of the Nazi regime. Nor do these stories concern only Mexico and Austria. Their themes continuously repeat in our nation and society: flight and refuge, exile and return. That is our subject here.

While the story of every exile's homecoming is unique, they all share one common characteristic: returning is not easy. Those who left as Adults return to find a different country, one that may meet them with suspicion yet again. Children may have few or no memories of their so-called "home" country, and must encounter it a new. The Austria to which these exiles returned was initially occupied by the four victorious nations of the Second World War. Vienna was divided into zones and Mexikoplatz (which was then otherwise named) was in the "Russian," i.e. Soviet occupied zone. Many returnees from Mexico settled here.

In the following decades, as Vienna and the Republic of Austria were rebuilt, the second district and Mexikoplatz retained their immigrant character, continuing to serve as an assembly point for the newly arrived. So it had been under the monarchy, when arrivals from the eastern portion of the kingdom of Austria made a new home for themselves there under straitened circumstances. In the 1960s, guest workers from Yugoslavia and Turkey settled here. Jewish immigrants from the Soviet Union would soon arrive, contributing to the reestablishment of a Jewish community near Mexikoplatz. As recent arrivals from Syria, Iraq, Nigeria and Afghanistan demonstrate, the tradition continues.

Mexikoplatz is an international meeting place, a site of encounters. Its name reminds us of a historic moment of solidarity and hospitality. May it remain a welcoming place here and now!

Las historias de encuentros entre México y Austria que hemos relatado hasta ahora no terminan con el final del dominio nazi. Y tampoco quedan limitadas a estos dos países. Tratan de asuntos que siguen preocupando a nuestro país y a nuestra sociedad: la huida y la acogida, el exilio y el retorno. De todo esto se debe hablar aquí.

Son muchas las historias sobre el retorno del exilio, y aunque cada una de ellas es especial, la mayoría de las veces tienen algo en común: regresar no es fácil. Quienes al partir ya eran personas adultas se encuentran con un país diferente, en el que a menudo se les sigue mirando con desconfianza. Y los niños tienen nulos o escasos recuerdos de esa "patria", y tienen que empezar por conquistarla de nuevo. Esa Austria a la que regresaron estas personas estaba por de pronto ocupada por las cuatro potencias vencedoras de la Segunda Guerra Mundial. Viena estaba dividida en zonas, y la Plaza de México (que por entonces todavía no se llamaba así) estaba situada en la zona "rusa", es decir, la zona de ocupación soviética. Muchas de las personas repatriadas desde México se asentaron aquí.

También en las décadas siguientes, durante las que se fue llevando a cabo la reconstrucción de Viena y de la República, el distrito 2 y la Plaza de México permanecieron fieles a su carácter de espacio receptor de las personas recién llegadas. Así había sido ya en tiempos de la Monarquía, cuando gentes de los territorios orientales del gran imperio encontraron en esta zona un primer hogar, la mayoría de las veces muy pobre. Así fue también a partir de la década de 1960, cuando trabajadores inmigrantes de Yugoslavia y de Turquía se instalaron aquí. Y cuando, más tarde, emigrados judíos procedentes de la Unión Soviética contribuyeron a la reconstrucción de una nueva comunidad judía. Y así sigue siendo también hoy, ya que personas de Siria, de Irak, de Nigeria, de Afganistán o de otros países buscan acogida aquí.

La Plaza de México en un espacio global, un lugar de encuentro. Su nombre trae a la memoria un momento histórico de solidaridad y de hospitalidad. ¡Que sea también, aquí y ahora, un lugar de bienvenida!

The entire second district has long been considered "migrant." 150 years ago, it was already a neighborhood inhabited by workers living in miserable circumstances. This included the area surrounding what is today Mexikoplatz, which became the new district of Donaustadt after the regulation of the Danube in the 1870s. Thus it was here that poor immigrants from the eastern part of the Empire settled.

This trend continued in the Second Republic. From 1960 onwards, guest workers arriving from Turkey and Yugoslavia settled near Mexikoplatz, not least because of cheap rent. The area's insufficient infrastructure and poor building standards tell us much about the life and living conditions of these new citizens. But the first shops, pubs, and meeting points, the places where new immigrants organized and helped themselves and one another, shaped the neighbourhood and teach us much about the socio-political function of Mexikoplatz for Viennese immigrants living under the Second Republic. Even before the fall of the Iron Curtain, all the languages of Eastern Europe could be heard on the "bazaar" of Mexikoplatz.

And still today, as more and more hipsters and students arrive and rents climb, the area continues to serve as an meeting point for the newly arrived. Around the Praterstern, in the Stuwer-quarter and on Mexikoplatz, we find their stories, nightmares of exile and flight, memories from home, and hope for a new life in Vienna.

Todo el distrito 2 de Viena se considera desde hace mucho tiempo como "migrante". Hace ya 150 años era un distrito en el que los obreros vivían por lo general en condiciones muy precarias. Así sucedía también en la zona que rodea la actual Plaza de México, un sector que, tras la Regulación del Danubio en la década de 1870, se constituyó como un nuevo barrio llamado Donaustadt. Por consiguiente, allí se asentaron los inmigrantes pobres procedentes de los territorios orientales del Imperio austrohúngaro.

Este proceso continuó su curso también durante la Segunda República. Debido en gran parte al menor coste de los alquileres, a partir de la década de 1960 muchos trabajadores inmigrantes procedentes de Turquía y de la antigua Yugoslavia se asentaron en los alrededores de la Plaza de México. La deficiente infraestructura y el mal estado de las construcciones dan cuenta de las condiciones de vida y de la precariedad de las viviendas de estos nuevos conciudadanos. Pero también los primeros comercios, locales y lugares de encuentro en los que surgieron iniciativas de organización autónoma y ayuda mutua imprimieron carácter a esta zona, al tiempo que nos muestran la función sociopolítica de la Plaza de México para los inmigrantes en la Viena de la Segunda República. En el "Bazar" de la Plaza de México se podían escuchar, ya antes de la caída del Telón de Acero, todas las lenguas del este de Europa.

Y aunque actualmente viven aquí cada vez más "Bobos" y más estudiantes, y los alquileres suben, esta zona sigue siendo un punto de encuentro para los recién llegados. Alrededor de Praterstern, en el barrio Stuwerviertel y en la Plaza de México encontramos sus historias, sus pesadillas sobre el destierro y la huida, recuerdos entrañables de la tierra natal y la esperanza de una nueva vida en Viena.

Der gesamte Zweite Bezirk gilt schon lange als „migrantisch". Schon vor 150 Jahren war er ein Bezirk, in dem Arbeiter unter meist ärmlichen Bedingungen lebten. Das galt auch für das Gebiet rund um den heutigen Mexikoplatz, das nach der Regulierung der Donau ab den 1870er Jahren als neues Viertel namens Donaustadt gegründet wurde. Dort siedelten sich daher auch die armen Zuwanderer aus dem Osten der Monarchie an.

Diese Entwicklung setzte sich auch in der Zweiten Republik fort. Nicht zuletzt aufgrund der entsprechend billigeren Mieten siedelten sich rund um den Mexikoplatz ab den 1960er Jahren viele Gastarbeiter aus der Türkei und dem damaligen Jugoslawien an. Unzureichende Infrastruktur und schlechter Bauzustand erzählen von den Lebens- und Wohnumständen dieser neuen Mitbürger. Aber auch die ersten Geschäfte, Lokale und Treffpunkte, an denen Selbstorganisation und gegenseitige Hilfe stattfanden, prägten die Gegend und zeigen uns die gesellschaftspolitische Funktion des Mexikoplatzes für Immigranten im Wien der Zweiten Republik. Auf dem „Bazar" des Mexikoplatzes konnte man schon vor dem Fall des Eisernen Vorhangs alle Sprachen Osteuropas hören.

Und auch wenn heute immer mehr „Bobos" und Studierende hier leben und die Mieten teurer werden, ist die Gegend immer noch ein Treffpunkt für Neuangekommene. Rund um den Praterstern, im Stuwerviertel und auf dem Mexikoplatz finden wir ihre Geschichten, Albträume von Vertreibung und Flucht, warme Erinnerungen an die Heimat und die Hoffnung auf ein neues Leben in Wien.

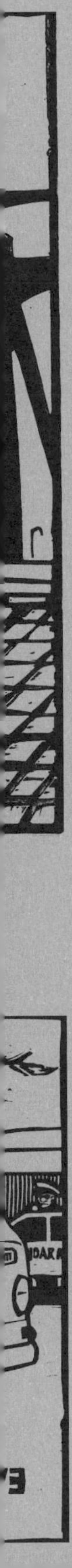

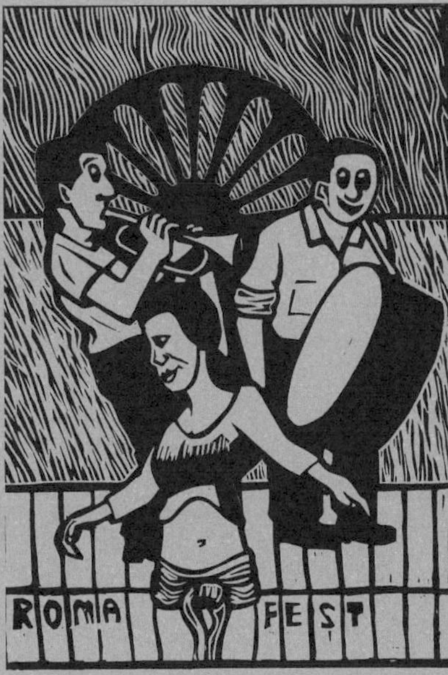

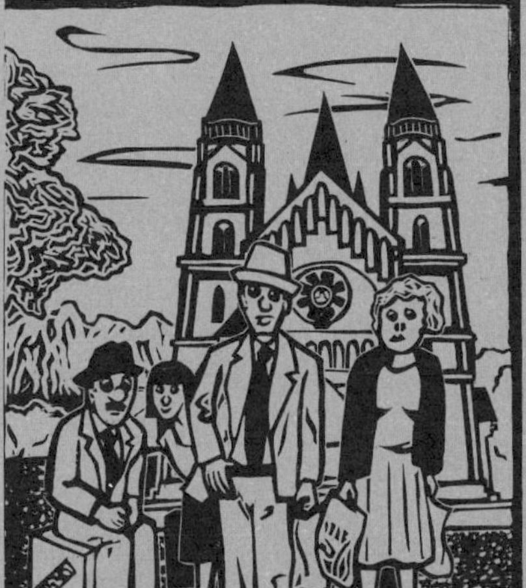

Auch Roma, Sinti, Lovara und Kalderash gehören zur Geschichte rund um den Mexikoplatz. Nicht zuletzt, weil in den nahen Bezirken Brigittenau und Floridsdorf viele Familien seit dem Beginn der Republik lebten.

Dass der Mexikoplatz zum Ort eines über viele Jahre stattfindenden Roma-Fests wurde, hat aber weniger damit zu tun als mit der Bedeutung des Platzes in der Erinnerung unserer Stadt. Die Organisatoren wollten das Fest gerade dort veranstalten, wo an den Nationalsozialismus erinnert wird. Denn die Nazis ermordeten den überwiegenden Großteil der ca. 12.000 österreichischen Roma und Sinti. Kaum 2.000 überlebten.

Auch heute bedeutet das Leben von Roma und Sinti in Österreich eine ständige Konfrontation mit rassistischen Gemeinheiten. Ihr Widerstand dagegen ist eine weitere Kreuzung mit der Geschichte des Mexikoplatzes.

The Roma, Sinti, Lovara and Kalderash have their place in the story of Mexicoplatz. Not least because many of their families resided in the districts of Brigittenau and Florisdorf since the founding of the Republic.

The celebration of the *Romafest* on Mexikoplatz has less to do with the people who live there than with its place in the history of Vienna. The organizers of Romafest chose Mexikoplatz because it commemorates Nazi history. Nazis murdered most of the approximately 12,000 Austrian Roma and Sinti. Fewer than 2,000 survived.

Even today, Roma and Sinti face constant expressions of racist infamy. Their resistance against this racism is yet another crossroads with the trajectory of Mexikoplatz's history.

También los romanies, sinti, lovara y kalderash forman parte de la historia en torno a la Plaza de México. No hay que olvidar que desde el comienzo de la República muchas familias de estos grupos vivían cerca de aquí, en los distritos de Brigittenau y Floridsdorf.

Pero el hecho de que la Plaza de México se convirtiera, a lo largo de los años, en el lugar de celebración de una *Fiesta romani*, no tiene que ver tanto con esa circunstancia como con la importancia que la Plaza reviste en la memoria de nuestra ciudad. Los organizadores quisieron celebrar la fiesta precisamente en un lugar en el que se evoca el nacionalsocialismo. Y es que los nazis asesinaron a la mayor parte de los aproximadamente 12000 romanies y sinti austriacos. Apenas sobrevivieron 2000.

Aun hoy en día, la vida de los romanies y los sinti en Austria implica una confrontación permanente con infamias racistas. Su resistencia frente a ellas supone otro de los entrecruzamientos con la historia de la Plaza de México.

Heimkehren ist nicht immer leicht, und manchmal gelingt es gar nicht. An dieser Erfahrung sind die gekreuzten Geschichten zwischen Mexiko und Österreich reich.

„La Paloma" ist das vielleicht berühmteste, das am öftesten in andere Sprachen übersetzte Lied, das von dieser Frage handelt. In seiner deutschen Fassung ist es ein Seefahrer-Lied, doch zum ersten Mal wurde es vor über 150 Jahren in Mexiko aufgeführt.

Einer der Zuhörer soll Maximilian von Habsburg gewesen sein, jener Bruder des österreichischen Kaisers Franz Josef, der damals drei Jahre lang Kaiser von Mexiko war. Er soll das Lied ins Herz geschlossen haben. Doch sein Versuch, mit Hilfe französischer Truppen und 6.000 Freiwilligen aus Österreich-Ungarn wieder die Monarchie in Mexiko einzuführen, scheiterte. Maximilian wurde hingerichtet und ein Schiff brachte nur seine Leiche zurück in sein Schloss Miramare in Triest, das auf diesem Bild zu sehen ist.

Die traurige Geschichte vom Wegmüssen und Wiederkehren war damit freilich nicht zu Ende. Auch viele, die ab 1938 aus Österreich nach Mexiko fliehen mussten, hofften auf ein „schönes Wiedersehen" mit der Heimat. Doch die Rückkehr war schwer. Das erhoffte Willkommen wurde - vielen von ihnen nicht zuteil.

So kamen manche gar nicht zurück, andere kehrten wieder um. Und jene, die in der alten Heimat blieben, hatten erneut mit der Feindschaft ihrer Nachbarn zu kämpfen. Und dennoch halfen sie mit, unser neues Österreich aufzubauen und es besser und offener zu machen, als es je zuvor gewesen war.

Volver a casa no es siempre fácil, y a veces ni siquiera se logra. Las historias cruzadas entre México y Austria rezuman esta experiencia.

"La Paloma" es quizás la canción más famosa sobre esta cuestión, y ha sido traducida a más idiomas que cualquier otra. En su versión alemana es una canción de marineros, pero se tocó por primera vez en México hace más de ciento cincuenta años.

Se cuenta que entre la audiencia se encontraba Maximiliano de Habsburgo, aquel hermano del emperador austríaco Francisco José que por entonces reinó tres años como emperador de México. Dicen que se enamoró de la canción. Pero su intento de restaurar la monarquía en México -con el apoyo de tropas francesas- fracasó. Maximiliano fue fusilado y un barco regresó trasladando su cadáver a su castillo, que puede verse en esta imagen: Miramar, en Trieste.

La triste historia de la necesidad de marcharse y retornar no terminó, desde luego, con ese episodio. También muchxs de quienes a partir de 1938 tuvieron que huir de Austria a México esperaban un "reencuentro feliz" con la patria. Pero el regreso fue difícil. Pocxs encontraron la bienvenida que habían esperado.

Por tanto, algunxs no volvieron, otrxs se dieron media vuelta. Y aquellxs que se quedaron en la antigua patria tuvieron que enfrentarse con la hostilidad de sus vecinxs una vez más. Sin embargo, ayudaron a construir nuestra nueva Austria y a hacerla un país mejor y más abierto de lo que jamás había sido.

Die Reichsbrücke gehört zum Mexikoplatz. Doch sie hieß nicht immer Reichsbrücke. Von ihrer Eröffnung 1876 bis zum Beginn der Republik hieß sie Kronprinz-Rudolf-Brücke. Erst dann erhielt sie ihren heutigen Namen, den sie auch behielt, als sie während der austrofaschistischen Diktatur neu erbaut und zur Visitenkarte eines „neuen Österreich" gemacht wurde.

Und dann gibt es noch eine andere Geschichte, die heute fast niemand mehr kennt. 1945, als die Rote Armee der Sowjetunion die Nazis aus Wien vertrieb, wurde die Reichsbrücke als einzige Donaubrücke Wiens nicht zerstört. Zum Dank für die Befreiung nannte die Stadt sie „Brücke der Roten Armee" und errichtete ein Denkmal, auf dem zu lesen stand: „Dem heldenhaften Gardelandungstrupp und den Matrosen der Sowjetunion in Dankbarkeit. Das befreite Wien".

Damals war Wien von sowjetischen, amerikanischen, britischen und französischen Truppen besetzt. Kaum aber waren die sowjetischen Besatzungstruppen 1955 abgezogen, entfernte die Stadt Wien fast alle Namen, die an die Befreiung durch „die Russen" erinnert hatten. Auch die Reichsbrücke erhielt im Sommer 1956 ihren alten Namen zurück - fast gleichzeitig mit der Benennung des Mexikoplatzes.

El Puente Imperial (Reichsbrücke) forma parte de la Plaza de México. Pero no siempre llevó este nombre. Desde de su inauguración en 1876 hasta el comienzo de la República se llamó Puente del Príncipe Heredero Rodolfo. Fue entonces cuando recibió su actual nombre, que mantuvo también cuando la dictadura austrofascista llevó a cabo una nueva construcción del puente, convirtiéndolo en tarjeta de presentación de una "nueva Austria".

Y existe, además, otra historia que actualmente ya casi nadie conoce. En 1945, cuando el Ejército Rojo de la Unión Soviética expulsó a lxs nazis fuera de Viena, el Reichsbrücke fue el único puente del Danubio vienés que no resultó destruido. En agradecimiento por la liberación, la ciudad le puso el nombre de Puente del Ejército Rojo y erigió un monumento en el que podía leerse: "En gratitud a la heroica Brigada de Desembarco y a los marinos de la Unión Soviética. La Viena liberada."

En aquella época, Viena estaba ocupada por tropas soviéticas, americanas, británicas y francesas. Pero apenas se retiraron las tropas de ocupación soviéticas en 1955, la ciudad de Viena eliminó casi todos los nombres que habían recordado la liberación por parte de "los rusos". También el puente Reichsbrücke recuperó su antiguo nombre en el verano de 1956, casi al mismo tiempo que la Plaza de México recibía esta denominación.

Nach der Nazi-Herrschaft waren von den 185.000 Wiener Jüdinnen und Juden nur mehr wenige Tausend am Leben. Damals schlug die jüdische Hilfsorganisation JOINT ihre Zentrale in der Leopoldstadt auf, um jüdischen Überlebenden zu helfen. Trotz aus Osteuropa ankommender jüdischer Flüchtlinge wurde die Gemeinde eher noch kleiner, weil viele der Überlebenden in andere Länder auswanderten. Doch einige RückkehrerInnen - darunter auch KommunistInnen, die in Mexiko überlebt hatten - siedelten sich rund um den Prater an, weil der 2. Bezirk eine sowjetische Zone war.

Es gab aber auch in der Sowjetunion schlimmen Antisemitismus und so setzten sich ab den 1960er Jahren jüdische Oppositionelle in der Sowjetunion für die Möglichkeit einer Emigration nach Israel ein. Da seit dem Sechstagekrieg von 1967 keine diplomatischen Beziehungen oder Reiseverbindungen zwischen den beiden Ländern bestanden, fungierte unter anderem Österreich als Zwischenstation.

Die jüdischen AuswanderInnen erreichten Österreich mit der Bahn und reisten dann weiter. Manche der PassagierInnen blieben jedoch in Österreich, ließen sich unter schwierigen Bedingungen hier nieder und trugen zum Neuaufbau der jüdischen Gemeinde bei. Und Einige siedelten sich am Mexikoplatz an.

Unser Bild zeigt eine dramatische Episode dieser Geschichte: Im September 1973 nahm ein palästinensisches Terrorkommando drei Emigranten und einen Zollbeamten als Geiseln, um das Ende des österreichischen Transits nach Israel zu erpressen. Obwohl Bundeskanzler Kreisky den Forderungen zunächst nachgab, blieb Österreich Durchgangsland für die sowjetische Auswanderung nach Israel. Und immer wieder blieben Menschen in Wien.

Tras el dominio nazi, de lxs 185.000 judíxs vienesxs sólo quedaban con vida unos pocos miles. En aquellos tiempos, la organización judía de ayuda humanitaria JOINT estableció su central en el distrito de Leopoldstadt para ayudar a lxs judíxs supervivientes. A pesar de la llegada desde el este de Europa de quienes lograron sobrevivir al Holocausto, la comunidad de Viena se vio reducida, ya que muchxs de lxs supervivientes emigraron a otros países. Pero algunxs -entre ellxs comunistas retornadxs que habían sobrevivido en México- se asentaron en los alrededores del Prater, puesto que el distrito 2 era una zona soviética.

Pero también en la Unión Soviética existía un terrible antisemitismo, de manera que a partir de la década de 1960 opositorxs judíxs promovieron allí la posibilidad de una emigración a Israel. Dado que desde la guerra de los Seis Días de 1967 no existían relaciones diplomáticas ni conexiones de viaje entre ambos países, Austria operó como estación de paso.

Lxs emigradxs judíxs llegaban a Austria en tren y continuaban el viaje a Israel. Sin embargo, algunxs pasajerxs se quedaron en Austria, se asentaron aquí en penosas condiciones y contribuyeron a la reconstrucción de la comunidad judía. Y algunxs se instalaron en la Plaza de México.

Nuestra imagen muestra un dramático episodio de esta historia. En septiembre de 1973 un comando terrorista palestino tomó como rehenes a tres emigrantes y a un funcionario de aduanas para tratar de forzar el cese del tránsito a Israel a través de Austria. Aunque en un principio el canciller Kreisky cedió a tales exigencias, Austria continuó siendo un país de tránsito para la emigración soviética a Israel. Y no era infrecuente que algunas personas se quedaran en Viena.

28.9.1973

Der gesamte 2. Bezirk - und nicht zuletzt der Mexikoplatz - gilt schon lange als „migrantisch". Schon vor 150 Jahren war er ein Bezirk, in dem ArbeiterInnen unter meist ärmlichen Bedingungen lebten. Dort landeten daher auch die armen ZuwanderInnen aus dem Osten der Monarchie.

Diese Entwicklung setzte sich in der Zweiten Republik fort. Aufgrund der billigeren Mieten siedelten sich rund um den Mexikoplatz ab den 1960er Jahren viele GastarbeiterInnen aus der Türkei und dem damaligen Jugoslawien an. Unzureichende Infrastruktur und schlechter Bauzustand erzählen von den prekären Lebensumständen dieser neuen MitbürgerInnen. Aber auch die ersten Geschäfte, Lokale und Treffpunkte, an denen Selbstorganisation und gegenseitige Hilfe stattfanden, prägten die Gegend und zeigen uns die gesellschaftspolitische Funktion des Mexikoplatzes für ImmigrantInnen. Auf dem „Bazar" des Mexikoplatzes konnte man schon vor dem Fall des Eisernen Vorhangs alle Sprachen Osteuropas hören.

Und auch trotz starker Anzeichen von Gentrifizierung ist die Gegend immer noch ein Treffpunkt für Neuangekommene. Rund um den Praterstern, im Stuwerviertel und auf dem Mexikoplatz finden wir ihre Geschichten, Albträume von Vertreibung und Flucht, warme Erinnerungen an die Heimat und die Hoffnung auf ein neues Leben in Wien.

Todo el distrito 2 de Viena –y, no en último lugar, la actual Plaza de México- se considera desde hace mucho tiempo como "migrante". Hace ya 150 años era un distrito en el que lxs obrerxs vivían por lo general en condiciones muy precarias. Por consiguiente, allí fue donde llegaron lxs inmigrantes pobres procedentes de los territorios orientales del Imperio austrohúngaro.

Este proceso continuó su curso durante la Segunda República. Debido al menor coste de los alquileres, a partir de la década de 1960 muchxs trabajadorxs inmigrantes procedentes de Turquía y de la antigua Yugoslavia se asentaron en los alrededores de la Plaza de México. La deficiente infraestructura y el mal estado de las construcciones dan cuenta de las precarias condiciones de vida de estxs nuevxs conciudadanxs. Pero también los primeros comercios, locales y lugares de encuentro en los que surgieron iniciativas de organización autónoma y ayuda mutua imprimieron carácter a esta zona, al tiempo que nos muestran la función sociopolítica de la Plaza de México para lxs inmigrantes. En el "bazar" de la Plaza de México se podían escuchar, ya antes de la caída del Telón de Acero, todas las lenguas del este de Europa.

Y a pesar de fuertes indicios de gentrificación esta zona sigue siendo un punto de encuentro para lxs recién llegadxs. Alrededor de Praterstern, en el barrio Stuwerviertel y en la Plaza de México encontramos sus historias, sus pesadillas sobre el destierro y la huida, recuerdos entrañables de la tierra natal y la esperanza de una nueva vida en Viena.

Doris Posch

**EXILED GAZE
LA MIRADA EXILIADA**
Posiciones fílmicas y artísticas
respecto a historias de exilio actuales

**EXILED GAZE
DER EXILIERTE BLICK**
Filmisch-künstlerische Positionen
zu aktuellen Exilgeschichten

Ausgehend von einer spezifischen, dem Mexikoplatz impliziten Erinnerung – jene an das Asyl, das Mexiko zahlreichen Menschen auf der Flucht vor der nationalsozialistischen Verfolgung gewährte – brachten FilmemacherInnen und KünstlerInnen die Thematik Migration/Exil/Flucht in den Kontext der Gegenwart. Bewegtbild, Archivrecherche, Ausstellungen und Konzerte wurden nicht nur zum Blickfeld und zu Gesprächszonen mit den AnrainerInnen. Die an *Exiled Gaze* beteiligten KünstlerInnen widmeten sich der Reflexion des Erfahrenen wie auch den vielgestaltigen und möglichen Erzählformen selbst durchlebter Migrationsgeschichten. Die im öffentlichen Raum am Mexikoplatz stattfindende Uraufführung der für *Exiled Gaze* konzipierten künstlerischen Arbeiten, ließ demzufolge Verbindungslinien zwischen diesen – durch 80 Jahre Zeit und mitunter Tausenden Kilometern Distanz – vermeintlich voneinander getrennten Geschichten sichtbar werden.

Ausblick

Wenn nicht gegen ihr Stillschweigen angekämpft wird, deformieren sich – wie Frantz Fanon uns bereits in den Verdammten dieser Erde gewarnt hat – kulturelle Identitäten, die Individuen ohne Anker, ohne Horizont, farblos, staatenlos, herkunftslos hervorbringen.[1] Die Blicke der KünstlerInnen waren Anreiz zur öffentlichen Auseinandersetzung mit und einem gemeinsamen zur Sprache bringen von gegenwärtigen Perspektiven vielfältiger kultureller Identitäten und machten deren geschichtliche Einschreibung als aktuelle Erinnerungskulturen sichtbar. Infolge ermöglichte *Exiled Gaze* eine intime Auseinandersetzung mit Exil und rief zum visuellen

Partiendo de una memoria específica, implícita a la Plaza de México –la del asilo concedido por ese país a muchísimas personas que huían de la persecución nazi–, una serie de realizadorxs cinematográficxs y diversxs artistas acercaron la temática Migración/Exilio/Huida, situándola en el contexto del presente. La imagen en movimiento, la investigación en archivos, las exposiciones y los conciertos se convirtieron no sólo en campo visual de atención y en zonas de conversación con lxs vecinxs de la plaza. Lxs artistas participantes en *Exiled Gaze* (La mirada exiliada) se dedicaron a reflexionar sobre sus experiencias y también sobre las posibles y muy variadas formas narrativas de las historias de migración (específicamente) vividas. El estreno en el espacio público de la Plaza de México de los trabajos artísticos concebidos para *Exiled Gaze* permitió, por consiguiente, dar visibilidad a las líneas de conexión existentes entre esas historias supuestamente separadas por un período de ochenta años y, en ocasiones, por miles de kilómetros de distancia.

Perspectiva

Si no se lucha contra su silencio, y tal como ya nos advirtió Frantz Fanon en *Los condenados de la tierra,* las identidades culturales se deforman, dando lugar a individuos sin arraigo, sin horizonte, grises, apátridas, sin orígenes.[1] Las miradas de lxs artistas fueron un estímulo para la discusión pública sobre/y un planteamiento conjunto de perspectivas contemporáneas de múltiples identidades culturales, y visibilizaron su inscripción histórica como culturas de la memoria vigentes en la actualidad. Por

Mit- und Umgestalten des österreichischen Geschichtsbildes auf, das in seiner Polyphonie fortdauert.

1 Frantz Fanon, *The Wretched of the Earth*, New York: Grove 2004, S. 176.

consiguiente, *Exiled Gaze* (La mirada exiliada) posibilitó un análisis íntimo del exilio e incitó a llevar a cabo una reestructuración visual, participativa y conjunta, de la imagen histórica de Austria que perdura en su polifonía.

1 Frantz Fanon, *The Wretched of the Earth*, New York, Grove, 2004, p. 176. Traducción al español: *Los condenados de la tierra,* Tafalla, Txalaparta, 1999.

Sara Fattahi
898 +7 2018 | 7'20"

„Der Akt der Selbstidentifikation stürzt eine/n in eine Krise, denn Selbstidentifikation beruft sich auf jemanden, die oder der eine/n von anderen unterscheidet." [1]
Sara Fattahi

Eine Rückblende – Sara Fattahi als Kind mit ihrer Mutter im Jahre 1985 in Damaskus – die in sepia gehaltene Fotoeinblendung auf schwarzem Hintergrund eröffnet den Kurzfilm, darunter die Texteinblendung, die Filmemacherin hätte damals Angst gehabt, alleine gelassen zu werden. Fattahis mehrmalige Versuche, dieses Bild mit anderen zu verbinden, ist bis dato nie geglückt.

Anstatt sensationalistisch anmutender Bilder des Krieges beobachten wir mit Blick aus dem Fenster aufsteigende dunkle Rauchwolken, die mit einem Zitat der Mutter überblendet werden: „If they don't see life in the image, they will see the black." Schwarzblenden kehren wieder und Landschaftsaufnahmen von Gebäuden in gespenstischer Leere wechseln mit Detailaufnahmen von Fattahis Hand, die verschwommen ist und sich aufzulösen scheint, während sie sich nach der blendend weißen Leere streckt.

Die transgenerationelle Verbindung mit der in Damaskus gebliebenen Mutter zeigt sich durch deren wiederkehrende Erinnerungsstimme in Form niedergeschriebener Zitate als ein Gefühl von Verortet Sein im Exil und schafft trotz ihrer Abwesenheit Zugehörigkeit.[2] Mit diesem sehr persönlichen Rückgriff auf die individuelle Auseinandersetzung mit Exil innerhalb des urban verdichteten Raums (Wien, Damaskus) entgeht Fattahi der Markierung als „Andere" inmitten einer Community.

Der Film tastet abwechselnd Innen- und Außenaufnahmen von verschiedenen Orten

"El acto de autoidentificación hace que unx entre constantemente en crisis, porque la autoidentificación requiere que unx se diferencie a sí mismx de lxs demás."[1] Sara Fattahi

Un *flashback:* Sara Fattahi de niña con su madre, en el año 1985 en Damasco. La superposición fotográfica en sepia sobre fondo negro da inicio al cortometraje; por debajo aparece la superposición de texto en la que se lee que la realizadora en aquella época tenía miedo de que la dejaran sola. Las repetidas tentativas de Fattahi para combinar con otras esa imagen no han tenido éxito hasta la fecha.

En lugar de imágenes sensacionalistas de la guerra, lo que observamos mirando desde la ventana son unas oscuras nubes de humo que van ascendiendo y se funden con una cita de la madre: "If they don't see life in the image, they will see the black." ("Si no ven vida en la imagen, verán el negro.") Reaparecen fundidos en negro, y tomas paisajísticas de edificios fantasmagóricamente desiertos van alternando con primeros planos en detalle de la mano de Fattahi, que se ve borrosa y parece desvanecerse mientras se extiende hacia el blanco y deslumbrante vacío.

El nexo intergeneracional con la madre, que se quedó en Damasco, se manifiesta mediante la recurrente inserción de la memoria de su voz en forma de citas por escrito como un sentimiento de ubicación en el exilio, generando un vínculo profundo a pesar de su ausencia.[2] Con este recurso tan per-

der Reise und die unsichtbare Membran dazwischen ab, die durch das Heulen des Windes, den Hall einer Bahnhofshalle, knarrende Türen, leises Schneetreiben auf den fast menschenleeren Straßen Wiens und Fattahis wiederkehrendes Atmen hörbar wird. Textmarkierungen wie: „I can hardly hear" und „I can hardly see" mit Detailaufnahmen von Fattahis Gesicht und einem vorbeifahrenden Zug verorten das Ich innerhalb des Verlassens Damaskus. Der Sound berührt die Zuhörenden in diffuser Weiser, erscheint als etwas Unheimliches – *uncanny*[3], und adressiert auch das Exil der Sinne – des Hörens und Sehens.

Blicke aus dem Fenster der Wohnung der Mutter, aus fahrenden Zügen auf vorbeiziehende Landschaften oder aus einer Wohnung in Wien, sind Motiv und Sinnbild der autobiografischen Auseinandersetzung Fattahis mit selbst erfahrenem Exil, das nicht fassbar ist, jedoch schier fühlbar wird. Das Narrativ eines Dis-Placement wird, wie Stuart Hall uns erinnert, in seinem höchst relevanten Akt der erneuten imaginierten Offenlegung betrachtet[4], oder wie sich die Filmemacherin äußert:

„Während Alltagsereignisse wie selbstverständlich in der Gegenwart vor sich gehen, werden sie von der Vergangenheit eingeholt und von ihrem Abspielort verdrängt. Die Vergangenheit breitet sich aus, sie erscheint größer als die Gegenwart, bis sie fast verschwindet, oder zu irgendetwas Bedeutungslosem verkümmert. Jene Bilder und Klänge waren mein einziger Weg zu überleben, und wertvolle Wege, Entfremdung zu überwinden oder sich wie ein/e Außenseiter/in zu fühlen."[5]

Gegen Ende erzählen mehrere aneinandergereihte unscharfe Standbilder in ihrer

sonal a la confrontación individual con el exilio dentro del espacio urbanamente densificado (Viena, Damasco), Fattahi elude ser etiquetada como "Otra" en el seno de una comunidad.

La película va tanteando alternativamente tomas interiores y exteriores de diferentes lugares del viaje y la membrana invisible que existe entre ellos, que se hace audible a través del aullido del viento, la reverberación del vestíbulo de una estación, puertas que chirrían, una silenciosa ventisca de nieve en las calles casi desiertas de Viena y la respiración de Fattahi, que se escucha una y otra vez. Marcaciones de texto como "I can hardly hear" ("Apenas puedo oír") y "I can hardly see" ("Apenas puedo ver") con primeros planos en detalle del rostro de Fattahi y de un tren que pasa ubican el yo en la vivencia del abandono de Damasco. El sonido roza a lxs oyentes de manera difusa, parece algo extraño y misterioso –*uncanny*–,[3] y direcciona también el exilio de los sentidos: del oído y de la vista.

Las miradas desde la ventana del piso de la madre, desde trenes en marcha a los paisajes que van quedando atrás, o desde un piso en Viena, son motivo y símbolo de la confrontación autobiográfica de Fattahi con su propia experiencia de exilio, que no resulta comprensible de forma concreta, pero que se hace casi perceptible. La narrativa de un desplazamiento es contemplada, como nos recuerda Stuart Hall, en su más relevante acto de la revelación nuevamente imaginada,[4] o, en palabras de la realizadora: "Mientras que los acontecimientos cotidianos comienzan naturalmente en el presente, el pasado los rebasa y ocupa su lugar. El pasado se expande, parece más

schnellen Anordnung – sie zeigen Menschen zwischen Grabsteinen eines Friedhofs – vom Dazwischen des Begrabenen. Sie deuten auf das Zwischenmenschliche und Lebende, das womöglich als Pflänzchen in den Steinritzen auszumachen ist. Wir wollen genauer hinsehen, mehr erfahren, doch der Screenshot mit der Information: „Poor Connection. Video Paused" beendet 898 +7 jäh – es ist die Anzahl jener Tage, die Sara Fattahi zum Zeitpunkt der filmischen Arbeit fern von Damaskus ist, die ebenso unabgeschlossen ist wie die titelgebende Zahl.

grande que el presente, hasta que casi desaparece, o se va consumiendo hasta convertirse en algo intranscendente. Esas imágenes y esos sonidos eran mi único camino para sobrevivir, y caminos muy valiosos para superar la alienación o el sentirse como unx marginadx."[5]

Hacia el final, varias imágenes fijas, yuxtapuestas y borrosas –mostrando personas entre las lápidas de un cementerio– van componiendo en su rápida sucesión un relato sobre la dimensión intermedia de lo que está enterrado. Apuntan a lo interpersonal y a lo que tiene vida, quizás visible como pequeñas plantas que brotan en las grietas de las piedras. Queremos mirar más de cerca, saber más, pero la captura de pantalla con la información "Poor Connection. Video Paused" ("Mala conexión. Vídeo en pausa") pone súbitamente fin a 898 + 7, o sea el número de días que Sara Fattahi lleva lejos de Damasco en el momento de realizar el trabajo fílmico, tan inconcluso como la cifra que le da título.

1 Fattahis persönliches Statement zu *898 +7* im Original: „The act of self-identification constantly throws oneself into crisis, because self-identification requires one to differentiate oneself from others." (Fattahi, 2018)
2 Simone Weil, *Gravity and Grace,* London: Routledge Press 1987, S. 34.
3 Laura Marks, *The Skin of the Film: Intercultural Cinema, Embodiment, and the Senses,* Durham / London: Duke University Press 2000, S. xv.
4 Stuart Hall, „Cultural Identity and Cinematic Representation," in: *Framework 36* (1989), S. 68–81, hier S. 69.
5 Im Original: „While everyday events begin naturally in the present, the past soon overtakes them and takes their place. The past expands, so that it seems larger than the present until it almost disappears or seems something meaningless. Those images and sounds were my only way to survive, and valuable ways to overcome alienation or feeling like an outsider." (Fattahi, 2018)

1 Declaración personal de Fattahi sobre *898 +7* en versión original: "The act of self-identification constantly throws oneself into crisis, because self-identification requires one to differentiate oneself from others" (Fattahi, 2018).
2 Simone Weil, *Gravity and Grace,* London, Routledge Press, 1987, p. 34. Traducción al español: *La gravedad y la gracia,* Madrid, Editorial Trotta, 1994.
3 Laura Marks, *The Skin of the Film: Intercultural Cinema, Embodiment, and the Senses,* Durham & London, Duke University Press, 2000, p. xv.
4 Stuart Hall, "Cultural Identity and Cinematic Representation", en *Framework 36,* (1989), pp. 68–81; cfr. p. 69.
5 En versión original: "While everyday events begin naturally in the present, the past soon overtakes them and takes their place. The past expands, so that it seems larger than the present until it almost disappears or seems something meaningless. Those images and sounds were my only way to survive, and valuable ways to overcome alienation or feeling like an outsider." (Fattahi, 2018)

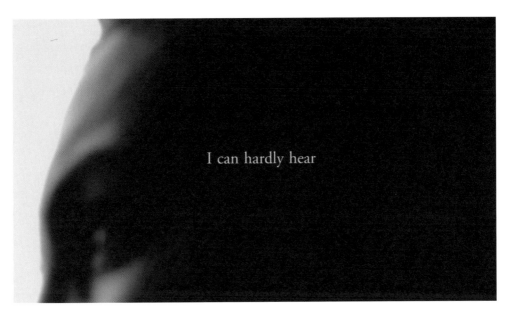

Kurdwin Ayub
Armageddon 2018 | 4'30''

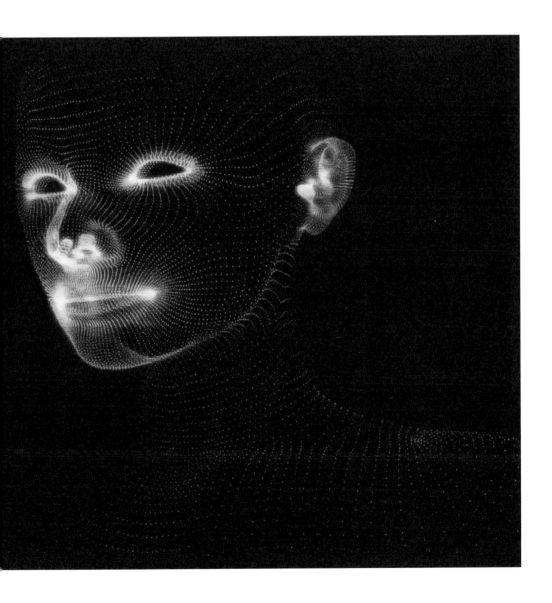

Ausgehend von einem Blick über strahlend blauen Himmel und watteweiche Wolken werden im beschleunigten Bildmodus menschliche Errungenschaften unterschiedlichster Art wachgerufen – von Computeralgorithmen, über Windenergie, einer kurz eingeblendeten Archivaufnahme der US-Mondlandung bis hin zu einer vermeintlich das Lebensgefühl des *well being* ausdrückenden, lachenden Frau in Werbeoptik. Bevor diese Bilderflut von einem Flimmern unterbrochen wird, folgt die Draufsicht auf mit Farbfilter harmonisch ausgearbeitete Meereswogen und sodann werden Ort und Zeit eingeblendet: Wien, 12. 03. 2138.

Folglich handelt es sich um das 200. Gedenkjahr der „Annexion" Österreichs an das nationalsozialistische Deutschland, das in ein verrauchtes und bewusst pseudofuturistisches Indoor-Setting führt. „Wie fühlt sich die Unsterblichkeit an?", fragt Kurdwin Ayubs Stimme die zwei kauzigen, mit Vampirzähnen, Flip-Flops und Perlenketten ausgestatteten Charaktere.

Die lethargischen und einzig im Kettenrauch aktiven Knetfiguren Franz und Anton beginnen daraufhin eine Art monologischen Gesprächs; einer der beiden verweist auf sein Dasein als Sektionschef im 8. Wiener Gemeindebezirk, woraufhin er sogleich vom anderen unterbrochen und als blutrünstiges Wesen mit unstillbarem Hunger enttarnt wird.

Die Herausforderung der beiden besteht darin, sich an eine Geschichte anzupassen und dabei zu schauen, wo man selber bleibt. Hier ruft *Armageddon* Bilder von Mitläufern, von Geschehenlassen und Wegsehen, aktivem Vergessen und solidem Begraben von Gräueltaten der Vergangenheit wach. Diese Bilder werden untermalt von präzisen Ausführungen zur „Kulinarik der Sterblichen":

Das Zelebrieren der Geschmacksvielfalt unter der Menschheit, die Geschmacksvariationen, die etwa seit Einführung des Islams die „Frauenblutqualität" steigen hätten lassen, wohingegen man „auch Österreicher mal um den Finger hat wickeln müssen", etwa mit einem Achterl Rotwein, der den Geschichtsbezug durchwässert und sodann „die Welt schon wieder anders aus[gesehen]" hätte. Allmählich nähert sich die Anton-Franz-Erzählung einer Auffassung von Nationalkultur im Sinne Fanons, die in Denksphären des Beschreibens, des Begründens sowie des Handelns von Menschen besteht, die sich selbst in ihrer Existenz schaffen und halten[1]. Denn erst sukzessive erfahren wir davon, dass einer der beiden Vampire Jude war und ihn der Vampirbiss des anderen „vor einer anderen Fraktion gerettet" hat.

Während die unverdauten Überreste von kulturellem Dis-Placement und erneut steigendem imperialen Einfluss in *Armageddon* bereits zu Beginn angedeutet werden, wird am Ende Ayubs Frage nach der Fettleibigkeit mit einem um sich greifenden Blutbad ausgelöscht, bevor der Abspann ein sarkastisch bunt gezeichnetes „Allah is Great" einblendet.

Armageddon geht den Fragen von Inklusion und Exklusion als Grundstock für das Gründungsprinzip eines (Groß)Reichs nach. Das sichtlich unsterbliche Ende-der-Welt- Szenario verschränkt die Themen Religion, Gender und ethnische Zugehörigkeiten als Krönung imperialer Expansionsbestrebungen. Die Vampire stellen uns vor dem Hintergrund der aktuellen geopolitischen Lage eine brisante Frage: Kolonisierung oder Globalisierung?

1 Fanon 2004, S. 188.

Armageddon evoca imágenes de simpatizantes pasivos (*Mitläufer*), de una actitud de permisividad con los acontecimientos y mirar para otro lado, de un olvido activo y de la firme decisión de enterrar para siempre las atrocidades del pasado. Estas imágenes aparecen acompañadas de precisas explicaciones sobre "El arte culinario de los mortales": la celebración de la diversidad de sabores entre la humanidad, las variaciones gustativas que, aproximadamente desde la implantación del islamismo, habrían hecho aumentar la "calidad de la sangre de las mujeres", aunque "alguna vez hubo que engatusar también a los austríacos", por ejemplo con una copa de vino tinto, que habría disgregado el vínculo con la historia haciendo que "el mundo volviera a parecer distinto". Gradualmente, el relato de Anton y Franz se va aproximando a una concepción de la cultura nacional en el sentido que le atribuye Fanon, la cual radica en las esferas de pensamiento de la descripción, la justificación y la actuación de las personas, que se crean y se mantienen a sí mismas en su existencia.[1] Y es que sólo de forma progresiva vamos descubriendo que uno de los dos vampiros era judío y la mordedura del otro "lo salvó de otra fracción".

Mientras que en *Armageddon* se alude ya desde el principio a los restos no asimilados del desplazamiento cultural y de la influencia imperial nuevamente en ascenso, al final la pregunta de Ayub por la obesidad queda borrada por un baño de sangre que se va extendiendo antes de que los créditos finales visualicen un sarcástico "Allah is Great" ("Alá es grande") trazado en colores.

Armageddon inquiere en las cuestiones de la inclusión y la exclusión como base del principio fundacional de un (gran) imperio. El escenario de fin-del-mundo, evidentemente inmortal, entrelaza los temas de las religiones, las cuestiones de género y las pertenencias étnicas como culminación de las aspiraciones expansionistas imperiales. Los vampiros nos plantean una pregunta delicada y apremiante en el contexto de la actual situación geopolítica: ¿colonización o globalización?

1 Frantz Fanon, op. cit., p. 188.

Afro Rainbow Austria (ARA) und Petja Dimitrova

The Future is Now! 2018 | 21'20''

because I'm

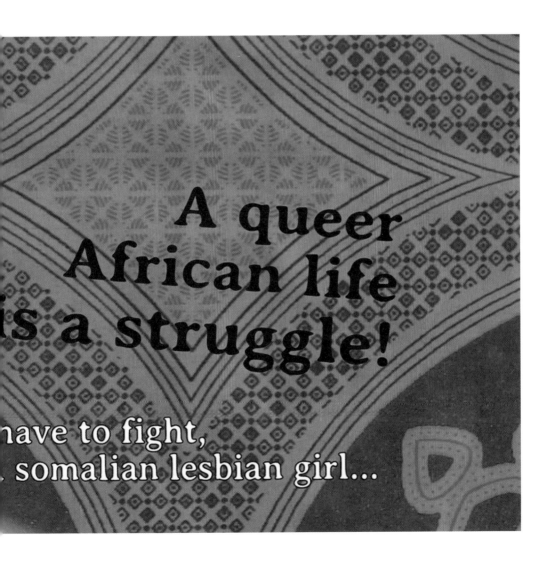

„We are trying to bring to life the queerness. So we are breaking through. Breaking this block, and coming out to be who we are and having our lives". ARA Mitglied

Ausgehend von Fragen des Woher, Wohin, Weshalb in Österreich lebender LGBTQ+ B*POC Personen nähert sich Petja Dimitrova in einer kollaborativen Videoarbeit einzelnen Mitgliedern des Kollektivs Afro Rainbow Austria (ARA). Afrikanische Stoffe und Texturen bilden den Hintergrund der einzelnen Interviews, sukzessive äußern sich Asea, Abu, Celestine, Felix, Flo, Janet, Jeff, Yasmina, Henrie, Larry, Khalid, Ray, Samuel und Sophia zu ihren Beweggründen für ein Leben in Wien, ihren emotionalen Herausforderungen im Alltag sowie Stresserfahrungen im europäischen Raum aufgrund von provisorischem Aufenthaltsstatus oder als subsidiär Schutzberechtigte. *The Future is Now!* spricht offen über die schwierige Rechtslage und soziale Stigmatisierung von Homosexualitäten und den Umgang mit Nicht-Akzeptanz von Transitionen in Nigeria, Kamerun und Somalia. An Erfahrungswelten anknüpfend wird über die Suche nach einem Leben und Lieben in Freiheit reflektiert, darüber, wo und in welcher Form Sexualitäten gelebt werden können, Polygamie als Familienstruktur nicht die dominierende Form für kinderloses Sein ist, oder aber Elternschaft und Leben in die Welt zu tragen möglich ist, losgelöst von gesellschaftlich vorherrschenden Zuschreibungen, vorgefertigten Konzepten zu Sexualität und starren Modellen zu Körperlichkeit.

Insbesondere ist die Videoarbeit auch Reflexion zu Queerness und/als Zukunftsraum – die AkteurInnen und AktivistInnen zeigen Möglichkeiten auf, sich über die autobiografi-

"Estamos tratando de dar vida a la *queerness*. Así que estamos abriéndonos paso. Rompiendo este bloque, y manifestando nuestra identidad para ser quienes somos y tener nuestras vidas." Integrante de ARA

Partiendo de cuestiones relacionadas con el "de dónde", el "adónde" y el "por qué" de personas que pertenecen a los colectivos LGBTQ+ B*POC y viven en Austria, Petja Dimitrova se aproxima en un vídeo de carácter colaborativo a distintxs integrantes del colectivo Afro Rainbow Austria (ARA). Texturas y tejidos africanos sirven de marco de fondo para cada una de las entrevistas, en las que sucesivamente Asea, Abu, Celestine, Felix, Flo, Janet, Jeff, Yasmina, Henrie, Larry, Khalid, Ray, Samuel y Sophia van contando cuáles son sus motivaciones para vivir en Viena y sus desafíos emocionales en la vida cotidiana, así como sus experiencias de estrés en el espacio europeo por tener una autorización provisional de residencia o ser titulares de protección subsidiaria. *The Future is Now! (¡El futuro es ahora!)* habla abiertamente sobre la difícil situación jurídica y la estigmatización social de las homosexualidades, así como sobre la gestión personal de la no aceptación de las transiciones de género en Nigeria, Camerún y Somalia, por ejemplo. Basándose en los diversos mundos experienciales, se lleva a cabo una reflexión sobre la búsqueda de un vivir y un amar en libertad, sobre dónde y de qué forma se pueden vivir las sexualidades, no siendo la poligamia como estructura familiar la forma dominante para quienes no tienen hijxs, o sobre la posibilidad de propagar la maternidad/paternidad y la vida al margen

sche Beobachtung postkolonialer oder diasporischer Menschen, die aus einer anderen Perspektive betrachtet werden – wie Gayatri Chakravorty Spivak es bezeichnet – und wie Said es als „Out of Place"[1] benennt, hinwegzusetzen und sich als Kollektiv inmitten der Pluralität von Gesellschaftsformen zu positionieren.

Queerness wird als Teil afrikanischer Geschichte und Erfahrung verortet bis zur Zäsur vorrangig durch Christentum und Islam, die maßgeblich für das Abschaffen und Stigmatisieren von Queerness verantwortlich waren und deren Widerstand als Teil kolonialen Unterfangens die Flucht in andere Länder in einer postkolonialen Welt erzwingt.

The Future is Now! gibt Einblick in die wirksamen Intersektionalitäten, mit deren Missklängen, Irritationen und Unstimmigkeiten es im Alltag zu leben heißt, und sucht diese Erfahrungsrealitäten neu zu artikulieren, um über die normative Ordnung eines kolonialen Blicks hinauszuwachsen.[2]

Dabei geht es um das Konzept Leben in einem Kollektivverständnis, das einer *white supremacist leader*-Figur trotzt und mittels Teilhabe, einem sich aktiv Beteiligen, Beitragen und Mitwirken etwas Progressives und Konstruktives hervorbringt. The Future is Now! verdeutlicht den Kampf ARAs für Akzeptanz von queerem Afrikanischem Leben, Lieben, dem Recht auf Familie, Ausbildung, Rechtsfreiheit sowie Bewegungsfreiheit.

In Form einer dialogischen Auseinandersetzung ist die Suche ARAs Aufruf zu einer Poetik der selbst-einschreibenden Seinsart, die sich als Ursprung Repräsentationsmodus anstatt von Evolutionslogik aussucht, und somit außerhalb von hegemonial westlich-bourgeoisen Konzeptionen/Zuschreibungen

de las adscripciones socialmente dominantes, los conceptos prefabricados de sexualidad y los rígidos modelos de corporeidad.

En particular, este vídeo es también una reflexión sobre la *queerness* y/como espacio de futuro –lxs actorxs y activistas muestran posibilidades, a través de la observación autobiográfica de personas poscoloniales o diaspóricas que son contempladas desde una perspectiva distinta–, según indica Gayatri Chakravorty Spivak; Said lo designa como "Out of Place"[1] ("Fuera de lugar"), no acatar y posicionarse como colectivo entre la pluralidad de formas de sociedad.

La *queerness* se contextualiza como parte de la historia y la experiencia africanas hasta la cesura que suponen, fundamentalmente, el cristianismo y el islamismo, que tuvieron una responsabilidad decisiva en su supresión y su estigmatización; la resistencia frente a ellos como parte del proyecto colonial obliga a huir a otros países en un mundo poscolonial.

The Future is Now! (¡El futuro es ahora!) ofrece una panorámica de las vigentes interseccionalidades de lo que significa vivir con las discrepancias, irritaciones y divergencias en las experiencias cotidianas, intentando rearticular estas realidades experienciales para, tal vez, llegar a superar el orden normativo de una perspectiva colonial.[2]

Se trata del planteamiento de la vida desde una concepción colectiva, un enfoque que desafía a una figura del tipo "white supremacist leader" (líder supremacista blanco), generando algo de carácter progresista y constructivo mediante la participación, la implicación activa, la contribución

definiert[3]: „It ain't over until the FAT DRAG-QUEEN sings … And SHE's not singin' until we win!", die Ansage des Graffiti an der Wand im ARA-Space ist dahingehend selbsterklärend.

1 Edward Said, *Out of Place: A Memoir,* New York: Vintage Books 1999.
2 Encarnación Gutiérrez Rodríguez / Shirley Anne Tate (Hg.), *Creolizing Europe: Legacies and Transformations,* Liverpool: Liverpool University Press 2015, S. 7.
3 Sylvia Wynter, „Africa, the West and the Analogy of Culture: The Cinematic Text after Man", in: June Givanni (Hg.), *Audiences, Theory and the Moving Image,* London: British Film Institute 2000, S. 25–61, hier S. 26.

y la cooperación. *The Future is Now! (¡El futuro es ahora!)* ilustra la lucha del colectivo ARA por conseguir la aceptación de la forma de vivir y de amar de las personas *queer* de África, el derecho a la familia, la enseñanza, la libertad jurídica y la libertad de circulación.

En forma de una confrontación dialógica, la búsqueda del colectivo ARA es un llamamiento a una poética de la "forma-de-ser" que se autocertifica, que se elige a sí misma como modo de representación originario en lugar de la lógica de la evolución, formulando –fuera de las concepciones/adscripciones hegemónicas occidentales y burguesas– una definición en los siguientes términos[3]: "It ain't over until the FAT DRAGQUEEN sings… And SHE's not singin' until we win!" ("Esto no se acaba hasta que cante la FAT DRAG-QUEEN … ¡Y no cantará hasta que ganemos!"). El mensaje del *graffiti* pintado en la pared del local ARA Space se explica por sí solo.

1 Edward Said, *Out of Place: A Memoir,* New York, Vintage Books, 1999. Traducción al español: *Fuera de lugar,* Barcelona, Grijalbo, 2001.
2 Encarnación Gutiérrez Rodríguez, Shirley Anne Tate (eds.), *Creolizing Europe: Legacies and Transformations,* Liverpool, Liverpool University Press, 2015, p. 7.
3 Sylvia Wynter, "Africa, the West and the Analogy of Culture: The Cinematic Text after Man", en June Givanni (ed.), *Audiences, Theory and the Moving Image,* London, British Film Institute, 2000, pp. 25–61; cfr. p. 26.

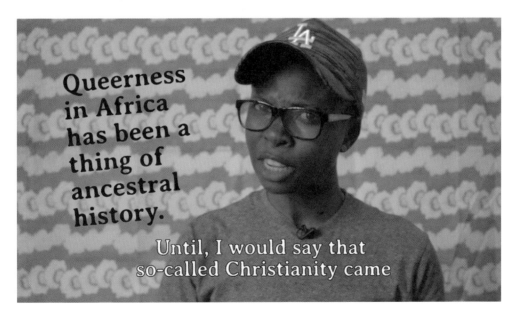

Borjana Ventzislavova
Und der Himmel klärt sich auf
(MAGIC RESISTANCE) 2018 | 23'30"

Vorbeiziehender Nebel leitet *MAGIC RESISTANCE* ein, gefolgt von Aufnahmen eines mit Rissen durchzogenen Asphaltbodens, alsdann eine Wasseroberfläche. Eine mit einem Nagel durchbohrte Zitrone, ein zerbrochenes Ei, ein bunter Wedel und silberne Stempel – mittels dieser Objekte üben die fünf Protagonistinnen Songül Boyraz, Esra Emine Demir, Renée Gadsden, Maruša Sagadin und Claudia Slanar künstlerisch-magische Rituale an verschiedenen Orten in Wien aus. In den Händen der Künstlerinnen und Theoretikerinnen werden diese Objekte zu Handlungsakteurinnen an geschichtsträchtigen Orten Wiens wie der Hofburg, dem Balkon des HeldInnenplatzes, dem Parlament, dem Mexikoplatz, dem Stadtpark, oder Straßen im zweiten Wiener Gemeindebezirk wie der Kleinen Stadtgutgasse oder Novaragasse etwa.

Mittels unterschiedlicher manuell verrichteter Verfahren und Gesten nehmen die Protagonistinnen Bezug auf konkrete historische Ereignisse aus der NS-Vergangenheit sowie deren Abspielorte und agieren beständig und eindringlich gegen die aktuelle rechtpopulistische Stimmung in der westlichen Hemisphäre.

Suzanne Schudas eingesprochene Textpassagen von Ovid Pop fordern auf:

Wach bleiben, es mit unseren Haaren heilen, diese kranke Stelle, diesen Hang zur Vorherrschaft, diesen bedingungslosen Anspruch auf den Anderen, als wäre der Andere nicht unsere ferne Stütze, in der echten Welt der Schäume und Geld und geschlossener Kreisläufe, behalte es nicht für dich selbst, so wie das Band in der Luft, wie es sich spannt und entfaltet, erst dann, dort, in der Luft, treibe es aus so wie durch Rauch, durch Wasser, aus un-

El flujo de una niebla en movimiento da comienzo a *MAGIC RESISTANCE (RESISTENCIA MÁGICA),* seguido de tomas de un suelo de asfalto atravesado de grietas, luego una superficie acuática. Un limón perforado con un clavo, un huevo roto, un plumero de colores y sellos plateados: utilizando estos objetos, las cinco protagonistas (Songül Boyraz, Esra Emine Demir, Renée Gadsden, Maruša Sagadin y Claudia Slanar) practican rituales mágico-artísticos en diferentes lugares de Viena. En manos de las artistas y teóricas, estos objetos se convierten en actorxs operativxs en lugares vieneses cargados de historia, como el Palacio Imperial de Hofburg, el balcón de la Plaza de lxs Héroes/Heroínas (HeldInnenplatz), el Parlamento, la Plaza de México, el Parque de la Ciudad (Stadtpark) o calles del distrito 2 de Viena, como por ejemplo la Kleine Stadtgutgasse o la Novaragasse.

A través de diversos procedimientos y gestos ejecutados manualmente, lxs protagonistas hacen referencia a acontecimientos históricos concretos del pasado nazi y a los lugares en los que se desarrollaron, actuando con firmeza y apremio en contra del ambiente populista de derecha que predomina actualmente en el hemisferio occidental.

Los pasajes de texto de Ovid Pop que se escuchan grabados por Suzanne Schudas son una exhortación:

Permanecer despiertxs, sanarlo con nuestro pelo, este lugar enfermo, esta propensión a la hegemonía, esta pretensión absoluta sobre el Otro, como si el Otro no fuera nuestro apoyo lejano, en el mundo real de las vanas

serem Meer – heißt es dann, es ist nicht ihres, das Meer? – so dass kein Blut mehr mit dem Salz sich vermischt, so dass keine Patrouillen mehr auf offenem Meer und in den Köpfen aufmarschieren, Faust hoch, werfen wir ihre Scheinwerfer über Bord, zusammen, die Türen müssen geöffnet werden und schon öffnen sie sich, die Dame hat sich nicht erschöpft.

MAGIC RESISTANCE endet erneut mit einer Nebeleinstellung wie zu Beginn des Films. Die Wolken ziehen jedoch allmählich vorbei, während die Stimme mahnt: „[...] hüte dich davor, vor dem abscheulichen Marsch, rufe die Luft zu dir, bevor sie stickig wird, bevor es mörderisch wird, sag: wehe Wind, wehe, mit der Beständigkeit der Selbstlosen, hole dir die Kraft aus der innigen Umarmung, differenziere." Die Stimmung lichtet sich, der Himmel klärt sich auf und bahnt sich mit Blick auf Wien aus der Ferne den Weg – vorausschauend auf ein historisch sich einschreibendes Politjahr 2019.

fantasías y el dinero y los circuitos cerrados, no te lo quedes para ti, así como la cinta en el aire, como se tensa y se despliega, sólo entonces, allí, en el aire, sácalo fuera como por el humo, por el agua, fuera de nuestro mar –¿quiere decir, entonces, que no es suyo, el mar?– para que ninguna sangre vuelva a mezclarse con la sal, para que ninguna patrulla vuelva a desplegarse en mar abierto y en las cabezas, puño en alto, arrojemos por la borda sus reflectores, juntxs, hay que abrir las puertas y ya se están abriendo, la dama no se ha agotado.

MAGIC RESISTANCE (RESISTENCIA MÁGICA) termina de nuevo con una imagen de la niebla, como al comienzo de la película. Sin embargo, ahora las nubes pasan poco a poco. Mientras una voz advierte "[...] ten cuidado con la marcha atroz y haz que venga a ti el aire, antes de que se vuelva sofocante, antes de que se vuelva letalmente asfixiante, di: sopla, viento, sopla, con la tenacidad de lxs abnegadxs, extrae la fuerza del profundo abrazo, diferencia, [...]." El ambiente se va despejando, el cielo se aclara, y se abre una panorámica de Viena desde la lejana – en anticipación del año político de 2019 que dejará huellas históricas.

Alfoz Tanjour
A little Window in Exile 2018 | 11'30"

„Exile is more than a geographical concept. You can be an exile in your homeland, in your own house, in a room." Mahmoud Darwish, Eingangszitat *A little Window in Exile*

Der Anblick des Filmemachers Alfoz Tanjour sich vor dem Spiegel betrachtend, am Sofa liegend, am Fenster rauchend, während eine Radiostimme sich zum unlösbaren Umgang mit dem Syrienkonflikt äußert: *A little Window in Exile* setzt ruhige Bilder des Alltags in Wien in Kontrast zu wackeligen Smartphoneaufnahmen von Anschlägen in Damaskus. Dazwischen erscheint ein Zinnsoldat, der von einer Hand an unterschiedlichen Landschaften entlanggefahren wird, die einmal unscharf sind, einmal unkenntlich, da zerbombt, solange, bis die Spielfigur umkippt.

Darauf folgen Bild- und Tonaufnahmen verschiedener Fluchtmomente: der Blick aufs Meer mit vorbeiziehendem Dampfer, während am Ufer eine Menschengruppe auf ihr Schiff zur Überfahrt wartet, die Ansammlung von Schwimmwesten in Ackern, ein Vogel auf einem Stacheldraht, der sich zum Flug bereit macht und anschließend Aufnahmen von an Zäunen gelehnten, wartenden Kindern und Menschen, die an Bahngleisen entlanggehen.

Wortlos folgen wir dieser Aneinanderreihung von Momenten des Transits und des Abwartens Flüchtender, immer aus einer gewissen Distanz, die erst in Tanjours Äußerung zur Teilhabe an der persönlichen Erfahrungswelt des Filmemachers und Konfrontation mit einer durch die eigene Flucht von Syrien nach Österreich tagtäglich aufgebürdeten Realität (schwer) erträglich wird: „Alles in meinem Film Gesagte ist eine persönliche Geschichte, etwas selbst Durchlebtes, Gelesenes oder Gehörtes."

"El exilio es más que un concepto geográfico. Puedes ser unx exiliadx en tu patria, en tu propia casa, en una habitación."[1] Mahmoud Darwish, cita inicial *A little Window in Exile*

La imagen del realizador Alfoz Tanjour mirándose al espejo, tumbado en el sofá, fumando junto a la ventana, mientras en la radio una voz opina sobre la irresoluble gestión del conflicto en Siria: *A little Window in Exile (Una pequeña ventana en el exilio)* contrasta imágenes tranquilas de la vida cotidiana en Viena con las tambaleantes grabaciones de ataques en Damasco hechas con teléfonos móviles. Entremedias aparece un soldado de plomo movido por una mano que lo va haciendo pasar a lo largo de diferentes paisajes –a veces borrosos, a veces irreconocibles por los bombardeos–, hasta que la figura acaba por caer.

A continuación aparecen grabaciones de imagen y de sonido de diversos momentos de huida: la vista del mar con un vapor que va pasando, mientras en la orilla un grupo de personas espera su barco para la travesía; el enorme montón de chalecos salvavidas apilados en medio del campo; un pájaro sobre un alambre de espino preparándose para el vuelo, y a continuación tomas de niñxs apoyadxs en vallas, esperando, y de personas que caminan a lo largo de vías ferroviarias.

Sin palabras, seguimos esta yuxtaposición de momentos de tránsito y de espera de personas que huyen, siempre desde una cierta distancia, que sólo se hace (difícilmente) soportable en lo expresado por Tanjour en cuanto a la participación en las experiencias personales del realizador y la

Tanjours Exilerfahrung ist gerahmt und motiviert von Ähnlichkeit und Kontinuität im selben Ausmaß wie von Differenzen und Brüchen.[1] Denn eine 360-Grad-Drehung mit Blick auf den Wiener Hauptbahnhof lenkt unseren Blick auf diese zutiefst persönliche Ebene; die tastende Kamera trifft den suchenden Blick der Tochter Tanjours bei ihrer Ankunft in Wien. Tanjour hält den Aufnahmen nicht dezidiert spezifischer, sondern variabler militärischer Anschläge und derer Auswirkungen das Erleben und Erlebte des eigenen Kindes entgegen – und macht uns zu ZeugInnen der persönlichen Wahrnehmung von Kriegserfahrung, wie sie sich in den jungen Menschen einschreibt.

Das Gespräch mit der Tochter erzählt vom Umgang mit diesem von Hall beschriebenen Bruch, der ein graduelles Annähern an das vormalige Zuhause ist – erkennbar an Äußerungen wie: sie liebe Beirut, weil die Stadt nahe an Damaskus ist. Den Sehnsuchtsort Damaskus rückt sich die Tochter in einer imaginierten Welt aus Körpersprache und in Arabisch zusammengereimter Geschichte zurecht, wo „der Krieg aus Damaskus einfach fortlief", um dem Versprechen zurückzukehren nahe zu kommen. Gegen Ende des Films allerdings liest die – mittlerweile älter gewordene – Tochter in klar artikulierter deutscher Sprache aus *Gregs Tagebuch* vor, eine Szene, die präzisen Aufschluss gibt über die Notwendigkeit des Erwerbs von Sprachkenntnis als nationale Disziplinaragenda und Integrationsinstrumentarium seitens des Ziellandes.[2]

Die Notwendigkeit, sich aus Brüchen und Diskontinuitäten von Exilerfahrung eine Identität zusammenzufügen, die unvollendet und nicht abgeschlossen ist, geht auch aus

confrontación con una realidad con la que ha tenido que cargar a diario por su propia huida de Siria a Austria: "Todo lo que se dice en mi película es una historia personal, algo específicamente vivido, leído o escuchado."

La experiencia de exilio de Tanjour está enmarcada y motivada por la similitud y la continuidad en igual medida que por las diferencias y las rupturas.[2] Un giro de 360 grados con vistas a la Estación Central de Viena dirige nuestra mirada hacia ese nivel profundamente personal: la cámara, tanteante, encuentra la mirada de búsqueda de la hija de Tanjour en su llegada a Viena. El realizador contrapone lo experimentado y vivenciado por su propia hija con tomas de ataques militares no decididamente específicos sino variables, convirtiéndonos en testigxs de la percepción personal de la experiencia de la guerra tal como queda grabada en las personas jóvenes.

La conversación con la hija habla sobre la gestión personal de esa ruptura descrita por Hall, que supone un acercamiento gradual al antiguo hogar, perceptible en declaraciones de la niña como que ella ama Beirut porque está cerca de Damasco. La hija recompone para sí misma el añorado Damasco en un mundo imaginario construido partiendo del lenguaje corporal y en historia libremente recreada en árabe, donde "la guerra simplemente huyó de Damasco", para acercarse a la promesa del regreso. No obstante, hacia el final de la película, la hija –ahora ya mayor– lee en voz alta en un alemán claramente articulado un fragmento del *Diario de Greg*, una escena que evidencia de forma palmaria la necesidad de adquirir conocimientos del

den früheren Gedichten Mahmoud Darwishs hervor, was Tanjour als Eingangszitat seiner filmischen Arbeit setzt. Und Tanjours suchender, prüfender Blick in sein eigenes Gesicht im Spiegel erinnert uns: Die Errungenschaften im Exil werden andauernd vom Verlust von etwas für immer Zurückgelassenem untergraben.[3]

1 Hall 1989, S. 80.
2 Kien Nghi Ha, „Integration as Colonial Pedagogy of Postcolonial Immigrants and People of Colour: A German Case Study," in: Encarnación Gutiérrez Rodríguez / Manuela Boatcă / Sérgio Costa (Hg.), *Decolonizing European Sociology: Transdisciplinary Approaches*, Farnham: Ashgate 2010, S. 161–178.
3 Edward Said, „Reflections on Exile", in: Russel Ferguson / Martha Gever / Trinh Minh-ha / Cornel West (Hg.), *Out There: Marginalization and Contemporary Cultures*, Cambridge, London: MIT Press 1995, S. 357–366, hier S. 357.

idioma como programa disciplinario nacional e instrumentario de integración por parte del país de destino.[3]

La necesidad de ensamblarse una identidad –incompleta, inacabada– a partir de las rupturas y discontinuidades de la experiencia del exilio se desprende también de los poemas tempranos de Mahmoud Darwish, que Tanjour introduce como cita al inicio de su trabajo fílmico. Y la mirada del realizador a su propio rostro en el espejo, buscando, examinando, nos recuerda que los logros conseguidos en el exilio se ven continuamente socavados por la pérdida de algo que quedó atrás para siempre.[4]

1 "Exile is more than a geographical concept. You can be an exile in your homeland, in your own house, in a room."
2 Stuart Hall, art. cit., p. 80.
3 Kien Nghi Ha, "Integration as Colonial Pedagogy of Postcolonial Immigrants and People of Colour: A German Case Study", en Encarnación Gutiérrez Rodríguez, Manuela Boatcă, Sérgio Costa (eds.), *Decolonizing European Sociology: Transdisciplinary Approaches*, Farnham, Ashgate, 2010, pp. 161–178.
4 Edward Said, "Reflections on Exile", en Russel Ferguson, Martha Gever, Trinh Minh-ha, Cornel West (eds.), *Out There: Marginalization and Contemporary Cultures*, Cambridge, London, MIT Press, 1995, pp. 357–366; cfr. p. 357.

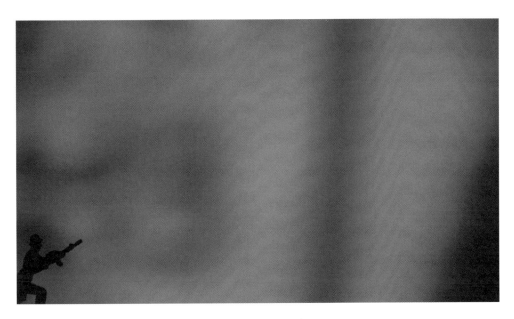

Mariel Rodríguez

VISA-VIS **VISA-VIS** Exposición sobre el antisemitismo
en México en la década de 1930
Ausstellung zum Antisemitismus
der 1930er Jahre in Mexiko

Im aus dem Französischen entlehnten Ausdruck „vis-à-vis" drückt sich eine frontale Beziehung aus, wörtlich übersetzt als „von Angesicht zu Angesicht". Im Rahmen des Projektes *Gekreuzte Geschichten / Historias Cruzadas* werden diese Bedeutungen betont und ein Wortspiel vorgeschlagen, das Wort „Visa" ins Zentrum dieser Wendung stellt. Wie blickt man der Geschichte „ins Gesicht"? Wie „konfrontiert" man die Unstimmigkeiten zwischen einem spezifischen Visum und allgemeinen Einwanderungspolitiken, diplomatischen Gesten und verschiedenen Migrationsgeschichten?

Das Willkommen an vermutlich Hunderte Jüdinnen und Juden während der Annexion Österreichs durch Nazi-Deutschland ist eine bemerkenswerte Tatsache, ein Beitrag Mexikos zum Antifaschismus und zu den Leben jener, die in diesem Lande eine neue Heimat fanden. Und dennoch, die Geschichte ist niemals einseitig und so wurde die von Mexiko gezeigte Solidarität durch weniger humanitäre und schmeichelhafte Ereignisse kontrastiert und in Frage gestellt. Die Rückkehr des Schiffes *Orinoco* nach Europa, mit mindestens 21 jüdischen MigrantInnen an Bord, denen die Einreiseerlaubnis nach Mexiko versagt blieb, und die Formierung antisemitischer Bewegungen in Mexiko sind zwei Beispiele für jene komplexen Gegensätze, die *Visa-vis* zum Thema hat.

Das zentrale Bild der Installation ist eine Seite einer Münze, die 1938 in Mexiko zirkulierte, mit dem Wort „Freiheit" über einer strahlenden Phrygischen Mütze. Um dieses gruppiert formulieren andere Bilder ein Labyrinth von Ereignissen, die anhand von Dokumenten – Fotografien, Briefen, Wappen und Werbeplakaten – berichtet werden und

Vis-à-vis es un galicismo –literalmente traducido como "cara a cara"– a través del cual se expresa una relación frontal. Para el proyecto de arte *Gekreuzte Geschichten / Historias Cruzadas* se enfatizan estos significados y se propone un juego de palabras que resalta la palabra visa en tanto contenida en esta expresión: Visa-vis. ¿Cómo "hacer cara" a la historia? ¿Cómo "se enfrentan" las discrepancias entre una visa particular y las políticas de inmigración en general, los gestos diplomáticos y las diferentes historias de migración?

La bienvenida de México a cientxs judíxs durante la anexión de Austria por parte de la Alemania nacionalsocialista es un hecho notable de su contribución a la oposición del fascismo y a las vidas de aquellxs que recibieron un nuevo hogar en este país. Aún así, la historia nunca es unilateral y la solidaridad mostrada por México ha sido cuestionada y contrastada con otros eventos menos humanitarios y halagadores. El regreso a Europa del barco *Orinoco,* con al menos 21 judíxs migrantes a quienes no se les otorgó el permiso para desembarcar en tierras mexicanas y la formación de movimientos antisemitas en México, son algunos ejemplos de las complejidades de los contrastes que *Visa-vis* tiene por tema.

La imagen central de la instalación es una cara de la moneda que circulaba en México en el año de 1938, aquella con la palabra "libertad" inscrita sobre un gorro frigio resplandeciente. Entorno a ésta se van articulando otras imágenes creando un laberinto de eventos narrados a través de documentos –fotografías, cartas, escudos y carteles publicitarios– que refieren a

ihrerseits auf die historischen Widersprüche und auf die gesellschaftliche und politische Vielstimmigkeit im und über das Jahr 1938 verweisen.

Wen die Freiheit jene Seite der Münze ist, die gezeigt und gerühmt wird, was verbirgt sich dahinter?

Die Jahre von 1917 bis 1940 – in Mexiko die sogenannte postrevolutionäre Periode – waren von großer Bedeutung für die Ausbildung einer nationalen Identität, welche die durch die Revolution veränderten gesellschaftlichen Strukturen stabilisieren sollte. Dieses Programm wurde durch das ideologische Konstrukt der „Vermischung" (*mestizaje*) gestützt, vor allem auf Basis der Ideen, die der Intellektuelle José Vasconselos in seinem Essay „Raza Cosmica" entwickelt hatte und die bis heute eine Rolle spielen. *Visa-vis* bezieht sich auf dieses Konzept, indem es den noch immer bestehenden Wappenspruch der Nationalen Autonomen Universität Mexikos aufs Korn nimmt: „Der Geist wird für meine Rasse sprechen". Der MestizInnen-freundliche Furor der 1920er und 1930er Jahre fand seine Fortsetzung in einer Einwanderungsgesetzgebung, die es den zuständigen Beamten überließ, EinwanderInnen als mehr oder weniger assimilierbar zu klassifizieren. Auf diese Weise wurden Kategorien geschärft, die perfektere und anpassungsfähigere „rassische" Kombinationen vorsahen. Dies jedoch schuf Schwierigkeiten und Unregelmäßigkeiten für die jüdische Einwanderung nach Mexiko.

Gesellschaftlich brachte der aufgeblasene postrevolutionäre Nationalismus xenophobe und rassistische Gruppen hervor, die jüdische Einwanderung als Bedrohung ansahen – nicht nur im Gefolge klassischer Argumente ökonomischen Antisemitismus', sondern auch

las contradicciones históricas y a las diferentes voces tanto públicas como políticas que convergen en el año de 1938.

Si la libertad es la cara de la moneda que se muestra y se celebra, ¿qué hay detrás?

Los años transcurridos entre 1917 y 1940 –el período postrevolucionario en México– fueron de gran importancia para la constitución de una identidad nacional destinada a reconstruir el lastimado tejido social después del auge de la Revolución. El constructo ideológico que sirvió de sustento a dicho programa fue el "mestizaje", elaborado en gran medida a través de las ideas de José Vasconselos en su ensayo "Raza Cósmica" y que continúan presentes hasta hoy en día. Visa-vis hace referencia a este concepto apuntando a la permanencia de la leyenda "Por mi raza hablará el espíritu", inscrita en el escudo de la Universidad Nacional Autónoma de México. El furor de la mestizofilia de los años veinte y treinta se extendió a la legislación inmigratoria que se delineó a partir de políticas discrecionales que clasificaron a lxs inmigrantes en asimilables o no asimilables. Así, se perfilaron las categorías para prever combinaciones raciales más perfectas y más aptas para la adaptación, generando dificultades e irregularidades para la inmigración judía a México.

En lo social, el hinchado nacionalismo postrevolucionario cristalizó en la formación de grupos xenófobos y racistas que vieron en la inmigración judía una amenaza no sólo económica –reproduciendo un clásico argumento antisemita– sino también al ferviente catolicismo mexicano. Así, en 1933 se funda en México la Acción Revolucionaria Mexicanista, mejor cono-

als Angriff auf den glühenden mexikanischen Katholizismus. So wurde 1933 die Revolutionäre Mexikanistische Aktion gegründet, besser bekannt als Braunhemden, eine faschistische und antijüdische Organisation, die bis 1945 aktiv war.

Visa-vis zeigt diese und andere Ereignisse und deckt damit die beiden Seiten derselben Medaille auf: Mexiko als Zufluchtsort und das Mexiko der Diskriminierung. In dieser Installation verdecken die Geschichten einander nicht, sondern überlagern einander.

cida como Camisas Doradas de México, una organización fascista, ultraderechista y antijudía que operó hasta 1945.

Visa-vis muestra éstos y otros eventos, develando dos caras de la misma moneda –el México refugio y el México que discrimina– en una instalación donde las historias no se ocultan entre sí, sino que se sobreponen.

Doris Posch
Visa-vis

„Wir müssen über die Vergangenheit reden, damit wir in der Gegenwart etwas verändern können." Mariel Rodríguez

In der Ausstellung *Visa-vis* arbeiten Mariel Rodríguez und Rodrigo Martínez mit schwarz-weißen Prints auf transparenten Folien, die in ihrer räumlichen Anordnung zueinander Überlappungen und gleichzeitig Brüche mehrerer historischer Motive aufweisen. Durch Lichtinstallation entstehen im Durchqueren des Ausstellungsraums Spiegelungen sowie neue Farbspektren und Überblendungen oder gar Auflösungen des soeben Gesehenen – *Visa-vis* erzählt von einem Gegenüber, das sich nicht einseitig einordnen lässt, sondern mehrdeutige Bedeutungskomponenten aufweist.

Die Fotografie einer jüdischen Einwanderin in Mexiko 1936 etwa, deren Gesicht nicht identifizierbar ist, ist Sinnbild für Mexikos Haltung zu Asyl, das zwischen 1933 und 1945 als flexibles Konzept angewendet wurde, da kein formaler Geflüchtetenstatus existierte.[1]

Eine überdimensional groß gedruckte Geldmünze – *Un Peso* – aus dem Jahr 1938 konfrontiert uns mit Fragestellungen zu Wert und Wertigkeit. Die Überlagerungen der einzelnen Folien zeigen Fotografien von wehenden Fahnen mit Hakenkreuz neben der mexikanischen Flagge auf einem Dach in Mexico City, Mitglieder der faschistischen

"Tenemos que hablar del pasado para poder cambiar algo en el presente." Mariel Rodríguez

En la exposición *Visa-vis*, Mariel Rodríguez y Rodrigo Martínez trabajan con impresiones en blanco y negro sobre láminas transparentes, las cuales, en su disposición espacial unas frente a otras, muestran superposiciones y, al mismo tiempo, rupturas de varios motivos históricos. Mediante una instalación de iluminación, al atravesar la sala de la exposición se van generando reflejos, así como también nuevos espectros cromáticos y superposiciones de imágenes, o incluso desintegraciones de lo que se acaba de ver. *Visa-vis* habla de algo/alguien que está enfrente y que se resiste a ser clasificadx de forma unilateral, ya que presenta componentes de significado que admiten más de una interpretación:

La fotografía de una inmigrante judía, por ejemplo, cuyo rostro no resulta identificable, es un símbolo de la posición de México respecto al asilo, que entre 1933 y 1945 fue aplicado como un concepto flexible dado que no existía formalmente el estatuto de refugiadx.[1]

Una moneda de un peso del año 1938, impresa en un formato de enormes dimensiones, nos confronta con planteamientos en torno al concepto de valor en el doble sentido material y cualitativo (valor *vs.*

antijüdischen Organisation *Accion Revolucionaria Mexicanista*, Schriftstücke des 1930 gegründeten antichinesischen und antijüdischen Nationalbundes (*Liga Nacional Antichinos y Antijudios*), der unter dem Motto „Für das Vaterland und für das Volk"[2] die Anwesenheit von EinwanderInnen bekämpfte.

Rodríguez befasste sich für die Ausstellung *Visa-vis* mit Archivrecherchen in Mexiko City zum Antisemitismus in Mexiko, der in den 1930er Jahren seinen Höhepunkt erreicht hatte. Die Künstlerin setzte sich dabei mit der Frage des Archivierens, Dokumentierens und dem Umgang mit Geschichtsarchiven auseinander, symbolisch aussagekräftig dafür Dokumente aus dem Archiv der Universidad Nacional Autónoma de México etwa, einer Institution, die sich einst durch das Wappen mit folgendem Schriftzug nach außen repräsentierte: „Für meine Rasse wird der Geist sprechen".[3]

Visa-vis machte diese historische Kehrseite der Medaille nicht nur innerhalb eines Kunstraums, sondern auch an zwei Plakatsäulen am Mexikoplatz deutlich – eine Fläche, die hauptsächlich für Werbeformate verwendet wird und die im Kontext von *Exiled Gaze* zur öffentlich zugänglichen Oberfläche für Geschichtsaufklärung wurde.

Rodríguez' Ausstellung versteht sich, wie sie im Zuge der Ausstellungseröffnung formulierte, als Aufruf zum Zusammenbleiben, Lautwerden und Widerstand leisten, sie will ihre Arbeit als einen Beitrag zur Sichtbarmachung von Migrationswegen und Migration in ihrer Relevanz als ein in historischen Kontexten gedehntes Konzept verstanden wissen.

Insbesondere die sich zuspitzende Grenzproblematik zwischen Mexiko und den USA ist

precio). Las superposiciones de las diferentes láminas muestran fotografías de banderas con cruces gamadas ondeando al viento junto a la bandera mexicana sobre un tejado en Ciudad de México, miembros de la organización fascista y antijudía Acción Revolucionaria Mexicanista y escritos de la Liga Nacional Antichinos y Antijudíos, fundada en 1930, que bajo el lema "Por la Patria y por la Raza" luchaba contra la presencia de inmigrantes.

Para preparar la exposición *Visa-vis*, Rodríguez se dedicó a investigar en archivos de Ciudad de México sobre el antisemitismo en el país, que alcanzó su punto culminante en la década de 1930. Así, la artista abordó la problemática en torno a los procesos de archivado, documentación y gestión de los archivos históricos. En este sentido resultan muy significativos desde el punto de vista simbólico, por ejemplo, algunos documentos procedentes del archivo de la Universidad Nacional Autónoma de México, una institución que antaño se representaba de cara al exterior mediante el escudo con la siguiente inscripción: "Por mi raza hablará el espíritu".

Visa-vis ponía de manifiesto este reverso histórico de la moneda no únicamente en el interior de una sala de arte, sino también en la Plaza de México, en dos columnas de información: un tipo de espacio utilizado principalmente para formatos publicitarios y que en el contexto de *Exiled Gaze* (La mirada exiliada) se convirtió en una superficie a disposición del público y destinada a la transmisión crítica de la historia.

La exposición de Rodríguez está concebida, según formuló ella misma durante la inauguración, como un llamamiento a la

diesbezüglich anvisiert. Fortschreitender Mauerbau und Verstärkungsmaßnahmen der Migrationsverhinderung seitens der USA rücken drastische Verschärfungen der Abschiebepolitik in den Blick: Betonbarrieren, Stacheldrähte wie etwa zwischen Tijuana und San Diego und Grenzbau als Ablenkungsdebatte für die Abschiebung zentralamerikanischer Asylsuchender nach Mexiko, inmitten derer auch etliche Kinder betroffen sind.

1 Mehr dazu in Daniela Gleizer, *Unwelcome Exiles: Mexico and the Jewish Refugees from Nazism,* 1933–1945, Leiden: Brill 2013, hier S. 9.
2 Im Original: „Por la Patria y por la Raza".
3 Im Original: „Por mi raza hablará el espíritu".

cohesión, a expresarse en voz alta y a oponer resistencia. La artista quiere que su trabajo se entienda como una contribución a la visibilización de las vías de migración y de la propia migración en su relevancia como un concepto que se ve expandido en los contextos históricos.

A este respecto, el empeoramiento de la problemática fronteriza entre México y Estados Unidos resulta objeto de especial atención. El progreso de la construcción del muro y las medidas de refuerzo para impedir la migración por parte de Estados Unidos ponen sobre la mesa el drástico endurecimiento de la política de expulsión: barreras de hormigón, alambres de espino –como, por ejemplo, entre Tijuana y San Diego– y construcción de fronteras como debate para distraer la atención respecto a la deportación a México de centroamericanxs solicitantes de asilo, por la que hasta la fecha se han visto afectadxs también un considerable número de niñxs.

1 Vid. Daniela Gleizer, *El exilio incómodo: México y los refugiados judíos, 1933–1945,* 2011, cfr. p. 22.

Julio García Murillo
Nina Höchtl

EL DERECHO AJENO
Investigaciones artísticas
sobre la construcción de historias
(y contra historias) nacionales
en México y Austria

DAS RECHT DES ANDEREN
Künstlerische Forschung zu nationalen
(Gegen)Geschichtskonstruktionen
in Mexiko und Österreich

EL DERECHO
AJENO

Das Recht des Anderen ist das Ergebnis einer Reihe von künstlerischen und kuratorischen Forschungen zu einigen Schlüsselfiguren und -ereignissen in den nationalen (Gegen)Geschichtskonstruktionen Mexikos und Österreichs.[1] Die Forschungen in Form künstlerischer Arbeiten, Sprechessays, Lecture Performances oder Kunst prêt-à-porter erkunden beim Überschreiten der Geschichten beider Länder und vor allem ihrer kulturellen und künstlerischen Produktionen, ihrer nationalen Fiktionen und ihrer Übersetzungen, einen Schatten moderner und kolonialer Erzählungen. Als 2018 das Gedenken an den mexikanischen Protest gegen den „Anschluss" Österreichs an das Deutsche Reich im Jahre 1938 ein Ausgangspunkt für eine diplomatische Feier war, wählten wir als Titel dieses Projekts einen der berühmtesten Sätze des mexikanischen Präsidenten Benito Juárez, den er nur wenige Tage nach dem Hinrichtungsprozess gegen Maximilian von Habsburg 1867 verkündet hatte: „Unter den Individuen, wie zwischen den Nationen, bedeutet der Respekt vor dem Recht des Anderen Frieden". *El derecho ajeno* in Spanisch, *das Recht des Anderen* in Deutsch – beide Formulierungen sind an einem Kreuzungspunkt zwischen Kunst, Gesetz und Geschichte/n angesiedelt.

In den vergangenen Jahren haben politische, ökologische, ökonomische und migratorische Herausforderungen zwischen Mexiko, den Vereinigten Staaten und Kanada eine Reihe von Freisetzungen aus dem Juárez-Unterbewussten im politischen wie im kulturellen Bereich hervorgerufen: ein Zeichen, das den Begriff „Vaterland" (und Vater) vor der Krise und den Widersprüchen des Nationalstaates zur Zeit seiner schwindenden Souveränität wieder in Umlauf brachte.

El derecho ajeno es producto de una serie de investigaciones artísticas y curatoriales de personajes y momentos claves en la construcción de historias nacionales (y contrahistorias) de México y Austria.[1] Al cruzar las historias de ambos países y, sobre todo, sus producciones culturales y artísticas, sus ficciones nacionales y sus respectivas traducciones, las investigaciones exploran –en forma de obras de artes visuales, ensayos en voz alta, conferencias performativas y arte para llevar puesto–, una sombra de modernidad y colonialidad narrativas. Si la conmemoración de la protesta mexicana a la "anexión" de Austria al *Reich* alemán de 1938 fue un punto de partida para una celebración diplomática en 2018, nosotrxs tomamos como título de este proyecto un fragmento de una de las frases más famosas del presidente mexicano Benito Juárez, proclamada en 1867 tras el juicio de fusilamiento a Maximiliano de Habsburgo: "Entre los individuos como entre las naciones, el respeto al derecho ajeno es la paz". *El derecho ajeno* en español, *das Recht des Anderen* en alemán: ambas formulaciones se encuentran en una encrucijada entre arte, ley e historia/s.

En los años recientes, los retos políticos, económicos, ecológicos y migratorios entre México, Estados Unidos y Canadá han generado una serie de liberaciones del inconsciente juarista tanto en el campo cultural como político: figuración que traía de vuelta el nombre de la patria (y del padre) ante las crisis y contradicciones del Estado-nación en la época de su soberanía menguante.

Ante la suspensión del "Deferred Action

Nach der Beseitigung des Programms „Deferred Action for Childhood Arrivals" 2017 im Rahmen der Einwanderungspolitik von Donald Trump und seinem Team, besuchte der Hip-Hop-Produzent und Musiker Swizz Beats 2018 die Grammy Awards in einem Mantel des mexikanischen Designers Ricardo Seco: In weißen Buchstaben stand Juárez' Satz auf leuchtendem Rot geschrieben. Während des Besuches des kanadischen Präsidenten Justin Trudeau in Mexiko am 12. und 13. Oktober 2017 löste dies im mexikanischen Senat fanatische Schreie und Standing Ovations aus, als er in einem amerikanisierten Spanisch den gleichen Satz las. Dieser repressive Fanatismus des mexikanischen Senats, ein weitverbreitetes Symptom, löste eine bestimmte Art des Vergessens in der Gegenwart aus, da Kanada schon seit Jahren das internationale Recht des Eigentums Anderer im Bereich des

for Childhood Arrivals" en 2017 como parte de las políticas migratorias de Donald Trump y su equipo, el productor y músico hip-hop Swizz Beats asistió a la premiación de los Grammys 2018 con una gabardina del diseñador mexicano Ricardo Seco: con letra blanca sobre un rojo reluciente se inscribía en español la sentencia juarista. En la visita del presidente canadiense Justin Trudeau a México del 12 al 13 octubre de 2017, el Senado mexicano rompió en gritos fanáticos y ovaciones de pie cuando leyó en un español agringado la misma frase. Este fanatismo represivo de la Cámara mexicana, un síntoma muy común, dio entrada a un particular olvido del presente ya que Canadá no ha practicado por años el respeto entre las naciones del derecho a la propiedad ajena o lo aplicó con interpretación (neo)liberal en el

Extraktivismus missachtet oder dieses (neo)liberal interpretiert: Eine offizielle Bergbaustudie zeigte 2013, dass 70% aller in Mexiko tätigen Bergbaugesellschaften ausländisch sind.[2] 74% von ihnen weisen kanadische Beteiligungen auf, die lächerlich niedrige Steuern zahlen, das Land, in dem sie wirtschaften, verschmutzen und vergiften, miserable Löhne zahlen, sich über Arbeitsgesetze lustig machen und, basierend auf Korruption, indigenen und bäuerlichen Gruppen ihre Rechte vorenthalten.

Die Wiederholung des Satzes in spektakulären Schemata, die wahrscheinlich nicht so weit von der offiziellen Reiteration entfernt ist, kann ebenso zwiespältig wie lächerlich und wirkungsmächtig sein. Der Satz schwingt zum einen auch in der europäischen Migrationspolitik mit und zum anderen ertönt er in der mexikanischen Innenpolitik: In diesem

campo del extractivismo: un estudio oficial de la minería mostró en 2013 que del total de mineras que operan en México, el 70% son extranjeras. De éstas, el 74% tienen participación canadiense y pagan impuestos ridículamente bajos, contaminan y envenenan las tierras donde medran, pagan salarios miserables, se burlan de las leyes laborales y, a base de corrupción, despojan a campesinxs y a pueblos indígenas.[2] La repetición de la frase en esquemas espectaculares, probablemente no tan lejana a la reiteración oficial, podría ser tan ambigua como ridícula y potente. La frase resuena, por un lado, también en políticas migratorias europeas, y, por otro lado, en políticas interiores mexicanas: en este país actualmente no se considera el derecho ajeno de lxs que defienden la tierra contra grandes proyectos estatales (algunos de

Land werden die Rechte der Anderen, die das Land gegen staatliche Großprojekte (von denen einige sich unter der Fassade von Juárez verbergen) verteidigen, derzeit nicht berücksichtigt. Wir schreiben diese Zeilen ein paar Tage nach dem Mord an Samir Flores Soberanes – Aktivist, Bauer, Vermittler, Gemeindeleiter, Menschenrechtsverteidiger und Nahuatl-Delegierter des Nationalen Indigenen Kongress – am 20. Februar 2019. Samir Flores war einer der HauptgegnerInnen des Projekts Integral Morelos des mexikanischen Staates, das sich aus einer thermoelektrischen Anlage im Huexca-Gebiet, einer Gaspipeline, die die Bundesstaaten Morelos, Puebla und Tlaxcala durchqueren würde, sowie einem Aquädukt, das mehr als 6.000 LandarbeiterInnen Wasser vorenthalten würde, zusammensetzt.[3]

In einem Versuch, andere Menschen sowie das Nichtmenschliche – in diesem Falle Land

ellos articulados bajo la facia de Juárez). Escribimos estas páginas pocos días después del asesinato, el 20 de febrero de 2019, del activista, campesino, locutor, líder comunitario, defensor de derechos humanos y delegado náhuatl del Congreso Nacional Indígena Samir Flores Soberanes, uno de lxs principales opositorxs al Proyecto Integral Morelos del Estado México, que incluye una termoeléctrica a desarrollar en la zona de Huexca, un gasoducto que atraviesa los estados de Morelos, Puebla y Tlaxcala, y un acueducto que despojaría de agua a más de seis mil campesinxs.[3]

Como en un ejercicio de visualizar a otrxs humanxs así como lo no-humano –en este caso: la tierra–, *El derecho ajeno* se pregunta por la función del arte al momento de encontrarse ante las leyes, las historias

– ins Blickfeld zu rücken, fragt *Das Recht des Anderen* nach der Funktion der Kunst, wenn sie sich mit Gesetzen, Geschichten und der Gegenwart mit ihren kontinuierlichen strukturellen Ungleichheiten, unter anderem zwischen Nationalitäten und Geschlechtern, rassi(sti)sch-ethnischer, ökonomischer und ökologischer Art, konfrontiert sieht. Nach Jahrhunderten gewalttätiger Kolonialisierung, Landenteignung und Aneignung natürlicher und kultureller Ressourcen lanciert die Welt weiterhin politische Strukturen, die Nationalismen in ihrer neoliberalen Phase fördern. Kunst ist in diese Strukturen involviert und dient ihnen, sie hat aber auch das Potenzial, sich alternative Strukturen vorzustellen, über sie zu spekulieren, sie zu denken und/oder sie auszuprobieren. In diesem Paradox entfaltet sich auch dieser künstlerisch-kuratorische Essay.

y los presentes con sus continuas desigualdades estructurales entre nacionalidades y géneros, étnico-raciales, económicas y ecológicas, entre otras. Después de siglos de colonización violenta, despojo de tierra y apropiaciones de recursos naturales y culturales, el mundo sigue favoreciendo las estructuras políticas que promueven los nacionalismos en su fase neoliberal. El arte está implicado en estas estructuras, y las sirve, pero también tiene la potencialidad de imaginar, especular, pensar y/o probar estructuras alternativas. En ese oxímoron se despliega este ensayo artístico-curatorial.

Nuestro proyecto se pregunta por la tierra, la propiedad y la soberanía en ficciones globales, el arte popular, los delirios güeros, las traducciones y los coleccionismos como viajes de ida sin retorno, así

Unser Projekt hinterfragt Land, Eigentum und Souveränität in globalen Fiktionen, *güera* (weiße) Wahnvorstellungen, Populärkunst, Übersetzungen und Sammeln als Einbahnstraßen, sowie vergangene und zukünftige Migration. Was uns interessiert, ist, wie die politische, soziale, kulturelle und/oder künstlerische Absicht jeder Arbeit in diesem Projekt eine Grundlage bietet, um sich mit anderen Allianzen, Reibungen, Konversationen und Handlungen, die entstehen können, auseinanderzusetzen. Klarerweise können wir nicht, noch wollen wir, allen gekreuzten Geschichten zwischen Mexiko und Österreich nachgehen, aber wir versuchen, das Projekt durch die Absicht jeder Arbeit weiterzudenken. Von der Akkumulation durch Enteignung des (inneren) Kolonialismus bis zur ursprünglichen Akkumulation des Kapitals geht jeder Beitrag auf unterschiedliche Art

como las migraciones pasadas y las del porvenir. Lo que nos interesa es cómo la agenda política, social, cultural y/o artística de cada obra sostiene y proyecta una base para pensar sobre otras alianzas, fricciones, conversaciones y acciones por surgir. Claramente, no podemos (ni quisiéramos) cubrir todas las historias cruzadas entre México y Austria, pero intentamos abrir el proyecto a otros lugares a través de la agenda de cada trabajo. De la acumulación de desposesión del colonialismo (interno) a la acumulación primitiva del capital, cada contribución responde de manera diferente a la misma pregunta: ¿cuáles son las implicaciones del derecho ajeno en un presente que nos despoja, que nos enajena (hasta de la posibilidad de enunciar la enajenación)?

El derecho ajeno empieza a explorar desde las prácticas artísticas cómo pode-

und Weise der gleichen Frage nach: Welche Implikationen hat das Recht des Anderen in einer Gegenwart, die uns entkräftet, die uns entfremdet (und uns sogar die Möglichkeit nimmt, die Entfremdung beim Namen zu nennen)?

Das Recht des Anderen beginnt mit künstlerischen Mitteln zu erkunden, wie das Nichtmenschliche „unter den Individuen, wie zwischen den Nationen" seinen Platz finden könnte. Oder anders gefragt: Wie können wir das Recht dessen, was nicht menschlich ist, denken, zuerkennen und respektieren? Der unvollständige und zweisprachige Satz *El derecho ajeno | Das Recht des Anderen* lässt den Frieden noch unverwirklicht. Es bleibt viel zu tun.

1 Da jedes der Werke, die vom 11. bis 23. Oktober 2018 im Mexikanischen Kulturinstitut in Wien ausgestellt waren, spezifische Schlüsselfiguren erforschte, stellte Fernanda Dichi Kurzbiografien zusammen, die von Adán Quezada illustriert wurden.
2 Vgl. https://justiceprojectdotorg1.files.wordpress.com/2017/08/estudio-de-la-mineria-en-mexico-report.pdf.
3 Der CNI, der Indigene Regierungsrat (CIG) und die Zapatistische Nationale Befreiungsarmee (EZLN) erklärten „die schlechte Regierung und ihre Anführer, die Unternehmen und ihre legalen und illegalen bewaffneten Gruppen sind des Verbrechens [des Mordes an Samir Flores] schuldig". Vgl. http://enlacezapatista.ezln.org.mx/2019/02/20/pronunciamiento-del-cni-cig-ezln-ante-el-asesinato-del-companero-samir-flores-soberanes/. Im vergangenen Jahrzehnt waren in Mexiko 82 von 125 Land- und WasserrechtsaktivistInnen, die Opfer von Mord oder Verschwinden waren, Teil indigener Gruppen, überwiegend Nahuas, Purépecha, Rarámuris, Triquis und Wixárikas. Vgl. https://www.mexico.com/nuestras-causas/estos-108-mexicanos-were-suspended-by-defender-nuestros-bosques-y-rios/.

mos dejar entrar también a lo no-humano "entre los individuos como entre las naciones". O preguntado de otra manera: ¿Cómo podemos pensar, reconocer y respetar el derecho ajeno de lo humano? La frase incompleta y bilingüe *El derecho ajeno | Das Recht des Anderen* deja aún la paz como meta pendiente. Queda mucho trabajo por hacer.

1 Como cada uno de los trabajos mostrados en la exposición en el Instituto Cultural de México en Viena del 11 de septiembre al 23 de octubre de 2018 investiga a agentes claves específicxs, se realizaron breves relaciones biográficas hechas por Fernanda Dichi e ilustradas por Adán Quezada.
2 Para más, ver https://justiceprojectdotorg1.files.wordpress.com/2017/08/estudio-de-la-mineria-en-mexico-report.pdf
3 El CNI, el Consejo Indígena de Gobierno (CIG) y el Ejército Zapatista de Liberación Nacional (EZLN) responsabilizaron "por este crimen [asesinar a Samir Flores] al mal gobierno y sus patrones que son las empresas y sus grupos armados legales e ilegales". Para más, ver http://enlacezapatista.ezln.org.mx/2019/02/20/pronunciamiento-del-cni-cig-ezln-ante-el-asesinato-del-companero-samir-flores-soberanes/ En México, en la última década, 82 de 125 defensorxs de la tierra y el agua que fueron víctimas de homicidio o desaparición habían sido de pueblos indígenas, principalmente nahuas, purépechas, rarámuris, triquis y wixárikas. Para más, ver https://www.mexico.com/nuestras-causas/estos-108-mexicanos-fueron-asesinados-por-defender-nuestros-bosques-y-rios/.

Luis Felipe Fabre

Manchmal denke ich, dass das, was wir Literatur nennen, nichts anderes ist als die Geschichte schlechter Übersetzungen (2018) ist ein Sprechessay von Luis Felipe Fabre, aus dem wir einen Ausschnitt abdrucken. Er wurde im Rahmen der Eröffnung in Spanisch von Sofía Hinojosa und in Deutsch von Peter Haselmayer gelesen.

Diese Arbeit besteht aus Texten, Übersetzungen, Übersetzungen von Übersetzungen[1] und Zitaten von Isidro Fabela, einem mexikanischen Diplomaten (Fragmente aus seinem Protest gegen den „Anschluss" vor dem Völkerbund 1938); Gedichten der SchriftstellerInnen Ernst Jandl (übersetzt ins Spanische von der chilenischen Dichterin Camila Fadda), Ingeborg Bachmann (übersetzt ins Spanische von dem chilenischen Philosophen Breno Onetto und dem Übersetzer Jan Pohl) und Damaris Calderón (übersetzt ins Deutsche von der Übersetzerin Odile Kennel); sowie Worte der Dichter Paul Celan, Robert Frost und Homer. Der Sprechessay enthält auch Aussagen des derzeitigen Bundeskanzlers der Republik Österreich, Sebastian Kurz[2], Wortschwälle des aktuellen Präsidenten der USA, Donald Trump, und Kommentare über die Gipfeltreffen zur Flüchtlingskrise in der Europäischen Union von der Nachrichtenagentur *Aristegui Noticias* (Mexiko) und der Zeitung *El País* (Spanien).

Zwischen der Zelebrierung von Übersetzung und Missverständnis, zwischen dem promiskuitiven Gebrauch des Zitats und poetischem Kommentar, präsentiert Fabre einen

A veces pienso que eso que llamamos la literatura no es más que la historia de las malas traducciones (2018), el ensayo poético para lectura en voz alta de Luis Felipe Fabre, del cual se publica un fragmento, fue leído en español por Sofía Hinojosa y en alemán por Peter Haselmayer en el marco de la inauguración en Viena.

La obra se conforma por textos, traducciones, traducciones de las traducciones[1] y referencias de: Isidro Fabela, diplomático mexicano (fragmentos de su discurso de protesta ante la Sociedad de las Naciones en 1938); poemas de lxs escritorxs Ernst Jandl (traducido al español por la poeta chilena Camila Fadda), Ingeborg Bachmann (traducido al español por el filósofo chileno Breno Onetto y por el traductor hispano-alemán Jan Pohl) y Damaris Calderón (traducido al alemán por la traductora Odile Kennel); así como palabras de los poetas Paul Celan, Robert Frost y Homero. También incluye declaraciones del actual canciller de Austria, Sebastian Kurz[2], una verborrea del actual presidente de Estados Unidos, Donald Trump, y comentarios sobre las reuniones de crisis de desplazadxs de la Unión Europea extraídas de la agencia de noticias *Aristegui Noticias* (México) y el periódico *El País* (España).

Entre la celebración a la traducción y el malentendido, entre el uso promiscuo de la cita y el comentario poético, Fabre presenta un texto polifónico en cinco partes.

polyphonen Text in fünf Teilen. Die Neuverortung, die literarischer Migration und der Mestizierung von Gattungen und Diskursen implizit ist, stellt die aktuellen Krisen der Massenvertreibung von Menschen in ein Spannungsverhältnis zu einander.

Die Struktur des Textes und die politisch-poetische Klarheit als ständige Displacement-Übung versuchen, in Fabres Worten, Aussagen, die aus der Position politischer Macht getroffen werden, durch die „Ohnmacht" der Poesie zu sabotieren.

1 Fabre bat die Übersetzerin Nina Höchtl, die Gedichte und Fragmente, die in seinem Text zum Einsatz kommen und ursprünglich auf Deutsch verfasst wurden, „aus ihren spanischen Versionen zu übersetzen anstatt ihre ursprünglichen Versionen zu verwenden. Als Teil einer Verfremdungsübung wird so ihren Migrationen Rechnung getragen, damit andere – durch die Reise verändert, bereits in ihrer eigenen Sprache Fremde – anders zurückkehren, denn niemand kommt als der/dieselbe zurück."

2 Kurz vor Drucklegung dieses Buches ist die seit 2017 amtierende Regierung von Kurz durch ein Misstrauensvotum des Parlaments abgewählt worden. Ein Neuwahldatum steht noch nicht fest.

El desplazamiento implícito en las migraciones literarias y en los mestizajes de géneros y discursos, pone en tensión las crisis actuales de desplazamientos masivos de vidas humanas. La estructura del texto y la claridad político-poética como un ejercicio constante de desplazamientos, busca sabotear –según sus propias palabras– las declaraciones que se articulan desde el poder político mediante el "no poder" de la poesía.

1 Fabre pidió a la traductora Nina Höchtl que se tradujera los poemas y fragmentos utilizados en su texto, escritos originalmente en alemán, "de sus traducciones al español, en vez de recurrir a su versión original, como parte de un ejercicio de extrañamiento: para dar así cuenta de sus migraciones, para que vuelvan otros, enrarecidos, transformados por el viaje, extranjeros ya en su propia lengua, porque nadie regresa siendo el mismo/la misma."

2 Poco antes de la impresión de este libro el gobierno de Kurz, en el poder desde 2017, ha sido terminado por una moción de censura del Parlamento. Todavía no se conoce la fecha de las nuevas elecciones.

Es wird gesagt, dass es Robert Frost war, der sagte, daß es die „Poesie ist, die in der Übersetzung verloren geht", aber falls er es gesagt hat, sagte er es auf Englisch. Ich denke manchmal, dass die Poesie eher das ist, was in ihrer Übersetzung gerade erst beginnt: wenn sie anders und fremd wird.

*

Ich bin froh, dass ich gestern härter war / im Rahmen des aktuellen Konflikts / *dass was heute ist* / in den USA / *Eintritt verboten* / aufgrund der Trennung / *wird weiterhin an der Tür angebracht und niemand* / von Migrant*innenfamilien / *kommt, es regnet auch viel, wird* / im Auftrag der Regierung von Donald Trump, beschuldigte er die vorherigen Regierungen / *der Winter wie gestern sein, das heißt, wie vor einem Jahr* / für die Entscheidungen, die sie heute / *es war hart, in der Nachbarschaft* / in Bezug auf Einwanderungsangelegenheiten treffen. Außerdem gab er bekannt, dass / *niemand* / der Bau der Grenzmauer mit Mexiko bereits begonnen hatte / *denn niemand kommt.*

„Die schlechte Gesetzgebung der Demokraten ist Schuld / an den Trennungen / von Familien / an / der / Grenze. Die Grenzschutzgesetze / müssen geändert werden, aber die Demokraten können nicht / zusammen / handeln! Der Bau der Mauer / hat begonnen", hatte der Präsident / *gestern erstickte ich* / in einem Tweet / *ich konnte nicht mehr schreien* / diesen Dienstag / *heute könnte ich aber schreien* / mitgeteilt.

Das Thema / der Trennung / *im Mauerriss* / der Familien / *in einer* / Stunde der Angst, *ein schwarzer Käfer* / hat viel Stoff geliefert, über den es zu reden gibt / *er stellte sich tot* / da einige sich dachten / *er sei tot* / die Maßnahme ist ein Verstoß / *und ich lerne von ihm* / gegen die Rechte, insbesondere der Kinder / *ich stelle mich tot.* / Der Hohe Kommissar der Vereinten Nationen für Menschenrechte wies darauf hin, dass Hunderte von Kindern / *ohne Kind, ohne Geliebte* / ZentralamerikanerInnen / *ohne Radio, ohne Telefon,* / festgenommen wurden / *in diesem Mauerriss, verloren* / an der südlichen Grenze der Vereinigten Staaten / *auf diesem Planeten, in* / *diesem Berlin.*

Pressetext: https://aristeguinoticias.com
/0506/mundo/comenzo-la-construccion-
del-muro-anuncia-donald-trump/

„A la central de Telecomunicaciones de Berlín"
von Ingeborg Bachmann
http://el-placard.blogspot.com/2016/08/
poemas-de-ingeborg-bachmann.html

Ausschnitte aus Luis Felipe Fabres Sprechessay
*Manchmal denke ich, dass das, was wir Literatur nennen,
nichts anderes ist als die Geschichte schlechter Übersetzungen,* 2018.

3

Dicen que Robert Frost fue el que dijo aquello de que „poesía es lo que se pierde en la traducción", pero si lo dijo, lo dijo en inglés. Yo a veces pienso que la poesía más bien es aquello que recién empieza en su traducción: cuando se vuelve otra y extranjera.

*

Me alegro de que ayer fuera más duro / en el marco de la disputa actual / *que lo es hoy* / en Estados Unidos *lentrada prohibida* / debido a la separación / *siguen poniendo en la puerta y nadie* / de familias migrantes / *viene, también llueve mucho, vuelve* / por parte del gobierno de Donald Trump, el mandatario responsabilizó a las administraciones anteriores / *a ser invierno como ayer, es decir, como hace un año*/ de las decisiones que ahora / *entonces fue duro, en la vecindad* / se están tomando en materia migratoria. Además, anunció que / *nadie* / la construcción del muro fronterizo con México ya ha comenzado / *es que nadie viene.*

"Separar / familias / en / la / frontera / es culpa de la mala legislación aprobada por los demócratas. ¡Las leyes de seguridad fronteriza / deben ser cambiadas pero los demócratas no pueden actuar / juntos! Comenzó el / muro", señaló / *ayer, me asfixié* / el presidente a través de un tuit / *no podía gritar más* /este martes / hoy sí / *que podría gritar.*

El tema de / separación / en la grieta del muro / de familias / en un / segundo de *susto, un bicho negro* / ha dado mucho de qué hablar / *que se hacía el muerto* / debido a que algunos han considerado que / *hecho el muerto* / la medida es una violación / *y aprendo de él* / a los derechos, en especial de los niños / *me hago la muerta.* / La Oficina del Alto Comisionado de Naciones Unidas para los Derechos Humanos señaló que cientos de niños / *sin hijo, sin amante* / centroamericanxs / *sin radio, sin teléfono,* / han sido detenidos / *en esta grieta, perdida* /en la frontera sur de Estados Unidos / *en este planeta, en* / *este Berlín*

Nota de prensa:
https://aristeguinoticias.com/0506/mundo/
comenzo-la-construccion-del-muro-anuncia-
donald-trump/

"A la central de Telecomunicaciones de Berlín"
de Ingeborg Bachmann
http://el-placard.blogspot.com/2016/08/
poemas-de-ingeborg-bachmann.html

Fragmentos del ensayo oral de Luis Felipe Fabre *A veces pienso que eso que llamamos la literatura no es más que la historia de las malas traducciones,* 2018.

Vicente Razo

Das Archiv von Carlota Botey – mexikanische Anthropologin, Politikerin und Sozialaktivistin und Mutter des Künstlers Vicente Razo – dient diesem als Ausgangspunkt, um sich mit den Spuren des österreichischen Historikers Friedrich Katz auseinanderzusetzen. Dabei beschäftigt sich Razo mit Katz' Verbindung mit der Geschichte der mexikanischen Agrarreform und dem Spannungsverhältnis zwischen dieser Reform und den postrevolutionären Publikationsprojekten der künstlerischen und literarischen Avantgarde. Aufbauend auf einer visuellen Analyse der bibliographischen Materialien im Archiv, der ikonografischen und thematischen Wiederholungen und Abweichungen, stehen in *Landprobleme* (2018) einander zwei grafische Formen gegenüber: Offset- und Digitaldruck von Titelblättern der literarischen Avantgarde der 1930er Jahre (alle nahe an den Prozessen des Agrarkampfes: Kunst, Land, Rechte), die in *nichos* aus Blech eingerahmt sind. Diese *nichos*, die aus dem mexikanischen Bajío kommen, sind populäre Adaptierungen von Altarbildern und gleichzeitig von avantgardistischen visuellen Referenzen beeinflusst. Bajío ist jene kulturelle Region des Landes, die ebenso durch zwei Bergketten eingefasst ist wie durch einen prüden Stolz auf Religion, auf Mestizierung und auf eine Arbeitsteilung, die auf dem „sittlich-weißsein" (*blanquitud*) des/der KreolIn aufbaut. So entsteht eine Art von Gegensatzpaar aus Material und Ikonografie, das die Reste eines sakralen Säkularismus zum Vorschein bringt,

El archivo de Carlota Botey, antropóloga, política, luchadora social mexicana y madre del artista, sirve a Vicente Razo para explorar las huellas del historiador austríaco Friedrich Katz. Razo investiga el vínculo de Katz con la historia de la reforma agraria mexicana y su tensión con proyectos editoriales postrevolucionarios de la vanguardia artística y literaria. A partir de un análisis visual de los materiales bibliográficos contenidos en el archivo, de las repeticiones y desviaciones iconográficas y de las reiteraciones temáticas, se yuxtaponen dos registros de gráfica en *Los problemas de la tierra* (2018): reproducciones offset y digitales de portadas de la vanguardia literaria de los años treinta (cercanas a procesos de lucha agraria: arte, tierra y derechos), enmarcados en nichos de hojalata. Estos nichos, adaptaciones populares de los retablos religiosos provenientes del Bajío mexicano –región cultural del país enmarcada por dos Sierras Madre y por un orgullo mojigato en la religión, el mestizaje y el trabajo ordenado por la blanquitud del criollo– mantienen una relación de contaminación con los referentes visuales vanguardistas. Una suerte de oxímoron material e iconográfico que revienta los residuos de un secularismo sagrado en tensión con portadas de la historiografía de la revolución agraria, impulsada de manera crítica tanto por Katz como por Botey. Los nichos de Razo, no tan lejanos a una figuración popular

und zwar im Spannungsverhältnis zu Titelblättern jener Historiographie über die agrarische Revolution, die sowohl von Katz als auch von Botey kritisch betrieben wurde. Die *nichos* von Razo, nicht unähnlich einer populären Darstellung eines Juárez-Pantheons aus dem 19. Jahrhundert, hallen in einem anderen seiner Werke nach, in *Monument an den Konzeptkünstler* (2015): ein ephemerer Aufbau aus Bronze und Marmor, der einen kolossalen Kopf von Benito Juárez vor dem Haupteingang des ehemaligen Ministeriums für auswärtige Angelegenheiten im Stadtteil Tlatelolco (Mexiko Stadt) schlafen, träumen oder in den Himmel zu schauen ließ. Für *Das Recht des Anderen* schuf Razo Digitaldrucke der Fotodokumentation des Auf- und Abbaus des Kopfes auf Plastik-Polymeren, die einer Steinoberfläche gleichen. In *Amtliche Eigentumsurkunde Nummer 22,958* (2015) beschäftigt sich Razo hingegen mit der juristischen und administrativen Basis, die es dem aus Österreich stammenden Autor und Radikalpädagogen Ivan Illich ermöglichte, in den 1970er Jahren sein Interkulturelles Dokumentationszentrum in der Stadt Cuernavaca legal und offiziell zu eröffnen, von wo aus er dann seine anti-institutionellen Träume und Utopien gestalten sollte. Die Zusammenstellung dieser drei Werke untersucht die Visionen von Katz, Botey und Illich und hinterfragt Probleme, die sich aus den unaufgelösten Paradoxien zwischen Bild, Gebrauch und Recht ergeben – sei es im Zusammenhang mit Land, Bildung oder Fragen von Autonomie.

del panteón juarista del siglo XIX, reverberan en otra de sus obras: *Monumento al artista conceptual* (2015), un emplazamiento efímero de mármol y bronce que puso a dormir, a soñar o a mirar al cielo al menos, una colosal cabeza de Benito Juárez en la entrada principal de la antigua Secretaría de Relaciones Exteriores en Tlatelolco. Para su edición en *El derecho ajeno* se realizaron impresiones digitales sobre polímeros, que aparentan una superficie de piedra, de los registros fotográficos de su montaje y desmontaje. En *Escritura Pública 22,958* (2015) Razo explora, por otro lado, la base jurídica y administrativa para que el escritor y pedagogo radical Ivan Illich, quien provenía de Austria, fundara durante los años sesenta de manera legal y oficial el Centro Intercultural de Documentación en la ciudad de Cuernavaca, centro de operación desde el que construiría sus sueños y utopías anti-institucionales. La combinación de estas tres obras explora las visiones de Katz, Botey e Illich, al tiempo que cuestiona problemas resultantes de las paradojas irresueltas entre imagen, uso y ley, ya sea por la tierra, por la educación o por la autonomía.

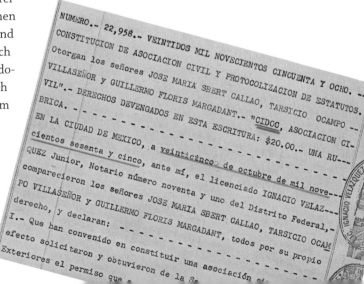

Sofía Hinojosa

Der künstlerische Konzeptualismus des mexikanischen Staates, der sich der schlafwandelnden Textaufgabe stellt und immer wieder „Respekt vor dem Recht des Anderen bedeutet Frieden" auf seine Monumente schreibt, wird auch in Straßenaltären wiederholt. Basierend auf einer 2017 in der Stadt Vista Hermosa im Bundesstaat Michoacán durchgeführten Fotodokumentation der Gruppe *Operación Hormiga* aktiviert Sofía Hinojosa in ihrem Essay *Über Länder und Republiken* (2018), von dem Ausschnitte abgedruckt sind, eine beliebte Allegorie, die aus einem komplexen Rahmen heraus sakrale Aspekte des nationalen Projekts der Säkularisierung schildert: Zwischen einer steinernen Jungfrau von Guadalupe, offen im Bildzentrum, und dem Satz von Juárez, von Hand geschrieben auf eine rosa Wand, entfaltet sich der drohende und sehr verbreitete Straßenhinweis, dass „Personen, die Müll wegwerfen, den Behörden übergeben werden". Das Verbot Müll wegzuwerfen und die Drohung vor das Gesetz gebracht zu werden, werden mit zwei kryptischen Allegorien der indigenen Souveränität rechtmäßig aufgeladen: Mit Juarez und der Jungfrau Guadalupe, denn die liberale Guadalupana-Republik hat Angst vor dem Müll in den Straßen (oder zumindest gibt das diese rosa Wandmalerei vor). Der Essay spannt einen Bogen vom Beginn des Zweiten Kaiserreichs unter Maximilian von Habsburg mit seinen europäischen Freiwilligen und deren Interessen hin zur gegenwärtigen Landverteilung im Gefolge der mexikanischen

El conceptualismo artístico del Estado mexicano, que se enfrenta a la sonámbula tarea textual de reinscribir sobre sus monumentos "El respeto al derecho ajeno es la paz", se replica también en altares populares y callejeros. Sofía Hinojosa escribe *De tierras y repúblicas* (2018), del cual se publican fragmentos, a partir de un registro fotográfico del colectivo Operación Hormiga realizado en 2017 en el pueblo de Vista Hermosa en el estado de Michoacán, una alegoría popular que diagrama aspectos sagrados del proyecto nacional de secularización: entre una virgen de Guadalupe de cantera y la frase juarista, escrita a mano sobre un muro rosa, se despliega la amenazante y muy difundida indicación callejera de que "la persona que tire basura será consignada a las autoridades". La prohibición a tirar basura y la amenaza de ser llevadx ante la ley se cargan de legalidad con las dos alegorías crípticas de la soberanía indígena: Juárez y la virgen Guadalupe, la república liberal guadalupana temeroas de la basura en las calles (o al menos así lo dice este muralismo rosa). En el ensayo, se entreteje cómo entró el segundo imperio de Maximiliano de Habsburgo con sus voluntarios europeos y sus intereses hasta llegar a la distribución actual de la tierra, después de la Revolución mexicana – vendida, arrendada, autónoma. El conde austriaco Carl Khevenhüller llegó a México como parte de estos voluntarios.

Revolution. Als einer dieser Freiwilligen kam der österreichische Graf Carl Khevenhüller nach Mexiko. Aufgrund seiner langen Freundschaft mit Porfirio Díaz (Präsident für die Einen und Diktator für die Anderen) gelang es Khevenhüller, eine Kapelle auf einem Landstück errichten zu lassen, von dem angenommen wird, dass Maximilian dort dreißig Jahre zuvor erschossen worden war. Äußere und innere Kräfte kämpfen weiterhin im und um Land, sie teilen es auf, verwalten es, beuten es aus und verschmutzen es immer wieder aufs Neue, während indigene und/oder bäuerliche Gruppen und ihre Alliierten es schützen, verteidigen, kultivieren und pflegen. Die Kampagnen der Einen und die Widerstandsparolen und -bilder der Anderen sind auf den Wänden im ganzen Staat zu finden. Das Land hat sein Recht, es ist das humane Recht des Anderen. Respekt vor dem Land bedeutet Leben.

Por su larga amistad con Porfirio Díaz (presidente para unxs y dictador para otrxs), Khevenhüller logró la construcción de la capilla de Maximiliano en un terreno donde se supone que había sido fusilado treinta años atrás. Las fuerzas externas e internas siguen luchando en y por la tierra, la dividen, administran, extractan, contaminan una y otra vez mientras tanto los grupos indígenas y/o campesinos y sus aliadxs la protegen, defienden, cultivan y cuidan. Se pueden ver las campañas de lxs unxs y las frases e imágenes de resistencias de lxs otrxs en los muros en todo el país. La tierra tiene un derecho por sí misma, es el derecho ajeno de lo humano. El respeto a la tierra es la vida.

Se consigna
a toda perso
basura en
"El Respeto
ajeno... ES L
B. Juarez

…y denunciaré

…que tire

…ste lugar!

…derecho

Pliz

Wenn der Krieg gewonnen ist, erscheint das Kaiserreich: die Unterworfenen und das Territorium.

Es gibt nur wenige Länder, in denen ein König jemals verurteilt wurde. Während in fernen Ländern „Tod dem Kaiser" geschrien wurde, gab es hier einen Militärprozess, ein Verhör, Anwälte und Liberale. Ja, es gab Wut, aber sie tarnte sich vor dem Gesetz. Als Charlotte schon nicht mehr in diesem Land war, stürzte Maximiliano von einem Hügel in Querétaro. Wir schreiben das Jahr 1867, die Republik restaurierte sich und die Kirche wurde kleiner. Nur ein paar Jahre davor war in der gleichen Region – jedoch weiter im Norden – die Sklaverei abgeschafft worden. Die Adeligen gingen verängstigt weg, Khevenhüller floh nach Afrika. Er sagte, dass er mehr Wärme erleben wolle. Die Expansionsphantasien weit entfernter Kaiserreiche lösten sich in Rauch auf.

Das Kaiserreich endete.

Jetzt schreiben wir ein anderes Jahrhundert und auf das Land haben wir fast vergessen. 51 Kilometer von dem Land entfernt, das die Geburt des General Lazaro Cardenas sah, liegt Vista Hermosa, Michoacán, wo zu unterschiedlichen Zeiten Hektar an Brachland an Grundbesitzer wie auch an Bauern immer wieder neu verteilt wurden. „Das Land ist ein Recht", riefen die Revolutionäre lautstark; und jetzt gibt es ein Gesetz, das die Produktivität des Landes regelt, während wir vergessen, dass es immer produktiv ist.

Das Kaiserreich endete niemals, warnte uns Philip K. Dick, aber wie so oft ignorieren wir Science Fiction. Wem gehört ein Stück Land? Das ist der Streit zwischen Unternehmen, Bergbaufirmen, Brauereien und vielen anderen. Angesichts der verlorenen Kämpfe verändert sich die Geographie und auch die Politik, und dabei bleibt die Republik gefährdet. Und das Andere? Hier machen wir weiter: Das Land bleibt, auch wenn alles verloren ist.

Ausschnitte aus Sofía Hinojosas Essay
Über Länder und Republiken, 2018.

El imperio aparece cuando se gana la guerra: sometidos y territorio.

Son pocas las tierras en donde se ha condenado alguna vez al rey. Mientras en tierras lejanas se ha gritado: ¡Muera el emperador! acá hubo un juicio militar, con interrogatorio, abogados y liberales. Sí había furia, pero se disimuló ante la ley. Maximiliano cayó bajo un cerro en Querétaro y Carlota ya no estaba en esta tierra. Es 1867 y la república se restauró y la iglesia se hizo chiquita. Tan sólo un par de años antes, en la misma región –pera más al norte– la esclavitud se había abolido y espantados los nobles se fueron, Khevenhüller huyó hacia África, decía que quería experimentar más calor. Las fantasías de expansión de imperios lejanos se hicieron vapor.

El imperio tuvo fin.

Ahora es otro siglo y del campo nos hemos –casi– olvidado. A 51 kilómetros de la tierra que vio nacer al general Lázaro Cárdenas, se encuentra Vista Hermosa, Michoacán, en donde hectáreas de tierras ociosas fueron redistribuidas en distintos tiempos, tanto a hacendados como a campesinos. La tierra es un derecho, clamaban los revolucionarios y ahora hay una ley que regula la productividad de la tierra (nos olvidamos que ésta siempre es productiva).

El imperio nunca tuvo fin. Nos advertía Philip K. Dick, pero tantas veces no hacemos caso a la ciencia ficción ¿De quién es un cacho de tierra? La disputa es de empresas, mineras, cerveceras, y ajenas. Ante las batallas perdidas, la geografía es la que cambia, la política también y la república queda en entredicho. ¿Y lo ajeno? Acá seguimos: la tierra permanece cuando se ha perdido todo.

Fragmentos del ensayo de Sofía Hinojosa
De tierras y repúblicas, 2018.

CHIKIDRAMA

In einem Logo für T-Shirts rekontextualisiert Natalia Millán und ihr Arte prêt-à-porter Chikidrama wiederum die berühmte Aussage *Das Recht des Anderen* (2018) als Allsehendes Auge – das berühmte Symbol der Freimaurer. Chikidrama nutzt auf diese Weise Kleidung als Kommunikationsmedium und verweist auf den Mythos, dass sowohl Juárez als auch Maximilian Freimaurer gewesen seien. Diese Legende gab Anlass zu Spekulationen: Juárez habe Maximilians Hinrichtung angeblich verhindert, da sie sich als Freimaurer verpflichtet hatten, einander zu schützen. Zudem wird gesagt, dass Juárez Maximilian freies Geleit nach El Salvador gegeben habe, wo dieser für den Rest seiner Tage unter dem Namen Justo Armas gelebt habe. Es gibt keinen historischen Zweifel, dass Juárez die Freimaurerei praktizierte, über die Mitgliedschaft von Maximilian wird jedoch immer noch gestritten. Wie dem auch sei, durch die Transaktion von Chikidrama ist es nun allen möglich, ihre Affinität zur Schau zu tragen, das Recht des Anderen zu respektieren (um Frieden zu erreichen). Eine Botschaft, die Maximilian – laut den der Künstlerin zur Verfügung stehenden Quellen – als Leichnam in die österreichisch-ungarische Monarchie mitbrachte. Eine Weisheit und eine Herausforderung, die jetzt als T-Shirts erworben werden können.

Natalia Millán con Chikidrama, su Arte *prêt-à-porter*, recontextualiza la declaración famosa *Das Recht des Anderen* (2018) al compás masón –el famoso emblema de la orden– en un logotipo para una playera. De esta manera, Chikidrama hace uso del vestido como medio y soporte de comunicación aludiendo al mito de que tanto Juárez como Maximiliano eran masones. Este mito ha dado lugar a especulaciones: se supone que por ello Juárez debió evitar que Maximiliano fuera fusilado, dada su obligación de protegerse entre sí. Se cuenta también que le dio un salvoconducto hacia El Salvador para que ahí viviera por el resto de sus días, bajo el nombre de Justo Armas. Juárez practicaba la masonería sin duda histórica, sin embargo, la pertenencia masónica de Maximiliano todavía se discute. A fin de cuentas, a través de la operación de Chikidrama, es posible transmitir, a quien la porta, su afinidad con el respeto del derecho ajeno (para alcanzar la paz); mensaje que Maximiliano –según las fuentes de la artista– devolvió en forma de cadáver al Imperio austrohúngaro. Sabiduría y reto que ahora se pueden adquirir en forma de playera.

Nina Höchtl

Ein Fund in der digitalen Archäologie des Jahres 2211 erneuert die Obsession der bildenden Künstlerin Nina Höchtl. Zwischen Produkten aus *Ixtle* – eine Naturfaser, die hauptsächlich mit Hilfe ausbeuterischer Arbeitsverhältnisse im Südosten Mexikos gewonnen wird – stellt eine Gruppe unbekannter KünstlerInnen das Schlüsselkonzept von Höchtls Arbeit während ihres Aufenthalts in Mexiko nach: das *delirio güero*, den „weißen Wahn". Die Bilder und Texte von Reisen des selbsternannten Entdeckers und Künstlers Jean-Friedrich Waldeck und des Architekten und Forschers Teobert Maler auf der Halbinsel Yucatan im 19. Jahrhundert sowie die Entdeckung der Designs und Berichte von Maximilian von Habsburg und dessen Faszination für die *Ananas comusus* dienen der „gefundenen" Arbeit als Vorwand: fruchtige und wildwachsende Fantasien als allegorische Kernstücke. Mit diesem Prozess werden die jeweiligen Personen und die Art, wie sie ihre wissenschaftliche Autorität und ihre Macht zur Schau stellten, hinterfragt. Das Video umfasst auch Höchtls Aufenthalte am Anfang des 21. Jahrhunderts sowie von ihrem entfernten Verwandten, dem Schwindler Anton „Toni" Mayr, der als Freiwilliger mit Maximilian nach Mexiko kam.

Dieses Video, das auf Youtube-Servern – ein transnationales Unternehmen, das im frühen 21. Jahrhundert gegründet wurde und sich darauf konzentrierte, Werbespots unter der Fiktion des freien Vertriebs von bewegten Bildern zu streamen – gefunden

Un hallazgo de arqueología digital del año 2211 hace retornar la obsesión de la artista visual Nina Hoechtl. Entre productos de ixtle –fibra vegetal principalmente extraída por vía de explotación laboral en el sureste mexicano– y alucinaciones orgánicas, un grupo de artistas sin identificar reactúa el concepto clave de la obra de Hoechtl durante su estancia en México: el "delirio güero". La obra "encontrada" toma como pretexto las imágenes y textos de los viajes decimonónicos del autodenominado explorador/artista Jean-Friedrich Waldeck, y del arquitecto/investigador/fotógrafo Teobert Maler a la Península de Yucatán, así como las cartas de Carlota de Sajonia-Coburgo y Orléans, y el descubrimiento de los diseños y testimonios que despliegan la fascinación de su esposo Maximiliano por las piñas, *Ananas comusus*: fantasías frutales y selváticas tornadas en claves alegóricas para leer las propias figuras en las que auto-representaba su autoridad científica y poder. También se recorre el camino de Hoechtl por México al principio del siglo XXI así como de un lejano antepasado suyo quien siguió como voluntario a Maximiliano, el estafador Anton "Toni" Mayr.

Este video encontrado en los servidores de Youtube –una transnacional que emergió a inicios del siglo XXI y dedicada a bombardear anuncios comerciales bajo la ficción de la distribución gratuita de imágenes en movimiento–, se reactúa en

wurde, wird in *Delirio Güero | Weisser Wahn 2211, 2018, 1825 und zurück* nachgespielt. Zudem wird Höchtls Physiognomie aus einer 3D-Rekonstruktion und Latexabdrucken wiederhergestellt, um alle Teile jener Geschichten zu durchleuchten, die Höchtl evozierte. So fächert die Arbeit die fatalen Folgen der Anmaßung imperialer Rechte auf, die als ein Teil der Zerstörung verschiedener Welten erfunden und verbreitet wurden. Oder anders ausgedrückt – die Konsequenzen der Praxis, über das Recht des Anderen hinwegzusehen – jene Erwartungen an eine bestimmte epistemologische und ethische Ordnung, die aus Wahnvorstellungen vermeintlicher Prinzipien wissenschaftlicher und künstlerischer Autorität entsteht und auf ökonomischer und politischer Ausbeutung von Arbeitskräften sowie von natürlichen und kulturellen Ressourcen fundiert.

Delirio güero 2211, 2018, 1825 y de vuelta. Se recupera, incluso, la propia fisonomía de Hoechtl a partir de reconstrucciones 3D e impresiones comunes en látex para escudriñar cada parte de las historias que Hoechtl evocó. De esta manera se despliegan las consecuencias fatales de arrogarse derechos imperiales, que fueron fabricados y distribuidos como parte de la destrucción de mundos diversos, o, en otras palabras, de pasar por alto el derecho ajeno: esa expectativa a un cierto orden epistemológico y ético originado por delirios de supuestos principios de autoridad científica y artística, y fundamentados por condiciones de explotación económica, política, laboral y de recursos naturales y culturales.

José Arnaud-Bello

Aufbauend auf den Masken der Volkskunst-sammlung der Anthropologin und Sammlerin Ruth Deutsch Lechuga verweist José Arnaud-Bello in seinem Video *Im Rudel gegen Prokrustes* (2018) auf den Mythos des Prokrustes: der grausame Schmied und griechische Wirt, der es genoss, seinen Gästen die Gliedmaßen auseinanderzuziehen oder abzuhacken, damit sie in jenes Bett passten, das er ihnen anbot. Die digitale Animation von Archiv-materialien, Ausschnitten von Masken, Auf-zeichnungen von Ritualen und Porträts von Politikern verwebt die Reflexion über den Kontext und die Motivation Lechugas, ihre Sammlung zusammenzustellen, mit der These Arnaud-Bellos, dass Prokrustes gar nicht gestorben sei: „Spuren seiner Handlungen können in jeder Klassifizierung, Verallgemei-nerung, Homogenisierung und Abstraktion der Geschichte; in jeder hegemonialen Macht-übernahme; bei jeder Verfolgung; bei jedem Versuch, die Welt, die uns umgibt, als eine Reihe isolierter Ereignisse zu beschreiben, gefunden werden."

Arnaud-Bellos Forschung zeigt zwei Aspekte einer persönlichen Sammlung: die anthropologische Darstellung jeder einzelnen Maske, in der das Ritual beschrieben wird, obwohl die Masken selbst bereits ihren rituellen oder symbolischen Wert verloren haben; und den subjektiven Blick der Samm-lerin selbst, in dem das „Populäre" als neue Heimat im Exil erscheint, das ihr Mexiko gewährte (wo sie sogar für die Regierung arbeitete). Durch die Aufnahme solcher

A partir de las máscaras de la colección de arte popular de la antropóloga y coleccionista Ruth Deutsch Lechuga, José Arnaud-Bello alude en su video *Manadas contra Procusto* (2018) al mito de Procusto. El cruel herrero y posadero griego que gozaba de estirar o cortar a sus huéspedes para hacerlos encajar en la cama que les ofrecía. La animación digital de materiales archivísticos, recortes de máscaras, regis-tros de rituales, y retratos de políticos entreteje la reflexión sobre el contexto y las razones de Lechuga de coleccionar con la tesis de Arnaud-Bello de que Procusto no ha muerto: "Se pueden encontrar ras-tros de sus acciones en cada clasificación, generalización, homogeneización y abs-tracción hechas en la historia; en cada toma hegemónica del poder; en cada persecución; en cada intento por describir el mundo que nos rodea a través de una serie de hechos aislados."

Su investigación revela dos condiciones de una colección personal: la figuración antropológica de cada una de las másca-ras, en las que se describe el ritual aunque las máscaras mismas ya perdieron todo su valor ritual o simbólico; y la mirada subje-tiva de la propia coleccionista, en la que "lo popular" parecía figurarse como una especie de nueva casa en el exilio que le concedió México (hasta trabajar para el Gobierno). Al incorporar este tipo de co-lecciones personales a colecciones oficiales se clasifican las culturas indígenas para

persönlichen Sammlungen in offizielle Sammlungen, werden indigene Kulturen klassifiziert und ihre Aneignung durch den Staat perpetuiert, während zur gleichen Zeit die Menschen selbst marginalisiert bleiben. Was würde es bedeuten, stattdessen die Rechte der indigenen Kulturen und Menschen sowie der Masken selbst zu respektieren? Wäre es nötig, sowohl das humane Recht des Anderen sowie das Recht der Natur, des Heiligen oder des Magischen, als auch das Recht des Anderen innerhalb der Menschen, das Recht, ein(e) Andere(r) zu sein, zu respektieren? Könnten wir als *multitude,* als ein Rudel unter den Masken Stärke finden und Prokrustes so in Schach halten?

perpetuar su apropiación por parte del Estado, al mismo tiempo que se mantienen marginalizadas a las personas. ¿Qué significaría respetar los derechos de las culturas y personas indígenas así como los de las máscaras mismas? ¿Habría que respetar tanto el derecho ajeno de lo humano como el derecho de la naturaleza, de lo sagrado o lo mágico, y también el derecho ajeno dentro de lo humano, el derecho a ser Otrx? ¿Podríamos encontrar fuerza como una multitud, como una manada abajo de las máscaras y mantener a raya a Procusto?

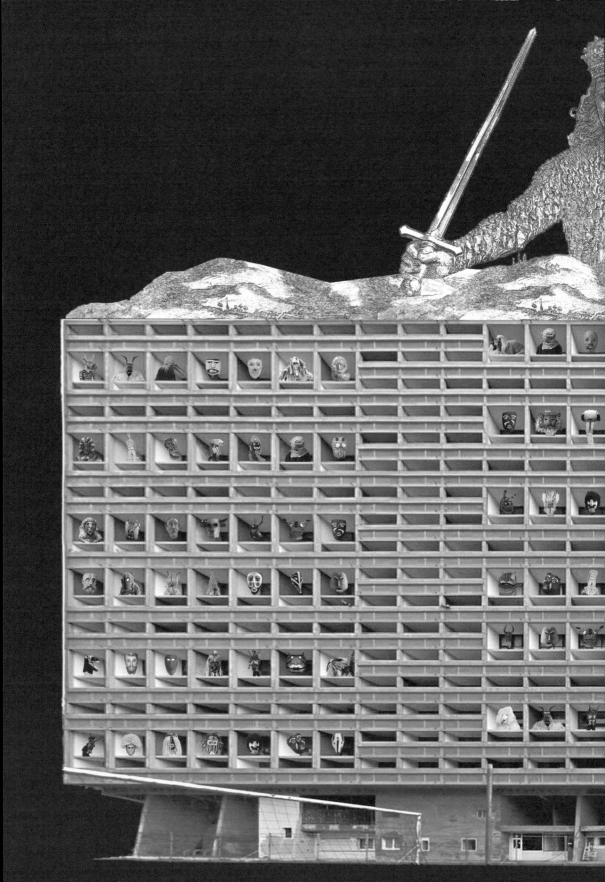

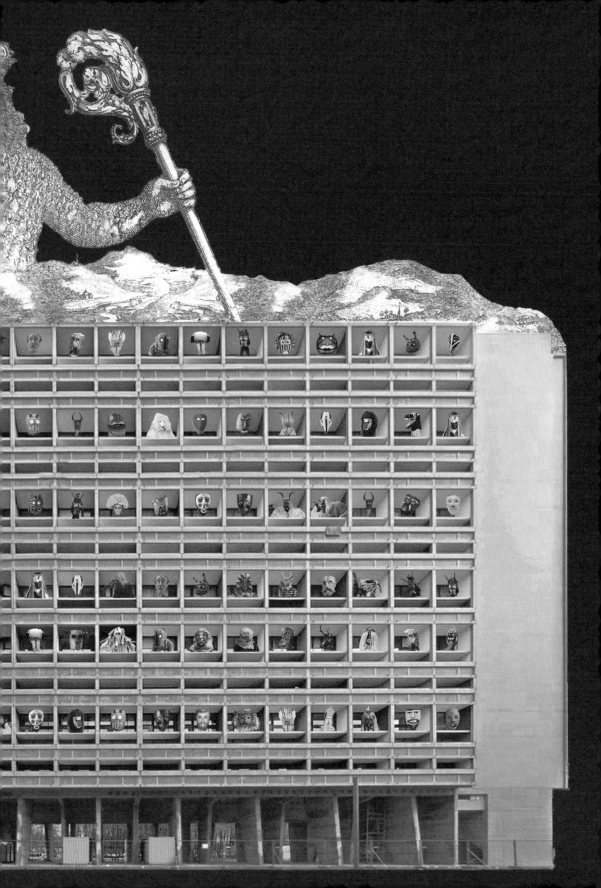

Luisa Pardo

Die Theatergruppe Lagartijas Tiradas al Sol präsentierte Luisa Pardos Arbeit *Im Zeichen des Falschen* (2018), aus der ein Fragment abgedruckt wird, in Kollaboration mit Carlos López Tavera, Gabino Rodríguez Liner und Juan Leduc im Österreichischen Lateinamerika-Institut in Wien.

Die Arbeit beruht auf Texten und Bildern des mexikanischen Diplomaten Gilberto Bosques Aussagen über Abrüstung von António Guterres, dem Generalsekretär der Vereinten Nationen. Zitate aus offiziellen Handbüchern über die Diplomatie. Definitionen von Reisepässen, Visa, Youtube-Material von Flüchtlingen. Referenzen aus der mexikanischen Zeitung *Regeneración*. Nachrichten von der Karawane der zentralamerikanischen Mütter. Erzählungen von ZeitzeugInnen über den Spanischen Bürgerkrieg. Spannungen und Versäumnisse im Verhältnis zwischen Mexiko und den Vereinigten Staaten. Die Kritzelei des Diplomaten Gilberto Bosques. Auseinandersetzungen zwischen der Dokumentarfilmerin Liliam Lieberman und der Historikerin Daniela Gleizer über die Rolle von Bosques. Zitate der Journalistin Patricia Simón und der Autorin Valeria Luiselli. Wortschwälle, wieder von Donald Trump. Reisepässe, Visa, Dokumente.

Pardos Inszenierung gibt einer dokumentarischen Untersuchung Form. Diese arbeitet jene Prozesse auf, die multiple Migrationsbewegungen beeinflussen, die ihrerseits von unterschiedlichen Formen der Gewalt ausgelöst wurden. Das Stück stellt die heutige

El grupo de teatro Lagartijas Tiradas al Sol presentó *Bajo el signo de lo falso* (2018), del cual se publica un fragmento, de Luisa Pardo con la colaboración artística de Carlos López Tavera, Gabino Rodríguez y Juan Leduc en el Instituto Austriaco para América Latina, en Viena.

Su obra se construye a partir de textos e imágenes de Gilberto Bosques, diplomático mexicano. Palabras en torno al desarme de António Guterres, Secretario General de las Naciones Unidas. Citas de manuales oficiales sobre diplomacia. Definiciones de pasaportes, visas, material de YouTube de refugiadxs. Referencias del periódico *Regeneración* (México). Noticias de la Caravana de Madres Centroamericanas. Testimonios sobre la guerra civil española. Tensiones y omisiones entre México y Estados Unidos. El Doodle de Gilberto Bosques. Confrontaciones sobre el papel de Bosques entre la documentalista Liliam Liebermann y la historiadora Daniela Gleizer. Citas de la periodista Patricia Simón y de la escritora Valeria Luiselli. Verborrea, de nuevo, de Donald Trump. Pasaportes, visas y documentos.

La puesta en escena de Pardo da forma a una investigación documental basada en los procesos que influyen en los múltiples desplazamientos migratorios causados por distintas formas de violencia. Se contrasta la situación actual de miles de personas que buscan amparo internacional, ante la perspectiva histórica que impone

Situation Tausender Menschen, die internationalen Schutz suchen, der historischen Perspektive der Unterstützung von Flüchtlingen des Franco-Faschismus und des Nationalsozialismus gegenüber. Sich auf verschiedenen textlichen Oberflächen vor und zurück bewegend, entwickelt Pardo eine Szene, die, ausgehend von einer Lecture Performance, eine Reihe von Zeichen des Falschen und zeitgenössische Oberflächen auffächert, um aktuelle politische Figurationen rund um globale Vertreibungen zu verstehen. Vor den Dokumenten tauchen Gespenster von Personen ohne Papiere auf und fragen nach dem Recht, ihre Rechte wiederherzustellen.

el apoyo que brindó a refugiadxs que escapaban del Franquismo y del Nazismo. De ida y vuelta sobre múltiples superficies textuales, Pardo desarrolla una escena que despliega, desde lo que ella llama conferencia performativa, una serie de signos de lo falso, superficies contemporáneas para intentar entender las figuraciones políticas actuales en torno a los desplazamientos globales. Frente a los documentos, el fantasma de indocumentadxs aparece y se pregunta por el derecho de que se restauren sus derechos.

Ich muss gestehen, dass ich noch nie eine Immigrantin oder ein Flüchtling war und ich nie wirklich mit diesen Realitäten gelebt habe. Diese Geschichte ist ein bisschen verwirrend und ich weiß nicht, wo ich den Schwerpunkt setzen soll. Vielleicht sollte das offen gelassen werden, wie die Grenzen. Im Arbeitsprozess habe ich einmal in Bezug auf die Migrations- und Flüchtlingskrise Fragen gestellt: Was sollten die Länder tun, vor allem die reichen? Die Grenzen für alle öffnen? Nein? Für wen schon und für wen nicht? An diesem Tag hatte ich Mut, denn Mexiko nahm Tausende von SpanierInnen auf und Spanien hatte zu Beginn des Jahres 2018 nur 11% der von ihnen versprochenen syrischen Flüchtlinge aufgenommen. Ich hatte Wut, denn jene Kriege, die Gesellschaften niederbrennen und Länder zerstören, werden oft durch das Eingreifen dieser reichen Länder, die ihre Grenzen gegenüber dem Horror schließen, erzeugt. Die Geschichte von Gilberto Bosques betrübt mich, vor allem die Kontroverse, und sie gibt mir zu denken, was auch immer jemand tut, jemand der aus Solidarität und mit Mut andere Menschen rettet, ist unschätzbar wichtig, genauso wie ein Land, das mit Empathie auf seine verletzlichen Nachbarländer schaut, ein Land, das Positionen zugunsten der der ZivilistInnen einnimmt, ein Land, das sich an die Schrecken des Krieges erinnert und sie vermeidet. Gilberto Bosques war ein Held und ein Bürokrat, beides oder auch keines von beiden.

Ich lebe in einem Land, das wie kaum ein anderes offene Türen hat, aber es hört nicht auf, rassistisch und klassistisch zu sein, wie fast alle anderen. Die Gründe, warum Menschen aus ihren Ländern fliehen müssen, hören **einstweilen** nicht auf. Und ich denke, wir sollten alle dorthin gehen können, wohin wir wollen. Ich wiederhole diesen Satz von Patricia Simón: Die Falle, den Vorrang des Rechts auf Schutz über das Recht auf Reisefreiheit zu akzeptieren, indem **die Rechte in Privilegien umgewandelt werden**, ist ein Trugschluss, der den Wert mancher Leben dem anderer unterordnet. Valeria Luiselli sagt: „Eine Flüchtlingsbevölkerung ist eine Bevölkerung, für die eine Regierung verantwortlich ist. Und für eine illegale Bevölkerung ist sie das nicht. Wenn eine Regierung keine Verantwortung für eine Bevölkerung übernehmen will, bezeichnet sie diese als illegal, kriminalisiert sie."

Abschliessend hören wir ein paar aktuelle Schlagzeilen:
– Laut offiziellen Angaben wurden in Mexiko zwischen 2015 und März 2018 495.590 Personen ohne Einwanderungsdokumente festgehalten, die Mehrzahl an der Südgrenze.
– Um die Migration zu stoppen, verstärkt Mexiko den Einsatz von Gendarmen an der Südgrenze und lässt Flüchtlinge in der Schwebe.
– Vier der ärmsten Länder der Welt finden sich unter den Hauptziell ändern für Flüchtlinge.
– 70% der Flüchtlinge der Welt kommen aus Syrien, Palästina, Afghanistan, Südsudan und Myanmar.
– Italien ist überfordert und fordert andere EU-Länder auf, mehr Flüchtlinge aus dem Mittelmeerraum aufzunehmen.
– Österreich wird von Flüchtlingen bis zu 840 Euro für einen Asylantrag im Land verlangen.
– Spanien hat 168 Millionen Euro ausgegeben, um die Ankunft der Kanus auf den Kanarischen Inseln zu stoppen.
– Die Europäische Migrationspolitik als neue Form des Kolonialismus
– Je elender, desto „willkommener"
– „Wir können keinen Flüchtling aufnehmen, aber wir wollen das auch nicht tun."

Ausschnitte aus Luisa Pardos Arbeit
Im Zeichen des Falschen, 2018.

Por último, escuchemos algunos encabezados recientes::

– **Según datos oficiales, entre 2015 y principios de 2018 en México se han detenido a 495,590 personas sin documentos migratorios, la mayoría en la frontera sur.**

– **México aumenta el despliegue de gendarmes en la frontera sur para frenar la migración.**

– **México deja a refugiados en el limbo.**

– **Cuatro de los países más pobres del mundo se hallan entre los principales acogedores de población refugiada**

– **El 70% de los refugiados del mundo proceden de Siria, Palestina, Afganistán, Sudán del Sur y Myanmar.**

– **Italia está sobrecargada y llamó a otros países de la UE a aceptar más refugiados del Mediterráneo.**

– **Austria cobrará hasta 840 euros a los refugiados por solicitar asilo en el país.**

– **España ha gastado 168 millones de euros en frenar la llegada de cayucos a Canarias.**

– **La política migratoria europea como nueva forma de colonialismo.**

– **Cuanto más desgraciados, más 'bienvenidos'**

– **"No podemos recibir a ningún refugiado, pero tampoco es que queramos hacerlo**

He de confesar que para mí, que nunca he sido inmigrante ni refugiada ni nunca he convivido realmente con esas realidades, esta historia es un poco confusa y no sé dónde debería poner el acento. Quizá es algo que deba quedar abierto, como las fronteras.

En el proceso, un día, lancé la pregunta ante las crisis migratorias y de refugiados ¿qué deberían hacer los países, sobre todo los ricos? ¿abrir sus fronteras a todos? ¿no? entonces ¿a quiénes sí y a quiénes no? Ese día tenía coraje, porque México recibió a miles de españoles y, a principios de 2018, España sólamente había recibido un 11% de los refugiados sirios que había prometido.

Tenía coraje porque esas guerras que queman sociedades y destruyen países, se generan, muchas veces, por la intervención de estos países ricos que cierran sus fronteras al horror.

La historia de Gilberto Bosques me perturba, sobre todo la controversia, Gilberto Bosques fue héroe y burócrata, las dos cosas, o ninguna.

Vivo en un país que se dice de puertas abiertas, como pocos, pero no deja de ser racista y clasista, como casi todos. **Mientras tanto**, no cesan las razones por las que las personas tienen que huir de sus países. Repito esta frase de Patricia Simón: caer en la trampa de aceptar la prevalencia del derecho al refugio sobre el derecho a la libre circulación, **convirtiendo derechos en privilegios**: la falacia de supeditar el valor de unas vidas sobre otras. Valeria Luiselli dice: "Una población refugiada es una población con la cual un gobierno tiene una responsabilidad. Y una población ilegal, no. Si un gobierno no quiere hacerse cargo de una población, pues la llama ilegal, la criminaliza."

Fragmentos del trabajo de Luisa Pardo
Bajo el signo de lo falso, 2018.

Büro trafo.K

¿Y QUÉ PUEDO
HACER YO EN CONTRA?
Programa público para el proyecto
Historias cruzadas

¿UND WAS KANN
ICH DAGEGEN TUN?
Öffentliches Programm für das Projekt
Gekreuzte Geschichten

Mexiko hat im März 1938 als einzige Nation vor dem Völkerbund gegen den sogenannten „Anschluss" Österreichs an Nazi-Deutschland protestiert. Die Protestnote setzte ein Zeichen und zeigt, dass es möglich – wenn auch selten – war, nicht einverstanden zu sein. Das Gedenken an diese Protestnote und die Beschäftigung mit den Interventionen von Thomas Fatzinek auf dem Mexikoplatz, die eine transnationale Perspektive auf historische Ereignisse und unterschiedliche Formen des widerständigen Handelns eröffnen, waren nicht nur Anlass, sondern auch Auftrag für die Vermittlung von trafo.K. Die Einladung, ein Vermittlungsprogramm für das Projekt „Gekreuzte Geschichten. Mexikoplatz 1938–2018" zu entwickeln, ermöglichte es uns, mit einem Öffentlichen Programm[1] und Workshops, unterschiedliche AkteurInnen zu involvieren und die vielfältigen Zugänge zu Geschichte, die das Projekt selbst bereits zusammenführte, vor dem Hintergrund der aktuellen Entwicklungen in Österreich zu diskutieren und voranzutreiben. Im Zentrum standen daher die beiden Fragen danach, was geschehen ist und was dies für die Gegenwart bedeutet. Eine Gegenwart, so formulierte es Heinz Fischer in seiner Eröffnungsrede, „in der Österreich selbst Ziel für Kriegs- und Diktaturflüchtlinge ist. [Das Projekt] verbindet historische Erinnerung mit aktueller Problematik und schafft im öffentlichen Raum Bewusstsein dafür, was Solidarität in schwierigen Zeiten bedeutet oder bedeuten sollte."[2] Wie also kann Gedenken in aktuelle, solidarische Handlungsformen transformiert werden? Und welche Möglichkeiten gibt es heute, angesichts einer sich faschisierenden Gesellschaft gegen Unrecht aufzutreten – auch wenn Viele still sind? Wie in allen unseren Projekten ging

México fue la única nación que protestó ante la Sociedad de Naciones en marzo de 1938 contra la anexión de Austria a la Alemania nazi. La nota de protesta sentó un precedente y muestra que era posible –aunque infrecuente– no estar de acuerdo. La conmemoración de esa nota de protesta y el análisis de las intervenciones de Thomas Fatzinek en la Plaza de México, que abren una perspectiva transnacional sobre acontecimientos históricos y diversas formas de resistencia activa, fueron tanto motivo como cometido de la mediación de trafo.K. La invitación a desarrollar un programa de mediación para el proyecto "Historias cruzadas. Plaza de México 1938–2018" nos permitió involucrar a distintxs actorxs con un Programa público[1] y varios talleres, así como discutir y promover la diversidad de perspectivas de acercamiento a la historia –ya combinadas en el propio proyecto– en el contexto de las tendencias actuales en Austria. Por tanto, las cuestiones fundamentales que se planteaban eran dos: lo que aconteció y lo que ello implica en relación con el presente. Un presente, tal como formulaba Heinz Fischer en su discurso inaugural, "en el que también Austria es destino para refugiadxs de guerras y dictaduras. [El proyecto] aglutina la memoria histórica con la problemática actual, generando conciencia en el espacio público de lo que, en tiempos difíciles, significa –o debería significar– la solidaridad."[2] ¿Cómo se puede, pues, transformar la conmemoración en formas de actuación actuales y solidarias? ¿Y qué posibilidades existen hoy, ante una sociedad en proceso de fascistización, para actuar contra la injusticia, aunque muchxs per-

es uns darum, diesen Fragen in einem kolla- borativen Prozess nachzugehen. Gemeinsam mit den GrafikdesignerInnen Eva Dertschei und Carlos Toledo und dem KuratorInnen-Kollektiv „Museum auf der Flucht"[3] konzi-pierten wir ein Vermittlungsprogramm, in dem unterschiedliche Erfahrungen, diffe-rente Wissensformen und vielfältige Fähig-keiten mit künstlerischen und aktivistischen Strategien in Austausch gebracht wurden. Ziel war es, ungewohnte Beziehungen herzu-stellen und Räume für etwas Neues zu öffnen. Im Sinne einer kritischen Geschichtsvermitt-lung, als Prozess der Aushandlung und Herstellung von Wissen, entstand ein Öffent-liches Programm, das durch Leseperforman-ces, eine Protestwerkstatt und Workshops mit unterschiedlichen Formen der (Re-)Präsenta-tion und Beteiligung von Menschen vor Ort Geschichte vor dem Hintergrund der Gegen-wart aktualisiert.

Auf der Suche nach Spuren der Geschichte und Gegenwart von Migration, Vertreibung, Flucht und Asyl wollten wir gemeinsam mit den ForscherInnen Yarden Daher, Negin Rezaie, Ramin Siawash, Sama Yaseen und Reza Zobeidi von „Museum auf der Flucht" Zusammenhänge von Vergangenheit und Gegenwart verstehen. Wir ließen uns auf Literatur ein, diskutierten Geschichte, Flucht-erfahrungen und Politiken und fragten uns, welche Öffentlichkeit durch das gemeinsame Tun entstehen könnte. Dabei stellten sich viele Fragen: Wie lassen sich aus dem Wissen über historische Ereignisse in Österreich und Mexiko gesellschaftliche Dynamiken in der Gegenwart analysieren und was sind mögliche Handlungsstrategien, um in scheinbar starre Gegebenheiten zu intervenieren? Welche Ge-schichten werden nicht erzählt und welches

manezcan calladxs? Como en todos nues-tros proyectos, lo que nos importaba era dedicarnos a analizar estas cuestiones en un proceso colaborativo. En común con lxs diseñadorxs gráficxs Eva Dertschei y Carlos Toledo, y con el colectivo curatorial "Museum auf der Flucht"[3], concebimos un programa de mediación en el que se plan-teaba un intercambio entre experiencias diversas, diferentes formas de conoci-miento y competencias muy variadas con estrategias artísticas y del activismo. El objetivo consistía en establecer relaciones insólitas y abrir espacios para el surgi-miento de algo nuevo. En términos de una transmisión crítica de la historia, como proceso de concertación y producción de conocimiento, surgió un Programa público que –mediante *performances* de lectura, un taller de protesta y talleres con diversas formas de (re-)presentación y participa-ción presencial de personas– actualiza la historia en el contexto del presente.

En búsqueda de rastros de la historia y del presente de la migración, la expulsión, la huida y el asilo, y en colaboración con lxs investigadorxs Yarden Daher, Negin Rezaie, Ramin Siawash, Sama Yaseen y Reza Zobeidi de "Museum auf der Flucht", queríamos comprender las conexiones que existen entre pasado y presente. Nos em-barcamos en la lectura de literatura espe-cializada, discutimos sobre historia, sobre experiencias de huida y sobre políticas, y nos preguntamos qué tipo de comunidad pública podría surgir a través de la acción conjunta. Con ello se plantearon muchas preguntas: ¿Cómo se pueden analizar di-námicas sociales en el presente a partir del conocimiento de acontecimientos históri-

Wissen bleibt unsichtbar, wenn es um Fragen von Gleichheit, Freiheit und Solidarität in einer demokratischen Gesellschaft geht? Das Ergebnis war eine Leseperformance: Unter dem Motto *¡Versammeln und Auseinandersetzen! Geschichte(n) erzählen im Park* versammelten die Fellows in einer Leseperformance[4] historische und aktuelle Zitate aus unterschiedlichen literarischen und künstlerischen Produktionen, biografische Einblicke und eigene Gedichte, die von Kämpfen um Freiheit und Demokratie erzählen. Die Einladung an eine gedeckte Tafel brachte die widerständige Praxis des Versammelns selbst ins Spiel. Der Platz wurde performativ besetzt. Erzählungen und politische Forderungen wurden nicht nur als gesprochenes Wort aufgeführt, sondern wurden zu verkörpertem Handeln[5], das die aktiv an der Performance Beteiligten und die auf dem Platz Verweilenden involvierte.

Die Performance agierte aus dem Jetzt. Ein Beitrag aus der Textcollage – ein Gedicht von Mahmud Darwisch, gelesen von Yarden Daher – soll hier einen Einblick in die spezielle Mischung aus literarischer Arbeit, Performance, Erzählung und politischem Anspruch geben, die die Leseperformance auszeichnete:

Ihr, die ihr auf den Schwellen steht, tretet ein
Und trinkt mit uns arabischen Kaffee
(Vielleicht fühlt ihr dann, dass ihr Menschen seid wie wir.)

Ihr, die ihr auf den Schwellen der Häuser steht,
Tretet aus unseren Morgen,
Wir müssen uns vergewissern, dass wir
Menschen sind wie ihr!

cos en Austria y en México, y cuáles son las posibles estrategias de actuación para intervenir en circunstancias aparentemente inalterables? ¿Cuáles son las historias que no se cuentan y qué conocimiento se invisibiliza cuando lo que está en juego son cuestiones de igualdad, libertad y solidaridad en una sociedad democrática? El resultado fue una *perfomance* de lectura: bajo el lema *¡Reunir y reflexionar! Contar historia(s) en el parque*, lxs compañerxs reunieron en ese acto[4] citas históricas y actuales extraídas de diversas producciones literarias y artísticas, perspectivas biográficas y poemas propios que hablan de luchas por la libertad y la democracia. La invitación a sentarse a una mesa puesta remitía a la práctica activista de resistencia que supone el propio hecho de reunirse. La Plaza fue ocupada de manera performativa. Los relatos y las reivindicaciones políticas no sólo fueron presentados como palabra hablada, sino que se convirtieron en una acción corporeizada[5] que involucraba a quienes participaban activamente en la *performance* y a quienes estaban pasando un rato en la Plaza.

La *performance* operaba desde el Ahora. Un aporte extraído del *collage* de textos –escrito por Yarden Daher– puede contribuir a comprender mejor la peculiaridad de la mixtura de trabajo literario, *performance*, relato y reivindicación política que caracterizó la *perfomance* de lectura:

Vosotrxs, que estáis en los umbrales, entrad
Y tomad con nosotrxs café árabe
(Quizá sintáis entonces que sois personas como nosotrxs.)

Allein sind wir, allein bis zur Neige,
Wären da nicht die Besuche des Regenbogens
Belagerung heißt Warten,
Warten auf einer schiefen Leiter
inmitten des Sturms.

Geschichte vermitteln: Wie lassen sich machtvolle Ordnungen in Frage stellen?

Die Frage *Und was kann ich dagegen tun?*
bildete den Handlungsrahmen, in dem ein
gemeinsames Erforschen und Aneignen der
vielfach verbundenen Geschichten von
Kämpfen um Demokratie und Gerechtigkeit
stattfand. Es war uns wichtig, neue Blickwin-
kel auf die Geschehnisse einzunehmen, die
uns von Kämpfen, Protesten, Bruchlinien
und Konflikten in der Entwicklung hin zu
demokratisch(er)en Gesellschaften hier und
anderswo erzählen. Ausgangspunkt für die
Entwicklung der Vermittlungsformate waren
Fragen wie: Wie lassen sich der symbolische
Erinnerungsort „Anschluss 1938" und der
physische Gedächtnisort Mexikoplatz in
einem globalen historischen Kontext mit
aktuellen gesellschaftlichen Debatten zusammenbringen? Wie verändert das Projekt
„Gekreuzte Geschichten. Mexikoplatz 1938–
2018" das tägliche Überqueren des Platzes,
den Aufenthalt auf dem Platz? Und vor allem:
Wie lassen sich auf Basis der Auseinandersetzung mit der Geschichte unterschiedlicher
Protestformen eigene Anliegen artikulieren,
gestalten und „aufführen"? Wie könnten Bilder, Zeichen und Symbole als Interventionen
in Geschichtsnarrative und aktuelle Diskurse
aussehen? Denn, ob still und leise oder laut
und unberechenbar, ob in Form öffentlicher
Petitionen, Kundgebungen, Demonstrationen
oder individueller Aktionen – Protest stellt
Hierarchien, Machtverhältnisse und Abhän-

Vosotrxs, que estáis en los umbrales
de las casas,
Salid de nuestros mañanas,
¡Tenemos que asegurarnos de que
somos personas como vosotrxs!

Solxs estamos, solxs por completo,
si no fuera por las visitas del arco iris

Asedio significa espera,
esperar sobre una escalera inclinada
en pleno vendaval.

Transmitir la historia ¿Cómo cuestionar los órdenes poderosos?

La pregunta *¿Y qué puedo hacer yo en contra?*
constituyó el marco operativo en el que
se llevaron a cabo una investigación y
una apropiación conjuntas de las historias –múltiplemente interconectadas– de
luchas por la democracia y la justicia tanto
aquí como en otros lugares. Consideramos
importante adoptar nuevas perspectivas
sobre los acontecimientos que nos hablan
de luchas, protestas, fracturas y conflictos
en la evolución hacia sociedades (más) democráticas. El punto de partida para desarrollar los formatos de mediación fueron
cuestiones del tipo: ¿Cómo se pueden
aglutinar con los actuales debates sociales
el mnemotopo simbólico "Anexión 1938"
y el lugar físico de memoria Plaza de
México en un contexto histórico global?
¿Cómo transforma el proyecto "Historias
cruzadas. Plaza de México 1938–2018" el
hecho cotidiano de atravesar la Plaza, la
estadía en la Plaza? Y, sobre todo: ¿Cómo
se pueden articular, plasmar y "ejecutar"
los intereses propios sobre la base del
análisis crítico de la historia de diversas

gigkeiten infrage und weist in eine andere Zukunft. So beschreibt Basil Rogger den Protest als „eine Zukunftspraxis im doppelten Sinne: Indem er die Vision einer besseren Welt entwirft und einfordert, nimmt er eine zukünftige Praxis vorweg, und indem er praktisch handelt, stellt er die Zukunft selbst her".[6] Und weil „die Symbole und Ausdrucksformen von Protest [...] längst vom Markt der Ökonomie wie der Politik entdeckt" wurden und „sich die Gesellschaft seine Zeichen regelmäßig aneignet, muss Protest seine widerständige Sprache immer wieder neu (er)finden."[7]

In der Auseinandersetzung mit Protest, als Ausdruck des Nicht-Einverstanden-Seins, als Handlungspraxis der Solidarisierung und als Strategie der Intervention in bestehende Verhältnisse, ging es um die jeweiligen Handlungsräume aller Beteiligten, in denen sich die vermittlerische und demokratische Frage stellt: „Was heißt alle?" Das Öffentliche Programm fokussierte daher sowohl auf eine breite Öffentlichkeit als auch auf die Notwendigkeit, Ausschlüsse, die jede Forderung nach Allgemeinheit dennoch vornimmt, zu verhandeln. Gerade die Erinnerung an den Nazismus und seine Massenverbrechen ist ein zentraler Bestandteil österreichischen Geschichtsbewusstseins sowie ein zentrales Handlungsfeld für Identitäts- und Geschichtspolitik, die im Erinnerungs- und Gedenkjahr 2018 wirksam wurde. Erinnerungskulturen verändern sich derzeit nicht nur vor dem Hintergrund des Generationswechsels und internationaler Politiken, sondern nicht zuletzt auch aufgrund von Flucht und Migration: Dies bringt eine Diversifizierung der Perspektiven mit sich und verweist auf unterschiedliche historische Erfahrungen, Erinnerungen

formas de protesta? ¿Qué configuración podrían presentar las imágenes, los signos y los símbolos como intervenciones en la narrativa histórica y en los discursos de actualidad? Porque –bien sea de forma pacífica y silenciosa, o a voces y de manera imprevisible; bien sea en forma de peticiones públicas, mítines, manifestaciones o acciones individuales– la protesta cuestiona las jerarquías, las relaciones de poder y las dependencias, señalando en dirección a un futuro distinto. Así, Basil Rogger describe la protesta como "una práctica de futuro en un doble sentido: al concebir y reivindicar la visión de un mundo mejor, anticipa una futura praxis; y, al actuar en la práctica, genera el propio futuro."[6] Y dado que "los símbolos y formas de expresión de la protesta [...] hace mucho tiempo que fueron descubiertos por el mercado de la economía y por la política", y que "la sociedad se apropia usualmente de sus signos, la protesta tiene que (re)inventar una y otra vez su lenguaje de resistencia."[7]

En el análisis crítico de la protesta como expresión de la disconformidad, como praxis de solidarización y como estrategia de intervención en unas circunstancias dadas, se planteaban los respectivos ámbitos de acción de todxs lxs participantes, en los cuales surge el interrogante, mediatorio y democrático, respecto a la pregunta: "¿Qué quiere decir todxs?" Por ello, el Programa público se focalizaba tanto en una amplia comunidad como en la necesidad de debatir las exclusiones que viene a proponer, a pesar de todo, cualquier pretensión de generalidad. Precisamente el recuerdo del nazismo y sus crímenes masivos supone un elemento clave de la

und Tradierungen, die in dominanten Narrativen oft keinen Platz haben. So war es uns im Prozess mit allen Beteiligten wichtig, nationalistische und rassistische Ausgrenzungen und Verfolgung zu reflektieren, zu hinterfragen und in aktuelle Diskurse einzubetten – in der Absicht, gerade am Erinnerungsort Mexikoplatz den Blick für Ungleichheiten in der Gesellschaft zu schärfen und gegebene Ordnungen in Frage zu stellen.

Handeln im öffentlichen Raum: Wie kann die Straße ein alternativer Lernort sein?
Der Mexikoplatz wurde also zum Handlungsraum für kollaborative Prozesse, die die emanzipatorische Perspektive „von einander lernen" ins Zentrum stellen. Wir wollten festgefahrene Vorstellungen von Wissensvermittlung und normative Repräsentationslogiken von SprecherInnenpositionen durchkreuzen. Denn die Teilhabenden waren die (Park-)BesucherInnen und die WorkshopteilnehmerInnen, die KünstlerInnen und die VermittlerInnen sowie all jene, durch deren Arbeit das Öffentliche Programm verwirklicht wurde. Mit der Veranstaltungsreihe wurde die Strategie der Einbindung, Beteiligung, Mitbestimmung und -gestaltung von AkteurInnen aus unterschiedlichen gesellschaftlichen und beruflichen Zusammenhängen verfolgt, um Rahmenbedingungen für einen offenen, sozialen und politischen Raum zu schaffen, in dem kollektiver Austausch und solidarische Verbindungen möglich werden. Die BesucherInnen und Workshopteilnehmenden waren involviert, sie waren ProduzentInnen von Wissen, gemeinsam und vor Ort.

So ist es mit dem Öffentlichen Programm *¿Und was kann ich dagegen tun?* gelungen, unterschiedliche Menschen anzusprechen und

conciencia histórica austríaca, así como un ámbito de acción esencial para la política de la identidad y de la historia, la cual vino a surtir efecto en el Año de Memoria y Conmemoración 2018. Las culturas de la memoria histórica se están transformando actualmente no sólo en el contexto del cambio generacional y de las políticas internacionales, sino también, y no en último término, debido a la migración y al éxodo de refugiadxs. Esto conlleva una diversificación de las perspectivas y remite a una pluralidad de experiencias históricas, recuerdos y formas de transmisión cultural que a menudo no tienen cabida en las narrativas dominantes. Así pues, en el proceso con todxs lxs participantes consideramos importante reflejar las exclusiones y la persecución por motivos nacionalistas y racistas, indagando en ellas e integrándolas en discursos de actualidad, con el propósito –precisamente en la Plaza de México, un lugar de memoria– de aguzar la vista respecto a las desigualdades en la sociedad y de cuestionar los ordenamientos establecidos.

Actuar en el espacio público
¿Cómo puede ser la calle un lugar de aprendizaje alternativo?
La Plaza de México se convirtió, por consiguiente, en un espacio de actuación para procesos colaborativos que giran en torno a la perspectiva emancipatoria del "aprender unxs de otrxs". Queríamos interferir en concepciones sobre la transmisión del conocimiento que se han quedado estancadas y en lógicas de la representación de carácter normativo a través de las posiciones de las personas que tomaban la pala-

einzubinden sowie Raum für den Austausch über relevante gesellschaftliche Themen und Raum für gemeinsame Aktion zu schaffen – im Sinne eines Raumes, an dem Menschen individuell in Erscheinung treten, ihre Gedanken und Belange äußern und gemeinsam handeln können, in dem sie sich sprechend und handelnd in die Welt einschalten. So offenbaren die Menschen jeweils, wer sie sind, zeigen aktiv die personale Einzigartigkeit ihres Wesens, treten gleichsam auf die Bühne der Welt, auf der sie vorher so nicht sichtbar waren".[8] Dabei ging es um einen wechselseitigen Prozess, in dem alle voneinander lernen und verlernen und die Stimmen der am Prozess Beteiligten als räumliche Eingriffe auf dem Platz sichtbar werden. So antworteten SchülerInnen im Rahmen von *¡Performing Mexikoplatz!*[9] auf die politischen Verhältnisse in Österreich mit Transparenten, die sie aus den Fenstern ihrer Klassenzimmer hängten, die vom Mexikoplatz aus gut sichtbar waren. Mit ihren Protesten in Form von Forderungen, Fragen und Statements intervenierten sie in das urbane Bild des Platzes und verschafften sich so Gehör für ihre Anliegen.

Die *¡Protestwerkstatt!*[10] gab Einblick in unterschiedliche Ausdrucksformen des Protests und lud ein, sich über Strategien des Widerstands auszutauschen und eigene Slogans, Symbole und Anliegen in Form eines Protestpapiers zu gestalten und zu verbreiten. Die Geschichten von widerständigen Praxen in Österreich und Mexiko und ihre Strategien der Verbreitung waren Ausgangspunkt für die Werkstatt auf dem Platz. Dabei dienten Nudelhölzer, Papierrollen und diverse Materialien als Instrumente, unmittelbare Anliegen zu gestalten und, mit Praktiken der Vervielfältigung experimentierend,

bra. Y es que quienes participaron fueron lxs visitantes (del parque) y lxs asistentes a los talleres, lxs artistas y lxs mediadorxs, así como todas aquellas personas mediante cuyo trabajo se pudo llegar a realizar el Programa público. Con la serie de eventos se buscaba aplicar la estrategia de la inclusión, la participación, la cogestión y la cointervención de actorxs procedentes de diversos contextos sociales y profesionales, con la intención de crear las condiciones estructurales para un espacio abierto, social y político, en el que posibilitar el intercambio colectivo y los vínculos solidarios. Lxs visitantes y lxs participantes en los talleres quedaban implicadxs, eran productorxs de conocimiento, en común y sobre el terreno.

De este modo, con el Programa público *¿Y qué puedo hacer yo en contra?* se consiguió establecer un diálogo involucrando a personas diversas, así como crear espacio para el intercambio en torno a temas de relevancia social y espacio para la acción conjunta –en el sentido de un espacio en el que las personas se manifiestan individualmente, expresan sus ideas y sus asuntos, y pueden actuar conjuntamente; un espacio en el que, hablando y actuando, intervienen de forma directa en el mundo. De esta forma, las personas "manifiestan quiénes son, muestran activamente la personal singularidad de su ser, salen –por así decirlo– al escenario del mundo, en el que antes no resultaban visibles de esa manera."[8] Con ello se trataba de un proceso recíproco en el que todxs aprenden y desaprenden unxs de otrxs y las voces de lxs participantes en el mismo se visibilizan como intervenciones espaciales en la Plaza. Así, en el marco de *¡Performing Plaza de*

diese weiterzutragen. Mitgebrachte Bücher und Plakate über Geschichte und Gegenwart von Protestformen dienten zur erweiternden Auseinandersetzung mit Symbolen, Bildern und Zeichen des Protests. Es entstanden Protestpapiere mit Slogans wie „Make Pizza Not War", „Nie wieder Schule!", „Kein Krieg" und zahlreiche Adaptionen und Aneignungen von Zeichen und Symbolen. Im gemeinsamen Prozess des Produzierens und vor allem auch der begleitenden Gespräche mit den Kindern und Jugendlichen eröffneten sich neue Beziehungen auf dem Platz. Diese wurden entlang der Verhandlung mit der Installation, deren Aneignungen und im gemeinsamen Transfer offenkundig. Die Werkstatt ermöglichte es, zusammenzukommen, gemeinsam zu arbeiten und vor allem gemeinsam Zeit zu verbringen, ohne sich als EinzelneR als einer bestimmten Gruppe zugehörig positionieren zu müssen.

Eine andere Zukunft entwerfen

Der Mexikoplatz wurde zur Bühne für neue Formen der Begegnung zwischen unterschiedlichen Bewegungen der PlatznutzerInnen, der Teilnehmenden, der kirchenbesuchenden TouristInnen, der spielenden Kinder, der sitzenden Männer, der sich unterhaltenden Frauen, der liebenden Paare, der diskutierenden SchülerInnen und radfahrenden PlatzüberquererInnen. Die Erfahrungen aus den Gesprächen und die Rückschau auf die entstandenen Protestpapiere und Erlebnisse bei den Leseperformances und Workshops, die vom Wunsch nach einer gerechteren Demokratie und Zukunft bestimmt waren, lenkten unseren Blick wieder nach Mexiko, auf den kollektiven Widerstand der *zapatistas* gegen Unterdrückung und Ausbeutung mit

México!,[9] lxs escolares respondieron a la coyuntura política en Austria con pancartas que colgaron en las ventanas de sus clases y que se podían ver claramente desde la Plaza de México. Con sus protestas en forma de reivindicaciones, preguntas y declaraciones intervinieron en la imagen urbanística de la Plaza, haciendo que se escucharan sus inquietudes.

El *¡Taller de protesta!*[10] ofreció una panorámica sobre diversas formas de expresión de la protesta, e invitó a intercambiar ideas sobre estrategias de resistencia y a plasmar y difundir eslóganes, símbolos e intereses propios en forma de un papel de protesta. Las historias de praxis de resistencia en Austria y en México y sus estrategias de difusión constituyeron el punto de partida para el taller que tuvo lugar en la Plaza. En él se utilizaron rodillos de amasar, rollos de papel y diversos materiales como instrumentos para plasmar preocupaciones inmediatas y, experimentando con prácticas de reproducción gráfica, transmitirlas. Los libros y los carteles que llevamos a la Plaza sobre la historia y el presente de las formas de protesta sirvieron para ampliar la reflexión sobre los símbolos, las imágenes y los signos de la misma. Surgieron papeles de protesta con eslóganes como "Make Pizza Not War", "¡Escuela nunca más!", "No a la guerra" y numerosas adaptaciones y apropiaciones de signos y símbolos. En el proceso conjunto de producción y también, sobre todo, de las charlas de acompañamiento mantenidas con lxs niñxs y jóvenes, la Plaza se abrió al surgimiento de relaciones nuevas. Éstas se patentizaron al ir interoperando con la instalación, con sus apropiaciones, y en la

dem Blick auf eine Welt, die in Zukunft freier, gleichberechtigter und solidarischer für alle ist.

1 Mit dem Begriff Öffentliches Programm beziehen wir uns auf eine seit den 1990er Jahren vermehrt auftretende Praxis im Kunst- und Ausstellungsbereich, Formate zu entwickeln, die über ein bloßes Begleitprogramm hinausgehen, gesellschaftsrelevante Themen miteinschließen und Konzepte der Beteiligung und Involvierung von Publikum neu denken. Siehe auch. Vgl. https://www.documenta14.de/de/public-programs/.

2 19. März: Gedenkprojekt „Gekreuzte Geschichten. Mexikoplatz 1938–2018" feierlich eröffnet, in: https://www.ots.at/presseaussendung/OTS_20180319_OTS0117/19-maerz-gedenkprojekt-gekreuzte-geschichten-mexikoplatz-1938-2018-feierlich-eroeffnet-bild.

3 „Museum auf der Flucht. Flucht erforschen und sammeln" ist ein Projekt von Alexander Martos und Niko Wahl im Rahmen des Collegium Irregulare, ein Fellowshipprogramm für hochqualifizierte AsylwerberInnen, das von der künstlerisch-wissenschaftlichen Plattform Science Communications Research gehostet wird.

4 Die Leseperformance fand an drei Terminen – am 30. Juni, 14. Juli und 29. September 2018 – statt.

5 Judith Butler, *Anmerkungen zu einer performativen Theorie der Versammlung*, Berlin: Suhrkamp 2016, S. 15.

6 Basil Rogger, *Protest. Eine Zukunftspraxis*, in: Basil Rogger, Jonas Voegeli, Ruedi Widmer (Hg.), *Protest. Eine Zukunftspraxis*, Zürich: Lars Müller 2018, S. 32–50, hier S. 38.

7 Ebd., S. 39.

8 Hannah Arendt, *Vita activa oder Vom tätigen Leben*, München: Piper 2002, S. 219.

9 Der mehrtägige Workshop wurde gemeinsam mit Lehrlingen vom Schulungszentrum Mexikoplatz Weidinger & Partner und mit Unterstützung von KulturKontakt Austria durchgeführt.

10 Die Protestwerkstatt fand an fünf Terminen, 15. Mai, 5. Juni, 3. Juli, 5. und 6. September 2018, jeweils am Nachmittag auf dem Mexikoplatz statt.

transferencia compartida. El taller hizo posible reunirse, trabajar en común y, sobre todo, pasar tiempo juntxs, sin tener que posicionarse individualmente como alguien perteneciente a un determinado grupo.

Plantear un futuro diferente

La Plaza de México se convirtió en escenario de nuevas formas de encuentro entre los diversos movimientos de lxs usuarixs de la Plaza, lxs participantes, lxs turistas que visitaban la iglesia, lxs niñxs que jugaban, los hombres que estaban sentados, las mujeres que conversaban, las parejas de enamoradxs, lxs escolares que discutían y quienes cruzaban la plaza en bicicleta. Las experiencias extraídas de las conversaciones, así como el repaso de los papeles de protesta que fueron surgiendo y de las vivencias en las *performances* de lectura y los talleres, definidos por el deseo de una democracia y un futuro más justos, nos hicieron volver la vista de nuevo hacia México, a la resistencia colectiva de lxs zapatistas contra la opresión y la explotación, con la mirada puesta en un mundo que en el futuro sea más libre, más igualitario y más solidario para todxs.

1 Con el concepto de "Programa público" nos remitimos a la proliferación constatada desde la década de 1990 de una praxis en el terreno del arte y las exposiciones consistente en desarrollar formatos que van más allá de un mero programa de acompañamiento, abarcando temas de relevancia social y replanteando los conceptos de participación e implicación del público.

2 19 de marzo: Ceremonia inaugural del Proyecto conmemorativo "Historias cruzadas. Plaza de México 1938–2018", en https://www.ots.at/presseaussendung/OTS_20180319_OTS0117/19-maerz-gedenkprojekt-gekreuzte-geschichten-mexikoplatz-1938-2018-feierlich-eroeffnet-bild.

3 "Museum auf der Flucht. Flucht erforschen und sammeln" es un proyecto de Alexander Martos y Niko Wahl

en el marco de Collegium Irregulare, un programa de becas para solicitantes de asilo altamente cualificadxs albergado por la plataforma Science Communications Research, dedicada a las artes y las ciencias.

4 La *performance* de lectura se llevó a cabo en tres fechas: 30 de junio, 14 de julio y 29 de septiembre de 2018.

5 Judith Butler, *Cuerpos aliados y lucha política : hacia una teoría performativa de la asamblea*, Barcelona, Ediciones Paidós Ibérica, 2017, p. 15.

6 Basil Rogger, "Protest. Eine Zukunftspraxis", en: Basil Rogger, Jonas Voegeli, Ruedi Widmer (eds.), *Protest. Eine Zukunftspraxis*, Zúrich, Lars Müller Publishers / Museum für Gestaltung Zürich, 2018, pp. 32-50; cit. p. 38.

7 *Ibíd.*, p 39.

8 Hannah Arendt, *Vita activa oder Vom tätigen Leben*, Múnich, Piper, 2002, p. 219.

9 El taller duró varios días y fue llevado a cabo junto con aprendizxs del centro de formación Weidinger & Partner y con apoyo de KulturKontakt Austria.

10 El Taller de protesta se llevó a cabo en cinco fechas (15 de mayo, 5 de junio, 3 de julio, 5 y 6 de septiembre de 2018), por las tardes, en la Plaza de México.

Protestwerkstatt (oben), Lehrlingsworkshop (rechts) Taller de protesta (arriba), taller con aprendizxs (derecha)

Negin Rezaie

IM NAMEN DER

DEMO-KRATIE

DAFUER LASST UNS STREITEN

CHARLIE CHAPLIN

HUMAN BEINGS ARE MEMBERS OF A WHOLE
IN CREATION OF ONE ESSENCE AND SOUL
IF ONE MEMBER IS AFFLICTED WITH PAIN
OTHER MEMBERS UNEASY WILL REMAIN
IF YOU HAVE NO SYMPATHY FOR HUMAN PAIN
THE NAME OF HUMAN YOU CANNOT RETAIN.

SAADI 1258

WHEN I WAS 14 YEARS OLD I WAS SO IMPRESSED BY CHARLIE CHAPLIN'S SPEACH IN 'THE
GREAT DICTATOR' THAT I COPIED IT INTO MY NOTEBOOK, LEARNED IT BY HEART AND REPEATED
IT ON THE WAY TO SCHOOL. EVERY DAY, FOR 3 YEARS I RECITED HIS VISIONARY WORDS
DREAMING OF THE DAY I WOULD FINALLY BE ALLOWED TO PRESENT HIS WORDS IN MY OWN
VOICE TO THE PUBLIC. AT MEXIKOPLATZ I FINALLY REALIZED MY DREAM.

NEGIN REZAIE / 2018

Ramin Siawash

ewW

GENUG

حرف "گ" و "سگ" سخن گفت، یخندید بر او

هرگاه از جنگ سخن گفت، شما پول بزنید

هرکجا مرز کشیدند، شما پل بزنید

حرف از پنجره ی دو به تحمل بزنید

نجیب "بارور"

GONe

Du &
I ch

RAMIN SIAWASH / 2018

Yarden Daher

WALKING IN MY DREAM, DROWNING, I WAKE UP SUFFOCATED, AROUND ME BIG HEARTLESS STONES, THEY CAN'T HEAR YOUR LONGING TO THE ONES YOU LEFT WHILE YOU WERE SLEEPWALKING, BEHIND.

THE ONES WHOM THE OCEAN DECIDED TO HUG FOREVER, WHAT HAVE THEY DONE? A MOTHER IS WEEPING, CRYING THE LOSS OF HER BELOVED ONES, THROWN, EACH, IN A DISTANT CAGE.

ONE WAY TORN TICKET, YOU'VE GOT TO CHOOSE, YOU HAVE THE RIGHT TO CHOOSE! ONE LIFETIME CHANCE MADE OUT OF THE DEAD BODIES.

OH FREEDOM, YOU ARE BUT AN ILLUSION, OH CURSED CREATURE, WITH NO STATUS FIFTH LEVEL, PRIMITIVE AND BRUTAL, WE HAVE MADE FOR YOU A SPECIAL OFFER! A BIG SALE ON OUR BORDERS BEFORE IT GETS EXPE-MPOSSIBLE AGAIN! APPRE- CIATE US! HAVE WE PLANNED TO FALL APART BEFORE FALLING APART? IT'S A LONG ROAD, BUT ONCE YOU ARRIVE AT THE LAST POINT, AND YOU TURN AROUND, IT DISAPPEARS IN SECONDS, AND YOU START ASKING YOURSELF: HAVE I ARRIVED? HAVE I? DEAR BELOVED ONES, ARE YOU STILL COPING WITH MISSING US? TALK- ING TO OUR SHADOWS? ARE OUR GHOSTS TAKING CARE OF YOU, LOVING YOU, LISTENING? DEAR NEW BELOVED ONES, WE ONCE LEFT, WE ARE UNFAITHFUL, UNLOYAL, WE DON'T PROMISE YOU ANY- THING, IT IS OUR WAY TO FEEL WE ARE FREE TO FLY, ONCE WE SENSE WE STARTED TO BE CONNECTED, AWAY FROM YOU, WE FLEE. MEMORIES ... I DON'T REMEMBER I PACKED YOU UP IN MY BAG, STUCK IN A LABYRINTH I CREATED. EITHER YOU REACHED A LAND OR WATER, YOU ARE NOT ALLOWED TO MOVE, ONLY BACKWARDS TO THE HELL, SWALLOWED OR CHAINED, YOU ARE

WELCOME.

YARDEN DAHER / 2017

Reza Zobeidi

ICH LASSE EUCH DIESES LAND

ICH LASSE EUCH OESTERREICH UND
ICH NEHME NUR EINEN BILDERRAHMEN,
SOGAR DARIN
KANN ICH TAUSENDE
BILDER HABEN.

ICH NEHME TAUSENDE SICH WIDERSPRECHENDE
BILDER. EINES IST VON DER STIMME DER GLOCKEN
DER KIRCHEN.
IST CHRISTUS EIN OESTERREICHER?
HAETTE ER SEINEM TOD ENTRINNEN WOLLEN UND
WAERE ER VOM OSTEN HER IN EIN DEMOKRATISCHES
LAND GEKOMMEN, WAERE ER DEFINITIV AUF
GESCHLOSSENE GRENZEN GESTOSSEN.
WIE IST ES MOEGLICH, DASS IHR DIE JESUSFIGUR
IN EUREN KIRCHEN ANBETET, ABER JESUS NICHT
UEBER EURE NATIONALEN GRENZEN LASST.

ICH LASSE EUCH DAS LAND, WO GOTT NICHT EINTRETEN
DARF. ICH VERLASSE DIESES LAND, ICH MAG KEIN
TOEDLICHES LEBEN, ICH MOECHTE NICHT MEHR, DASS
SICH MEIN SCHICKSAL NOCH MEHR IN SCHLAGZEILEN
ABZEICHNET. ICH MOECHTE NICHT, DASS ICH EINE
SPIELKARTE IN DER HAND EINES POLITIKERS BIN
UND DER GRUND WERDE, WESWEGEN DIE WAHLURNEN
BLAUVOLL WERDEN. AUSDRUECKLICH MOECHTE ICH,
ICH SELBST SEIN. ICH BRAUCHE KEINE HAUT, KEINE
SPRACHE UND KEINE NATIONALITAET. ICH LASSE
EUCH OESTERREICH, DENN ICH MOECHTE NICHT MEHR
STEHEN BLEIBEN, WIE EIN NAGEL IN EINER GROSSEN,
HUEBSCHEN, HISTORISCHEN WAND.

REZA ZOBEIDI / 2018

Sama Yaseen

WHEN LIFE AROUND ME STARTED FALLING APART
AND THERE WAS A WAY TO GET TO EUROPE, I DID NOT
HESITATE TO GAMBLE WITH MY LIFE, IN ORDER TO
GET A CHANCE IN A LIFE, AWAY FROM ALL THE BAD
MEMORIES AND SOULS I'VE LOST.

I LEFT NOT KNOWING WHAT WAS WAITING FOR ME
IN THIS NEW BLOND LAND AND NOT FULLY UNDER-
STANDING WHAT I'D LEFT BEHIND.
MEMORIES HAVE FEET ... THEY FOLLOW US NO MATTER
WHERE WE GO, WE COULD NEVER ESCAPE OUR PAST,
WE CAN NEVER DELETE THE PAST AND START ALL
OVER, SO WE WALK AROUND WITH THE PEOPLE WE LEFT
BEHIND, THEY HUNT US LIKE A BAD DREAM.
YOU LEARN A LOT BY BEING A REFUGEE IN THIS
WORLD, I SURELY DID LEARN A LOT.

ME BEING A REFUGEE HERE MEANS I'VE TAKEN THE
FIRST STEP, AND THAT I'V DECIDED THAT I WANT
TO LIVE, I VALUE LIFE AND MYSELF, THAT GAVE ME
THE STRENGTH AND WILL TO START THIS PATH, THE
SECOND STEP WAS WHEN I REACHED A DESTINATION
AND STARTED THE PROCESS TO BECOME "RECOGNIZED"
AS A REFUGEE, IN THIS STAGE IT'S HARD TO TELL
HOW LONG IT WILL TAKE, IT MAY BE AS FAST AS FEW
DAYS OR AS LONG AS 10 YEARS, IN THIS TIME I'VE
LEARNT HOW TO BE PATIENT, I MISS MY LIFE, ITS
VERY DIFFICULT TO START A NEW LIFE IN A NEW
COUNTRY NOTHING LOOKS LIKE YOU, I'LL ALWAYS BE
A STRANGER NO MATTER HOW HARD I TRY TO FIT IN, I
WILL NEVER NOT BE ARABIC, ITS LIKE A STAIN.

SAMA YASEEN / 2018

ANEXO

ANHANG

Biographien
Biografías

Afro Rainbow Austria ist die erste Organisation von und für LGBTQI+ MigrantInnen aus Afrika in Österreich, die sich zum Ziel gesetzt hat, eine Plattform für Sichtbarkeit, Kommunikation und Veränderung zu sein. ARA schafft Bewusstsein für das Leben, die Herausforderungen und die Lage von sowohl im afrikanischen Raum als auch in der Diaspora lebenden LGBTQI+ Menschen. ARA besteht derzeit aus einem Team in Österreich sowie einem ARA Outreach Nigeria.

José Arnaud-Bello ist als bildender Künstler, Architekt und Lehrender vor allem in Mexiko tätig. 2013 Mitgründer von Lupe Toys. Seine Arbeit basiert auf Forschungen über Transformationsprozesse und gegenseitige Beeinflussung zwischen natürlicher und bebauter Landschaft und Kultur in spezifischen Gebieten.

Wolfgang Auer arbeitet als Filmemacher und Film Editor, wobei sein Fokus immer auf den narrativen Film gerichtet ist. Eine Geschichte zu entwickeln bzw. zu erzählen, die in einem größeren Kontext wirkt und verstanden werden kann, war und ist die Antriebsfeder seines Schaffens – ob in Kurz-, Dokumentar- oder Spielfilmen, die auf internationalen Filmfestivals gezeigt und ausgezeichnet wurden. 2017 gründete er die Gael Film, wo er als Produzent tätig ist.

Kurdwin Ayub lebt und arbeitet als Regisseurin und Drehbuchautorin in Wien. 2008–2013 studierte sie Malerei und experi-

Afro Rainbow Austria es la primera organización de y para migrantes LGBTQI+ procedentes de África en Austria que se plantea como objetivo ser una plataforma para la visibilidad, la comunicación y el cambio. ARA crea conciencia para la vida, los retos y la situación de las personas LGBTQI+ que viven tanto en el espacio africano como en la diáspora. Actualmente el colectivo ARA está formado por un equipo en Austria y ARA Outreach Nigeria.

José Arnaud-Bello es artista visual, arquitecto y profesor. En 2013 cofundó Lupe Toys. Su trabajo se basa en la investigación sobre los procesos de transformación y determinación mutua entre medio natural, medio construido y cultura en territorios específicos.

Wolfgang Auer trabaja como realizador y editor de cine. Su enfoque siempre se ha dirigido hacia el cine narrativo. Desarrollar y contar una historia que surte efecto y puede ser entendida en un contexto más amplio ha sido y continúa siendo la fuerza que impulsa su trabajo, ya sea en largometrajes, documentales o en cortometrajes, que se han mostrado y premiado en festivales de cine de todo el mundo. En 2017 fundó Gael Film en Viena, donde actualmente se desempeña como productor.

Kurdwin Ayub vive y trabaja en Viena como directora de cine y autora de guiones. Entre 2008 y 2013 estudió Pintura y Animación Experimental en la Universidad de Artes Aplicadas de Viena. Paralelamente estudió Arte Performativo en la Academia de Bellas Artes de Viena. Desde 2010 ha participado

mentellen Animationsfilm an der Universität für angewandte Kunst in Wien. Parallel dazu Studium der Performativen Kunst an der Akademie der bildenden Künste in Wien. Seit 2010 Teilnahme an diversen Filmfestivals und Einzelpräsentationen im In- und Ausland. Zahlreiche Preise.

Helin Celik ist Filmemacherin und Theaterkünstlerin mit kurdischen Wurzeln. Der thematische Schwerpunkt ihrer Arbeit liegt auf Aspekten des zwischenmenschlichen Zusammenlebens und der Kommunikation verschiedener Völker in Vergangenheit, Gegenwart und Zukunft. Als Frau im Nahen Osten aufgewachsen, befasst sie sich ebenso mit institutioneller Unterdrückung von Frauen wie mit noch immer vorherrschender Gender-Problematik. Jüngste Arbeit: *What The Wind Took Away (2017)*.

Yarden Daher studierte Architektur und arbeitete in einer NGO in Syrien. Seit 2016 ist er in sozialen und politischen Kontexten aktiv, war Mitwirkender an zwei Projekten der WIENWOCHE 2017 und 2018 sowie für Wiener Wohnen Kundenservice und als Übersetzer u.a. für den Verein SUNWORK tätig. Er ist Fellow und Ko-Kurator von „Museum auf der Flucht" und „Die Küsten Österreichs" am Volkskundemuseum Wien.

Petja Dimitrova ist bildende Künstlerin und Aktivistin und lebt seit 1994 in Wien. Praxis zwischen bildender Kunst, politischer und partizipativer Kulturarbeit. Lehrt an der Akademie der bildenden Künste Wien. Mitglied des Netzwerks Kritische Migrationsforschung und Grenzregime. Mitinitiatorin der Initiative 1. März – Transnationaler

en diversos festivales de cine y presentaciones individuales en Austria y en el extranjero, recibiendo numerosos premios.

Helin Celik es realizadora y artista teatral con raíces kurdas. El eje central de su trabajo se sitúa en aspectos de la convivencia interpersonal y de la comunicación entre diversos pueblos en el pasado, en el presente y en el futuro. Como mujer que creció en Oriente Medio, se ocupa también de la opresión institucional de las mujeres y de la aún predominante problemática de género. Su trabajo más reciente es *What The Wind Took Away* (2017).

Yarden Daher estudió Arquitectura y trabajó en una ONG en Siria. Desde 2016 está activo en contextos sociales y políticos. Participó en dos proyectos de WIENWOCHE 2017 y 2018, y trabajó para el Servicio al cliente de las viviendas municipales de Viena (Wiener Wohnen). Ha trabajado también como traductor, entre otrxs, para la asociación SUNWORK. Es miembro y cocurador de "Museo en fuga" y "Las costas de Austria" en el Museo de Etnología de Viena.

Petja Dimitrova es artista visual y activista, y vive en Viena desde 1994. Praxis entre el arte visual y el trabajo cultural político y participativo. Imparte clases en la Academia de Bellas Artes de Viena. Miembra de la red Investigación crítica de la migración y régimen de fronteras. Coimpulsora de la iniciativa "1 de marzo – Huelga transnacional de migrantes". Numerosxs exposiciones, publicaciones y paneles de discusión. www.petjadimitrova.net

MigrantInnenstreik. Zahlreiche Ausstellungen, Publikationen, Podiumsdiskussionen. www.petjadimitrova.net

Luis Felipe Fabre ist Poet, Essayist, Lehrender und Herausgeber. 2017 veröffentlichte er *Escribir con caca* im Verlag Sexto Piso México. Neben eigenständigen Publikationen veröffentlichte er in mehreren Antologien und Zeitschriften.

Sara Fattahi erwarb ihr Diplom am Fine Arts Institute in Damaskus. Seit 2010 Filmemacherin und Produzentin. Künstlerische Leiterin des Genderprojekts Estayqazat, Zusammenarbeit in Recherche und Mitarbeit an unabhängigen Kurzfilmen, die für soziales Bewusstsein und soziale Veränderung eintreten. Erster Kurzdokumentarfilm 2013 mit *27 Meters*. Fattahis Filme *Coma* (2015) und *Chaos* (2018) gewannen zahlreiche Preise auf renommierten Festivals.

Thomas Fatzinek ist bildender Künstler. Nach Abbruch der Schule und einer Lehre als Lithograph folgten vielseitige Tätigkeiten. 2004 Diplomprüfung an der Wiener Kunstschule. Seither Einzel- und Kollektivausstellungen. Seine jüngsten Grafischen Erzählungen erschienen bei bahoe books.

Julio García Murillo ist Kurator und Kunsthistoriker. Zur Zeit ist er Koordinator des Campus Expandido am Museo Universitario de Arte Contemporáneo (MUAC) der Universidad Nacional Autónoma de México.

Djamila Grandits ist als Teil von CineCollective mitverantwortlich für „Kaleidoskop – Film&Freiluft am Karlsplatz". Seit 2017 ist

Luis Felipe Fabre es poeta, ensayista, profesor y editor. En 2017 publicó *Escribir con caca* en la editorial Sexto Piso México. Junto a publicaciones independientes, ha participado también en varias antologías y revistas.

Sara Fattahi. Diplomada en el Fine Arts Institute de Damasco. Realizadora y productora desde 2010. Directora artística del proyecto de género "Estayqazat". Colaboración en trabajos de investigación y participación en cortometrajes independientes que abogan por la conciencia social y el cambio. Primer cortometraje documental en 2013: *27 Meters*. Las películas de Fattahi *Coma* (2015) y *Chaos* (2018) recibieron numerosos premios en prestigiosos festivales.

Thomas Fatzinek es artista visual. Tras abandonar la escuela y realizar una formación profesional como litógrafo se dedicó a actividades muy variadas. En 2004 realizó el Examen de diplomatura en la Kunstschule de Viena. Desde entonces varias exposiciones individuales y colectivas. Sus narraciones gráficas más recientes han aparecido en la editorial bahoe books.

Julio García Murillo es curador e historiador del arte. Actualmente es coordinador del Campus Expandido del Museo Universitario de Arte Contemporáneo (MUAC) de la Universidad Nacional Autónoma de México.

Djamila Grandits es coresponsable, como integrante de CineCollective, de "Kaleidoskop – Film&Freiluft am Karlsplatz". Desde 2017 es cocuradora de "frameout – digital

sie Co-Kuratorin bei „frameout – digital summer screenings". 2016–2018 war sie künstlerische Leiterin von „this human world – International Human Rights Film Festival". Derzeit ist sie BKA-Startstipendiatin in der Brunnenpassage. Ihr Interesse liegt im Verschränken sowie Aufbrechen theoretischer Ansätze, filmischer, politischer, künstlerischer und aktivistischer Formen.

Simone Hart absolvierte das Multimedia Kolleg an der Graphischen in Wien nach der Höheren Bundeslehranstalt für künstlerische Gestaltung in Linz mit Schwerpunkt Fotografie und Video. Seither Studium in Bildtechnik und Kamera, sowie Modul Schnitt an der Filmakademie Wien.

Sofía Hinojosa ist Künstlerin, ausgebildet an der Escuela Nacional de Pintura, Escultura y Grabado „La Esmeralda" in Mexiko. Sie ist Teil des Kollektivs Operación Hormiga, eines Projektes, das sich der Produktion von Texten und künstlerischer Operationen widmet.

Nina Höchtl ist bildende Künstlerin, Forscherin, Kuratorin und Lehrende. Arbeitet oft mit anderen KünstlerInnen und AkademikerInnen zusammen. Zur Zeit ist sie Teil von INVASORIX und des Sekretariats für Geister, Archivpolitiken und Lücken (SKGAL). www.ninahoechtl.org

Mushtaq Faizulrahman Khani lebt seit 2015 in Wien. Tätigkeit als Radiomoderator und Radiotechniker in Afghanistan. 2016–2018 Tontechnikassistenz in der Brunnenpassage Wien. Zur Zeit selbstständiger Techniker in der Brunnenpassage.

summer screenings". Entre 2016 y 2018 fue directora artística de "this human world – International Human Rights Film Festival". Actualmente es becaria BKA en el ArtSocialSpace Brunnenpassage de Viena. Su trabajo se centra en el entrecruzamiento y la ruptura de planteamientos teóricos y formas fílmicas, políticas, artísticas y activistas.

Simone Hart se graduó en el Instituto Superior Die Graphische de Viena (Multimedia Kolleg) tras cursar estudios en el Instituto Superior de Creación Artística de Linz, en las especialidades de Fotografía y Vídeo. Desde entonces estudia Tecnología de la imagen, Cámara y Montaje en la Academia de Cine de Viena.

Sofía Hinojosa es artista egresada de la Escuela Nacional de Pintura, Escultura y Grabado "La Esmeralda" de México. Es parte del colectivo Operación Hormiga, proyecto de producción de textos y operaciones artísticas.

Nina Höchtl es artista visual, investigadora, curadora y profesora. Habitualmente coopera con otrxs artistas e integrantes del mundo académico. En la actualidad forma parte de INVASORIX y de la Secretaría de fantasmas, políticas del archivo y lagunas (SKGAL). www.ninahoechtl.org

Mushtaq Faizulrahman Khani vive en Viena desde 2015. Actividad como presentador y técnico de radio en Afganistán. Entre 2016 y 2018 trabajó como asistente técnico de sonido en el ArtSocialSpace Brunnenpassage de Viena. Actualmente trabaja allí como técnico autónomo.

Lisa Kortschak ist transmediale Künstlerin im Bereich Video, Musik und Neue Medien. Seit den späten 90ern singt sie in Theaterproduktionen (VolXtheater Favoriten), Bands (TANKRIS) und Solo-Projekten, ersetzt via Loopstation und Mehrstimmigkeit Instrumente, die sie nicht spielen kann, und verwendet Videos als gefinkelten Überbau ihrer musikalischen Performances. Music was 'er first lov'. lisakortschak.klingt.org

Myassa Kraitt ist Kultur- und Sozialanthropologin, Beraterin und Trainerin. Künstlerische Projekte im Bereich Performance, Tanz und Film und derzeit stellvertretende Leiterin der bundesweiten Anlaufstelle Beratungsstelle Extremismus.

Betül Seyma Küpeli ist bildende Künstlerin, Architektin und Kulturarbeiterin. 2016 war sie kültüř gemma! Stipendiatin, seit 2017 ist sie künstlerische Leiterin des RapChor und als Künstlerin bei StadtRecherchen im Burgtheater tätig. Ihre Themen umfassen gesellschaftspolitische, soziokulturelle Verhältnisse im neoliberalen Kapitalismus, urbane Substanz/öffentlicher Raum und (Wieder-)Aneignung bzw. Verständnis von Stadt(politik), Beziehung zwischen Gesellschaft/Geschichte sowie Migration/Asyl.

Rodrigo Martínez lebt und arbeitet in Wien. Studium der dramatischen Literatur und Theater mit Schwerpunkt Regie an der Universidad Nacional Autónoma de México. 2016 Bühnen- und Filmgestaltung an der Universität für Angewandte Kunst Wien, Fokus auf szenischer Theaterproduktion und dreidimensionaler Raumgestaltung. Bühnenbildner, Lichtdesigner und Regisseur in

Lisa Kortschak es artista transmedia en el ámbito del vídeo, la música y los nuevos medios. Desde finales de la década de 1990 canta en producciones teatrales (Teatro VolXtheater Favoriten de Viena), bandas (TANKRIS) y proyectos en solitario. Sustituye instrumentos que no sabe tocar apoyándose en una estación de *loop* y en la polifonía, y en sus *performances* recurre astutamente a la superposición de vídeos. La música fue "*er first lov*". lisakortschak.klingt.org

Myassa Kraitt es antropóloga cultural y social, asesora e instructora. Proyectos artísticos en los ámbitos de la *performance*, la danza y el cine. Actualmente es directora interina del servicio de atención de ámbito nacional Beratungsstelle Extremismus.

Betül Seyma Küpeli es artista visual, arquitecta y trabajadora cultural. En 2016 fue becaria del programa "kültüř gemma!" Desde 2017 es directora artística del grupo RapChor y trabaja como artista en la iniciativa StadtRecherchen del Burgtheater de Viena. Sus temas abarcan las relaciones políticosociales y socioculturales en el capitalismo neoliberal, la sustancia urbana/el espacio público y la (re)apropiación y/o concepción de la (política de la) ciudad, así como la relación entre sociedad/historia y migración/asilo.

Rodrigo Martínez vive y trabaja en Viena. Estudió Literatura dramática y Teatro con la especialidad de Dirección en la Universidad Nacional Autónoma de México. En 2016, Diseño escenográfico y fílmico en la Universidad de Artes Aplicadas de Viena,

verschiedenen Wiener Räumen, u.a. Scala Theater Wien, Stadttheater Mödling, Brunnenpassage Wien sowie in Mexiko.

Alexander Martos ist freier Kurator und Leiter von „Science Communications Research" (http://research.science.co.at) in Wien. Aus der partizipativen Arbeit mit hochqualifizierten AsylwerberInnen entstand im Jahr 2016 das Fellowship-Programm „Collegium Irregulare", das bis 2018 unter dem Titel „Museum auf der Flucht" am Volkskundemuseum Wien andockte. Kuratorische Arbeiten für die Wiener Festwochen, Berlin Biennale, Museums-Quartier Wien, Tanzquartier etc.

Viktoria Metschl ist Filmwissenschaftlerin und arbeitet als Autorin, Kuratorin und Übersetzerin. Von 2014 bis 2017 war sie wissenschaftliche Mitarbeiterin der Forschungsplattform und arbeitete gemeinsam mit Elisabeth Büttner im Projekt „Delokalisation, Figuration, Archiv". Ihre Doktorarbeit befasste sich mit Figurationen anti-kolonialer Solidarität im algerischen Kino.

Natalia Millán ist bildende Künstlerin, ausgebildet an der Escuela Nacional de Pintura, Escultura y Grabado „La Esmeralda" in Mexiko. Ihre Arbeit war zu sehen im Museo de Arte Carrillo Gil, dem Museo Universitario del Chopo in Mexiko Stadt, in der ersten Biennale in Bristol und im mexikanischen Kulturinstitut in Wien.

Berthold Molden erforscht als Historiker die globale Ideengeschichte des 20. Jahrhunderts, vor allem im Kontext von Antikolonialismus und Kaltem Krieg. Weitere Schwerpunkte sind Mediengeschichte und die Theorie und

centrándose en producción teatral escénica e interiorismo tridimensional. Escenógrafo, diseñador de iluminación y director teatral en México y en diversos espacios de Viena, entre ellos el teatro Scala y el Teatro Municipal de Mödling.

Alexander Martos es curador independiente y jefe de Science Communications Research (http://research.science.co.at) en Viena. Con base en el trabajo participativo con solicitantes de asilo altamente cualificadxs, en el año 2016 surgió el programa de becas "Collegium Irregulare", que hasta 2018 estuvo unido al Museo de Etnología de Viena bajo el título "Museo en fuga". Trabajos curatoriales para los festivales Wiener Festwochen y Biennale de Berlín, el complejo cultural Museums-Quartier de Viena y su centro de danza contemporánea Tanzquartier, etc.

Viktoria Metschl es investigadora científica experta en cine y trabaja como autora, curadora y traductora. De 2014 a 2017 fue colaboradora científica de la Plataforma de Investigación de la Universidad de Viena y trabajó con Elisabeth Büttner en el proyecto "Deslocalización, figuración, archivo". Su tesis doctoral abordaba las figuraciones de la solidaridad anticolonial en el cine argelino.

Natalia Millán es artista visual, egresada de la Escuela Nacional de Pintura, Escultura y Grabado "La Esmeralda" de México. Ha mostrado su trabajo en el Museo de Arte Carrillo Gil, el Museo Universitario del Chopo en la Ciudad de México, en la "1ª Bienal de Bristol" (Inglaterra) y en el Instituto Cultural de México en Viena, Austria.

Praxis kollektiver Erinnerung. Interventionen im öffentlichen Raum und Ausstellungen mit dem Ziel partizipativer Geschichtsvermittlung. Lehre und Forschung u.a. in Österreich, Mexiko, Guatemala, den USA (Chicago und New Orleans) und Frankreich (Paris und Toulouse).

Elise Mory ist diplomierte Instrumental-pädagogIn, Hauptfach Klavier, Studium in Wien und Utrecht. Spielt in Bands verschiedenster Stilrichtungen, ständiges Mitglied bei Gustav, möström und Nitro Mahalia. PianistIn bei Theaterprojekten u. a. am Burgtheater und in der Proletenpassion 2015FF. Hält musikvermittelnde Workshops zu Themen wie Komposition, Improvisation und moderne Spielweisen am Klavier. Dazu ist sie im Organisationsteam des Girls Rock Camp/AT.

Gin Müller ist Dramaturg, Performer und Queer-Aktivist. Arbeitet an der Schnittstelle von Performancekunst und politischem Aktivismus. Studium der Theater-, Film- und Medienwissenschaft sowie Philosophie und Musikwissenschaft in Wien. Zahlreiche Theater-, Performance- und Filmarbeiten in Österreich und andernorts, darunter in Mexiko. 2008 erschien bei Turia+Kant Müllers *Possen des Performativen. Theater, Aktivismus und queere Politiken.*

Juerg Meister ist Gründer und Geschäftsführer des österreichischen Internetforums für Architektur nextroom.

Esra Özmen ist Rapperin, Songwriterin und bildende Künstlerin. An der Akademie der bildenden Künste in Wien studierte sie

Berthold Molden es historiador y se dedica a la investigación de la historia global de las ideas en el siglo XX, sobre todo en el contexto del anticolonialismo y la Guerra Fría. Otros de sus temas centrales son la historia de los medios de comunicación y la teoría y praxis de la memoria colectiva. Intervenciones en el espacio público y exposiciones destinadas a la divulgación participativa de la historia. Docencia e investigación, entre otros países, en Austria, México, Guatemala, Estados Unidos (Chicago y Nueva Orleans) y Francia (París y Toulouse).

Elise Mory es pedagoga instrumental diplomada, especializada en piano, y ha cursado estudios universitarios en Viena y Utrecht. Toca en bandas de diferentes estilos y es miembro permanente de Gustav, möström y Nitro Mahalia. Pianista en proyectos teatrales, por ejemplo en el Burgtheater de Viena y en *Proletenpassion 2015FF*. Imparte talleres de divulgación musical sobre temas como composición, improvisación y estilos pianísticos modernos. Además forma parte del equipo organizador de Girls Rock Camp/AT.

Gin Müller es dramaturgo, *performer* y activista *queer*. Trabaja en la intersección entre el arte de la *performance* y el activismo político. Estudios universitarios de Teatro, Cine y Ciencias de la comunicación, así como de Filosofía y Musicología en Viena. Numerosos trabajos teatrales, cinematográficos y de *performance* en Austria y en otros países, entre ellos México. En 2008 la editorial Turia+Kant publicó su libro *Possen des Performativen. Theater,*

konzeptionelle Kunst. Gemeinsam mit ihrem jüngeren Bruder Enes tritt sie als EsRAP auf.

Luisa Pardo ist Schauspielerin, Regisseurin, Bäuerin und Lehrende. Gründerin und Co-Leiterin des Schauspielkollektivs Lagartijas Tiradas al Sol. Parallel entwickelt und koordiniert sie das künstlerisch-edukative Projekt YIVI mit Kindern im mixtekischen Hochland. http://lagartijastiradasalsol.com

Radostina Patulova ist Kulturwissenschafterin, Kuratorin, Dramaturgin und freie Autorin. Arbeitet an der Schnittstelle von Theorie-, Kunst- und Textproduktion. Seit 2018 Universitätsrätin der Akademie der bildenden Künste Wien. 2017 Mitbegründerin von *kollektiv sprachwechsel: Literatur in der Zweitsprache*. 2012–2015 Co-Leiterin und Kuratorin des Kulturfestivals WIENWOCHE. Mitbegründerin und Redaktionsmitglied von *migrazine.at* und des künstlerischen Aktivistinnenkollektivs MigrafonA.

Doris Posch ist Film- und Medienwissenschafterin. Lehrbeauftragte an der Universität Wien, Filmkuratorin und Mitgründerin des CineCollective. Sie forscht zu postkolonialen und transnationalen Filmkulturen, insbesondere im afrikanischen und karibischen Raum und der Diasporas. Rezente kuratorische Projekte: Kaleidoskop (Wien 2019), Les Journées VisuElles Film Festival (Ottawa 2018) sowie 2018 Exiled Gaze – Der exilierte Blick im Rahmen des Projekts Gekreuzte Geschichten. cinecollective.cc

Vicente Razo (Mexiko Stadt, 1971). Multidisziplinärer und experimenteller Künstler. Seine Arbeit wurde in verschiedenen Institu-

Aktivismus und queere Politiken (Farsas de lo performativo. Teatro, activismo y políticas queer).

Juerg Meister es fundador y director ejecutivo del foro austríaco de internet dedicado a la arquitectura nextroom.

Esra Özmen es rapera, compositora y artista visual. En la Academia de Bellas Artes de Viena estudió Arte conceptual. Actúa con su hermano menor bajo el nombre de EsRAP.

Luisa Pardo es actriz, directora de teatro, campesina y profesora. Fundadora y codirectora del colectivo escénico Lagartijas Tiradas al Sol. Paralelamente desarrolla y coordina el proyecto artístico-educativo YIVI con niñas y niños en la Mixteca Alta. http://lagartijastiradasalsol.com

Radostina Patulova es investigadora científica experta en estudios culturales, curadora, dramaturga y autora independiente. Trabaja en la intersección entre la teoría, el arte y la producción textual. Desde 2018 forma parte del Consejo Universitario de la Academia de Bellas Artes de Viena. Cofundadora en 2017 de kollektiv sprachwechsel: Literatur in der Zweitsprache (colectivo cambio de idioma: literatura en la segunda lengua). Entre 2012 y 2015 fue codirectora y curadora del festival cultural WIENWOCHE. Cofundadora y miembro de la redacción de migrazine.at y del colectivo artístico de activistas MigrafonA.

tionen gezeigt, darunter *Arte y Poder Ejecutivo* im Museo de la Ciudad de México, *Take me to your Leader* in der Los Angeles Contemporary Exhibition (LACE) und *Public Address* in der Dispatch Gallery, New York.

Negin Rezaie ist bildende und darstellende Künstlerin. Sie ist Fellow und Ko-Kuratorin von „Museum auf der Flucht" und „Die Küsten Österreichs" am Volkskundemuseum Wien. Einer ihrer Schwerpunkte ist die Verbindung von Musik aus Iran und Österreich. Als Performerin war sie u.a. am Volkstheater, am Schauspielhaus und der Brunnenpassage tätig. Seit 2016 ist sie für die „Silent University" aktiv.

Mariel Rodríguez lebt und arbeitet in Wien als Künstlerin, Kuratorin und Theoretikerin. Studium der Kulturwissenschaften an der Universidad de las Américas in Puebla, Mexiko. 2014 Master in Critical Studies an der Akademie der Bildenden Künste in Wien. Kuratorische Projekte und künstlerische Recherchen an den Schnittstellen zwischen Visual und Critical Studies, Postkolonialismus und Geschlechterforschung.

Fernando Romero-Forsthuber zog mit 17 Jahren aus seiner Geburtsstadt Sevilla nach Wien. Seit jeher faszinieren ihn Menschen, die ihre Gesellschaft, ihre Gemeinschaft oder ihre Wirklichkeit zum Besseren verändern wollen. Unterschiedlichste solcher Heldinnen und Helden hat er bereits in Ländern wie Mexiko, dem Libanon, Palästina, Syrien, Honduras, Nicaragua, Burma, Tunesien, Irak und Österreich gefunden und filmisch porträtiert.

Doris Posch es investigadora científica experta en cine y ciencias de la comunicación. Docente en la Universidad de Viena, curadora cinematográfica y cofundadora de CineCollective. Investiga culturas fílmicas poscoloniales y transnacionales, en particular en los contextos africano, caribeño y de las diásporas. Proyectos curatoriales recientes: "Kaleidoskop" (Viena 2019), "Les Journées VisuElles Film Festival" (Ottawa 2018), y en 2018 "Exiled Gaze – La mirada exiliada", en el marco del proyecto "Historias cruzadas". cinecollective.cc

Vicente Razo es artista multidisciplinario y experimental. Sus trabajos han sido presentados en diversas instituciones, destacando "Arte y Poder Ejecutivo" (Museo de la Ciudad de México), "Take me to your Leader" (Los Angeles Contemporary Exhibition) y "Public Address" (Dispatch Gallery, Nueva York).

Negin Rezaie es artista visual e interpretativa, y también miembro y cocuradora de "Museo en fuga" y "Las costas de Austria" en el Museo de Etnología de Viena. Un tema central es la fusión de las músicas de Irán y Austria. Ha actuado como *performer*, entre otros lugares, en los teatros Volkstheater y Schauspielhaus de Viena y en el ArtSocialSpace Brunnenpassage. Desde 2016 trabaja para la Silent University.

Mariel Rodríguez vive y trabaja en Viena. Artista, curadora y teórica del arte. Su trabajo tanto visual como textual se interesa por desarrollar aspectos de la creación de identidades nacionales y culturales, así como por procesos sociales influenciados

Ramin Siawash ist Betriebswirt, Computerspezialist, Journalist und studiert Politikwissenschaft an der Universität Wien. Er arbeitete als Lehrer, Medienmanager und Sprachtrainer für Menschenrechte bei der Menschenrechtskommission in Afghanistan. Er ist Fellow und Ko-Kurator von „Museum auf der Flucht" und „Die Küsten Österreichs" am Volkskundemuseum Wien sowie Botschafter bei „projektXchange" für das Rote Kreuz und bei ORANGE 94.0 tätig.

Alfoz Tanjour (Salamya, Syrien, 1975). Lebt und arbeitet in Wien. Regisseur, Kameramann, Cutter und Produktionsleiter mehrerer Dokumentarfilme. Preise für seine Filme *A Little Sun* (2007), *Wooden Rifle* (2013) und *A Memory in Khaki* (2017). Derzeit arbeitet Alfoz Tanjour an seinem ersten Spielfilm *Run Away*.

Toledo i Dertschei haben seit 1996 ein Atelier in Wien. Diplom für Grafik Design an der Universität für angewandte Kunst Wien. Mitglieder der IG Bildende Kunst, design austria und der typographischen gesellschaft austria. Seit 2006 in der Redaktion von *Bildpunkt – Zeitschrift der IG Bildende Kunst*. Seit 2015 KuratorInnen der Typopassage Wien Q21/MQ. Eva Dertschei lehrt Typografie an der Höheren Graphischen Bundes-Lehr- und Versuchsanstalt. Carlos Toledo ist Universitätslektor an der Universität für angewandte Kunst/Cross Disciplinary Strategies. studiotid.com

trafo.K ist ein Wiener Büro für Kunstvermittlung und kritische Wissensproduktion. In unseren Projekten interessiert uns, was geschehen kann, wenn unterschiedliche Wissensformen, künstlerische Strategien und

por relaciones postcoloniales y la construcción de narrativas históricas. En su trabajo artístico utiliza métodos como la investigación de archivo, prácticas documentales y la libre asociación. Tiene estudios en Filosofía en la Universidad de las Américas (Puebla, México) y una maestría en Estudios Críticos en la Academia de Bellas Artes de Viena.

Fernando Romero-Forsthuber nació en Sevilla de padre español y madre austríaca. A los 17 años se mudó a Viena. Siempre ha estado fascinado por la gente que quiere cambiar su sociedad, su comunidad o su realidad para bien. Ya ha encontrado y retratado de manera cinematográfica una variedad de tales héroes/heroínas en México, Líbano, Palestina, Siria, Honduras, Nicaragua, Birmania, Túnez, Irak y Austria.

Ramin Siawash es economista empresarial, especialista informático, periodista y estudiante de Ciencias Políticas en la Universidad de Viena. Trabajó como profesor, gerente de medios e instructor de idiomas en la Comisión de Derechos Humanos en Afganistán. Es miembro y cocurador de "Museo en fuga" y "Las costas de Austria" en el Museo de Etnología de Viena, así como embajador en projektXchange para la Cruz Roja. Trabaja también en la emisora de radio ORANGE 94.0.

Alfoz Tanjour (Salamiyah, Siria, 1975). Vive y trabaja en Viena. Director, camarógrafo, editor y jefe de producción de varios documentales. Ha sido premiado por sus películas *Little Sun* (2007), *Wooden Rifle* (2013) y *A Memory in Khaki* (2017).

gesellschaftsrelevante Themen zusammen-kommen. Dabei lassen wir uns auf kollektive, emanzipatorische Prozesse ein, bei denen unterschiedliche Perspektiven aufeinander-treffen und neue Handlungsräume entstehen. Büro trafo.K sind Renate Höllwart, Elke Smodics und Nora Sternfeld. trafo-k.at

Borjana Ventzislavova (Sofia, 1976). Diplom Digitale Kunst an der Universität für angewandte Kunst Wien. Im Zentrum ihrer Arbeit im Bereich der Bildenden und Medien-kunst stehen die Themen Migration und Zusammenleben, Marginalisierung vom Indi-viduum und von unterschiedlichen sozialen Gruppen, alltägliche Abhängigkeiten und soziale Beziehungen. Teilnahme an zahlrei-chen internationalen Einzel- und Gruppen-ausstellungen, Film- und Medienfestivals sowie etliche Preise. borjana.net.

Niko Wahl ist freier Kurator und Historiker. (Co)Kuratierungen und inhaltliche Betreuung von Projekten, u.a. für das Jüdische Museum Wien, das Wien Museum, das Center for Jewish History (NY/USA), die Historiker-kommission der Republik Österreich, das Dokumentationsarchiv des Österreichischen Widerstandes, Linz09, die Gedenkstätte Mauthausen, die Klimt Villa Wien und das Volkskundemuseum Wien. Der Schwerpunkt seiner Arbeit liegt in der Durchführung partizipativer Projekte im musealen und kulturellen Bereich.

Sama Yaseen war als Menschenrechtsaktivis-tin und in der Frauenrechtsbewegung im Irak aktiv. Sie ist Fellow und Ko-Kuratorin von „Museum auf der Flucht" und „Die Küsten Österreichs" am Volkskundemuseum Wien.

Actualmente está trabajando en su primer largometraje, *Run Away*.

Toledo i Dertschei tienen un taller en Viena desde 1996. Diplomatura en Diseño Gráfico por la Universidad de Artes Apli-cadas de Viena. Miembros de IG Bildende Kunst, design austria y de la Sociedad Tipográfica Austria (tga). Desde 2006 forman parte del equipo de redacción de la revista *Bildpunkt – Zeitschrift der IG bil-dende Kunst*. Desde 2015 son curadorxs de Typopassage Wien Q21/MQ. Eva Dertschei imparte clases de tipografía en Instituto Superior de Diseño Gráfico. Carlos Toledo es lector en la Universidad de Artes Apli-cadas/Cross Disciplinary Strategies. studiotid.com

trafo.K es una oficina vienesa dedicada a la mediación artística y a la producción de conocimiento crítico. En sus proyectos se interesan por lo que puede acontecer cuando se produce la conjunción de dife-rentes formas de conocimiento, estrategias artísticas y temas de relevancia social, involucrándose en procesos colectivos y emancipatorios en los que confluyen pers-pectivas diversas y surgen nuevos espacios de actuación. Büro trafo.K son Renate Höllwart, Elke Smodics y Nora Sternfeld. trafo-k.at

Borjana Ventzislavova (Sofía, 1976). Diplomatura en Arte digital por la Univer-sidad de Artes Aplicadas de Viena. En el centro de su trabajo en el ámbito de las artes visuales y mediales se encuentran los temas de la migración y la convivencia, la marginalización del individuo y de

Reza Zobeidi studierte Journalismus und war für verschiedene Zeitungen im Südiran tätig. Er ist Fellow und Ko-Kurator von „Museum auf der Flucht" und „Die Küsten Österreichs" am Volkskundemuseum Wien.

diversos grupos sociales, las dependencias cotidianas y las relaciones sociales. Ha participado en numerosas exposiciones individuales y colectivas, en festivales de cine y de diversos medios, y ha recibido varios premios. borjana.net

Niko Wahl es curador independiente e historiador. Actividades (co)curatoriales y gestión de contenidos de proyectos para el Museo Judío de Viena, el Wien Museum, el Center for Jewish History (NY/USA), la Comisión de Historiadorxs de la República de Austria, el Centro de Documentación de la Resistencia Austríaca, Linz 09, el Memorial Mauthausen, la Villa Klimt de Viena y el Museo de Etnología de esa ciudad, entre otrxs. El eje central de su trabajo reside en la implementación de proyectos participativos en el ámbito museístico y cultural.

Sama Yaseen fue activista de derechos humanos y participó en el movimiento por los derechos de la mujer en Irak. Es miembro y cocuradora de "Museo en fuga" y "Las costas de Austria" en el Museo de Etnología de Viena.

Reza Zobeidi estudió Periodismo y trabajó para diversos periódicos en el sur de Irán. Es miembro y cocurador de "Museo en fuga" y "Las costas de Austria" en el Museo de Etnología de Viena.

Gekreuzte Geschichten

Historias cruzadas

Gesamtkonzeption, historische Recherche und Projektleitung Concepción global, investigación histórica y dirección del proyecto
Berthold Molden

Plakatinstallation

Instalación de carteles

Mit Drucken von con grabados de Thomas Fatzinek
Texte Textos: Berthold Molden
Design Diseño: Toledo i Dertschei
Konzeption Concepción: Berthold Molden, Gin Müller, Radostina Patulova
Podiumsgespräch *Der weite Weg nach Wien. Heimkehr aus dem Exil* Panel de discusión *El largo camino hacia Viena. Regreso del exilio,* mit con Erich Hackl, Ricardo Loewe, Robert Rosner, 4. Mai 2018 4 de mayo de 2018, Kaeshmaesh
Konzert von Concierto de E-LiZa (Elise Mory, Lisa Kortschak), 4. Mai 2018 4 de mayo de 2018, Mexikoplatz Plaza de México

Exiled Gaze – Der exilierte Blick

Exiled Gaze – La mirada exiliada

Filme von Películas de Kurdwin Ayub, Petja Dimitrova & Afro Rainbow Austria, Sara Fattahi, Alfoz Tanjour, Borjana Ventzislavova
Podiumsgespräch *Hier und Anderswo Migration: Archiv, Animation, Ritual* Panel de discusión *Migración aquí y en otros lugares: archivo, animación, ritual,* mit con Kurdwin Ayub, Mariel Rodríguez, Rodrigo Martínez, Borjana Ventzislavova; moderiert von moderado por Viktoria

Metschl, 13. Juni 2018 13 de junio de 2018, Kaeshmaesh
Podiumsgespräch *Collective Spaces: Migrating Ways of Self-Organizing & Visibility* Panel de discusión *Espacios colectivos: formas migrantes de autoorganización y visibilización,* mit con Petja Dimitrova & Afro Rainbow Austria; moderiert von moderado por Djamila C. A. Grandits, 19. Juni 2018 19 de junio de 2018, Kaeshmaesh
Podiumsgespräch *How About Syria Now? Visual Journeys between Damascus and Vienna* Panel de discusión *¿Qué está pasando con Siria? Viajes visuales entre Damasco y Viena,* mit con Sara Fattahi, Alfoz Tanjour; moderiert von moderado por Myassa Kraitt, 22. Juni 2018 22 de junio de 2018, Kaeshmaesh
Konzert von Concierto de EsRAP (Esra Özmen), Shayma (Betül Seyma Küpeli) & RapChor, 7. Juni 2018 7 de junio de 2018, Mexikoplatz Plaza de México
Kuratiert von Actividades comisariadas por Doris Posch

Visa-Vis

Kunstinstallation von Instalación artística de Mariel Rodríguez
Produktionsleitung Dirección de producción: Rodrigo Martínez
Produktionsassistenz Asistencia de producción: Mushtaq F. Khani
Kuratiert von Actividad comisariada por Doris Posch

Das Recht des Anderen

El derecho ajeno

Ausstellung mit Arbeiten von Exposición con trabajos de José Arnaud Bello, Luis

Felipe Fabre, Sofía Hinojosa, Nina Höchtl, Natalia Millán, Luisa Pardo, Vicente Razo; 12. – 30. September 2018 12 – 30 de septiembre de 2018, Mexikanisches Kulturinstitut Wien Instituto Cultural Mexicano en Viena
Lecture Performance Performance de lectura *Veracruz*, von/mit con/de Luisa Pardo, 10. September 2018 10 de septiembre de 2018, Hamakom Theater Teatro Hamakom
Lecture Performance *Im Zeichen des Falschen* Performance de lectura *Bajo el signo de lo falso*, von/mit con/de Luisa Pardo, 12. September 2018 12 de septiembre de 2018, Österreichisches Lateinamerika-Institut Instituto Austríaco para América Latina
Kuratiert von Actividades comisariadas por Julio García Murillo & Nina Höchtl

Öffentliches Programm
Programa público
trafo.K (Renate Höllwart & Elke Smodics) *¡Protestwerkstatt!* und *¡Performing Mexikoplatz!* *¡Taller de protesta!* y *¡Performando la Plaza de México!*, mit con Eva Dertschei & Carlos Toledo
Performance *¡Versammeln und Auseinandersetzen!* Performance *¡Reunirse y debatir!*, mit con Yarden Daher, Negin Rezaie, Ramin Siawash, Sama Yasseen & Reza Zobeidi; in Kooperation mit dem Projekt Museum auf der Flucht en cooperación con el proyecto Museo en fuga, von de Alexander Martos & Niko Wahl

Graphische Gesamtgestaltung
Diseño gráfico general
Toledo i Dertschei

Fotos
David Almeida-Ribeiro
Eva Dertschei
Renate Höllwart
Herbert Justnik
Sandra Kosel
Alexander Martos
Berthold Molden
Ruth Pleyer
Doris Posch
Claudia Sandoval
Ludwig Schedl
Elke Smodics
Carlos Toledo

Videodokumentation
Videodocumentación
Helin Celik
Simone Hart
Wolfgang Auer & Fernando Romero-Forsthuber

Webseite
Sitio web
nextroom

Presse
Prensa
Magdalena Lechner, Factor C3

Übersetzungen
Traducciones
Pilar Cabañas (ins Spanische al español)
Zach Maher (ins Englische al inglés)
Nina Höchtl & Berthold Molden (ins Deutsche al alemán)

Dank für die vielfältige Unterstützung, ohne die dieses Projekt nicht möglich gewesen wäre
Gracias por el amplio apoyo, sin el que no habría sido posible realizar este proyecto
Ana de Almeida
Haim Avni
Brigitte Bailer-Galanda
Aylin Basaran
Milada Bazant
Matthias Beitl und dem Volkskundemuseum Wien y el Museo de Etnología de Viena
Mathias Böhm und der Österreichischen Nationalbibliothek y la Biblioteca Nacional de Austria
Judit Bokser Liwerant
Tanja Boukal
Alicia Buenrostro Massieu, Diego Cándano Laris, Rosa María Castro Valle und der mexikanischen Botschaft in Österreich y la Embajada de México en Austria
Dem Bundesministerium für europäische und internationale Angelegenheiten Ministerio Federal para Europa, Integración y Asuntos Exteriores de Austria
Eduardo Castellanos
Velibor Colic
Fernanda Dichi
Richard Diwisch und der Magistratsabteilung 46 der Stadt Wien y la Concejalía 46 de la Ciudad de Viena
Pfarrer Padre Tomasz Domysiewicz und der Pfarre Donaustadt y la parroquia Donaustadt
Michi Ebner, Karin Sebald und dem Schulungszentrum Weidinger & Partner, Mexikoplatz y el Centro de formación Weidinger & Partner, Plaza de México
Heinz Fischer, Stephan Neuhäuser und dem Beirat für das Gedenk- und Erinner-
ungsjahr 2018 y el Consejo Asesor para el Año de Conmemoración y Memoria 2018
Georg Friedler und dem Bezirksmuseum Leopoldstadt y el Museo del Distrito de Leopoldstadt
Daniela Gleizer
Miroslava Gómez
Adrián Gutiérrez Espinosa
Erich Hackl
Emilio Hinojosa
Sonja Hirschfeld und der Magistratsabteilung 36 der Stadt Wien y la Concejalía 36 de la Ciudad de Viena
Susanne & Wolfgang Höchtl
Gabriel Hörner
Herwig Hösele, Anita Dumfahrt und dem Zukunftsfonds der Republik Österreich y el Fondo para el Futuro de la República de Austria
Dominik Hruza
INVASORIX
Javier Jaimes
Elsbeth Jenowein
Fundación Jumex
Kunstraum Kaeshmaesh
Martina Kaller
Christian Klestil-Repper, Gerhard Pledl und der Magistratsabteilung 42 der Stadt Wien y la Concejalía 42 de la Ciudad de Viena
Helga Luczensky, Gabriele Kellner, Alexander Klingenbrunner und dem Bundeskanzleramt der Republik Österreich y la Cancillería Federal de la República de Austria
Christian Kloyber
Tina Leisch
Jesse Lerner
Hannah Lessing und dem Nationalfonds der Republik Österreich für die Opfer des Nationalsozialismus y el Fondo Nacional

de la República de Austria para la Víctimas
del Nacionalsocialismo
Uschi Lichtenegger und der Bezirksvor-
stehung der Leopoldstadt y la Dirección
del Distrito de Leopoldstadt
Ricardo Loewe
Lisa Mai
Daniela Marino
Carmen Martínez
Eugenia Meyer
Gerardo Montes de Oca Valadez
Eloísa Mora Ojeda
James Oles
César Olivares García
Operación Hormiga
Rafael Ortega Ayala
Iken Paap
José Luis Palacio
Erika Pani, Pablo Yankelevich und dem
Colegio de México y el Colegio de México
Unx Pardo
Hans Petschar und dem Bildarchiv der
Österreichischen Nationalbibliothek y el
Archivo de imágenes de la Biblioteca
Nacional de Austria
Clemens Pig und der Austria Presseagentur
y la Agencia de Prensa de Austria
Ruth Pleyer
Ela Posch
Giuliana Prevedello
Adán Quezada
Julya Rabinowich
Oliver Rathkolb, Florian Wenninger und
dem Verein für die Aufarbeitung der
Zeitgeschichte y la Asociación para la
revisión de la Historia Contemporánea
Naomi Rincón Gallardo
Aldo Rojas Solano
Heidrun Rosenberg
Robert Rosner

Jacqueline Ross
Nabil Yanai Salazar
Natalia Saltalamacchia und dem Instituto
Matías Romero des mexikanischen
Außenministeriums y el Instituto Matías
Romero de la Secretaría de Relaciones
Exteriores de México
Roman Schanner und y KulturKontakt
Austria
Rudolf Schönwald
Warsan Shire
Monika Sommer und dem Haus der
Geschichte Österreich y la Casa de la
Historia Austria
Clemens Stachel
Barbara Steininger und dem Wiener
Stadt- und Landesarchiv y el Archivo
Municipal y Regional de Viena
Marie Strauss
Werner Thenmayer
Eduardo Thomas
Delphine Tomes
Annabela Tournon
Marta Turok
Oriana Vargas
Víctor Villacicencio
Michaela Wagner
Niko Wahl
Philipp Wanderer &
St. Balbach Art Produktion
Julia Wieger
Manfred Wirtitsch, Sigrid Steininger und
dem Bundesministerium für Bildung,
Wissenschaft und Forschung y el
Ministerio Federal de Educación, Ciencia e
Investigación
W. V. Wizlsperger
Gregor Wolff
Neftali Zamora
Osama Zatar

Impressum Pie de imprenta

Herausgeber Editor
Berthold Molden

Gekreuzte Geschichten.
Erfahrungen des Exils
in Mexiko und Österreich
Historias cruzadas.
Experiencias del exilio
en México y Austria

Übersetzung ins Spanische
Traducción al español
Pilar Cabañas

Übersetzung ins Deutsche
Traducción al alemán
Nina Höchtl, Berthold Molden

Korrektorat
Correción de textos
Katharina Maly, Berthold Molden

Grafische Gestaltung
Diseño grafico
Toledo i Dertschei

Erstausgabe, Wien
Primera Edición, Viena
2019

ISBN 978-3-903290-08-2

bahoe books
Fischerstiege 4-8/2/3
1010 Wien

Bildnachweis Credito de las imágenes

S. p. Cover, 174, 220, 224: Berthold
Molden
S. p. 10: Albert Hilscher 1934, ÖNB/Wien
ÖGZ H 2437/13
S. p. 14: N.N. 1956, ÖNB/USIS 12.950/1
S. p. 22: Ludwig Schedl, APA
S. p. Umschlag innen, sobrecubierta
interior, 32, 40: Ruth Pleyer
S. p. 36, 42–34, 54–55, 66–67, 78–79,
127, 128, 188, 193: Toledo i Dertschei
S. p. 45, 47, 49, 51, 53, 57, 59, 61, 63, 65,
69, 71, 73, 75, 77, 81, 83, 85, 87: Thomas
Fatzinek
S. p. 91, 92–93: Pagan Codes Photography
S. p. 94–95, 99: Sara Fattahi
S. p. 100–101, 105: Kurdwin Ayub
S. p. 106–107, 111: Petja Dimitrova /
AfroRainbowAustria
S. p. 112–113, 116–117: Borjana
Ventzislavova
S. p. 118–119, 123: Alfoz Tanjour
S. p. 130, 134–135: Claudia Sandoval
S. p. 138: Julio García Murillo
S. p. 151, 152, 153: Vicente Razo
S. p. 140, 141, 142, 143, 144, 162–163:
Aimée Suárez Nezahualcóyotl
S. p. 156–157: Operación Hormiga
S. p. 161, 162–163: Natalia Millán
S. p. 165: Nina Höchtl / Rafael Ortega
S. p. 166–167: Nina Höchtl
S. p. 169, 170–171: José Arnaud-Bello
S. p. 181, 190: Elke Smodics
S. p. 182: Sandra Kosel

Projekt gefördert von
Proyecto patrocinado por

BUNDESKANZLERAMT ▪ ÖSTERREICH

NATIONAL**FONDS**
DER REPUBLIK ÖSTERREICH FÜR OPFER DES NATIONALSOZIALISMUS

20
18

2o
18

100 Jahre
Republik

MEXIKANISCHES
KULTURINSTITUT
V I E N A

AMEXCID
AGENCIA MEXICANA
DE COOPERACIÓN INTERNACIONAL
PARA EL DESARROLLO

✳ FUNDACIÓN JUMEX
ARTE CONTEMPORÁNEO

zeit geschichte